"十四五"职业教育国家规划教材

汽车保险与理赔

QICHE BAOXIAN YU LIPEI

（第2版）

主　编　彭　静　金　明

副主编　田佩先　何　杰

参　编　周　勇　刘建伟　何会福　杨　敏　曾　晶

主　审　王　毅

重庆大学出版社

内容提要

本书是"十四五"职业教育国家规划教材。

本书从职业教育的特点和高职学生的知识结构出发,运用先进的职业教育理念,采用"项目+任务"驱动模式及"理实一体化"教学模式编写。

全书分为认识汽车保险的相关概念及法律法规、认识汽车保险的险种、实施汽车保险的投保与承保、实施汽车出险后的现场查勘和定损、实施汽车出险后的保险理赔及案卷整理5个综合项目。其主要内容包括:汽车保险法律法规、汽车保险的投保、汽车保险定损与费用评估、《中国保险行业协会机动车综合商业保险示范条款》,并着重分析汽车出险后的现场查勘工作、理赔案例以及查勘理赔等方法。

本书语言通俗、内容先进、资料丰富且贴近工作实际,可作为高职高专汽车运用技术、汽车保险、汽车营销专业的教材,同时也适用于汽车电子技术类专业、汽车检测与维修专业的教学用书及培训教材,还可作为保险公司查勘定损等专业技术人员的参考用书。

图书在版编目(CIP)数据

汽车保险与理赔 / 彭静,金明主编. --2 版. --重
庆 : 重庆大学出版社,2019.8(2025.1 重印)
高职高专汽车技术服务与营销专业系列教材
ISBN 978-7-5624-8170-6

Ⅰ.①汽… Ⅱ.①彭… ②金… Ⅲ.①汽车保险—理
赔—中国—高等职业教育—教材 Ⅳ.①F842.63

中国版本图书馆 CIP 数据核字(2019)第 171317 号

高职高专汽车技术服务与营销专业系列教材
汽车保险与理赔
(第 2 版)

主 编 彭 静 金 明
副主编 田佩先 何 杰
参 编 周 勇 刘建伟 何会福 杨 敏 曾 晶
主 审 王 毅

策划编辑:鲁 黎

责任编辑:鲁 黎 版式设计:鲁 黎
责任校对:关德强 责任印制:张 策

*

重庆大学出版社出版发行
出版人:陈晓阳
社址:重庆市沙坪坝区大学城西路 21 号
邮编:401331
电话:(023) 88617190 88617185(中小学)
传真:(023) 88617186 88617166
网址:http://www.cqup.com.cn
邮箱:fxk@ cqup.com.cn(营销中心)
全国新华书店经销
重庆正文印务有限公司印刷

*

开本:787mm×1092mm 1/16 印张:12 字数:310千
2014 年 5 月第 1 版 2019 年 8 月第 2 版 2025 年 1 月第 8 次印刷
印数:7 871—8 870
ISBN 978-7-5624-8170-6 定价:48.00 元

第2版前言

本书第一版于 2014 年 5 月出版，得到广大职业院校师生的青睐，获评为"十二五"职业教育国家规划教材。编写组根据车险行业的最新标准、最新规定对教材进行了修订，并结合《国家职业教育改革实施方案》《高等职业学校汽车营销与服务专业教学标准（国标）》和"1＋X 证书制度"中汽车领域的【汽车营销评估与金融保险服务技术−等级证书（中级）】职业技能等级相关标准等对教材进行了更新，形成第 2 版。

本书依据"工作过程系统化"的理念进行编写，采用任务引领法组织教材结构。围绕汽车保险行业岗位核心能力确定学习目标，组织教学内容，并用丰富的案例来提高学生的学习兴趣和学习效率。

本书共有 5 个项目，10 个任务，主要讲授财产险保险公司汽车保险理赔的工作流程、典型工作任务和汽车保险理赔岗位中所必需的知识和技能，包括汽车保险的相关概念及法律法规、认识汽车保险险种、实施汽车保险投保与承保、实施事故车现场查勘与定损和实施汽车保险理赔及卷宗整理。书中以中国平安财产保险股份有限公司、中国人民财产保险股份有限公司的汽车保险与理赔基本工作流程为例，撰写教材内容；参考企业业务单证制作教学工作页，通过大量的保险理赔真实案例串联课程知识点、技能点。

本书由贵州交通职业技术学院彭静（项目 2 任务 1）、重庆工业职业技术学院金明（项目 3 任务 1）担任主编，贵州交通职业技术学院田佩先（项目 4）、何杰（项目 1）担任副主编，由贵州交通职业技术学院王毅担任主审，参与编写的还有陕西交通职业技术学院刘建伟（项目 5 任务 1）、贵州交通职业技术学院周勇（项目 5 任务 2）、何会福（项目 3 任务 2）、杨敏（项目 2 任务 2）以及中国人民财产保险股份有限公司贵阳市观山湖区支公司曾晶（附录）。

本书在编写的过程中参考了大量的文献资料、企业案例，由于编者水平有限，书中如有疏漏和错误，恳请读者批评指正。

为方便教师教学，本书还配有相关数字课程资源，请与出版社联系。

编　者
2019 年 5 月

第1版前言

随着我国汽车保有量的不断增加,我国汽车保险行业也在几十年间迅速发展、行业的服务水平和技术水平不断提升,呈现出强大的生命力及良好的发展势头。同时,对汽车保险行业人才的需求也将越来越专业化。在未来一个阶段,汽车保险业技术人才和专业管理人才将会成为社会紧缺型人才。为了更加适应现代化汽车保险行业发展的步伐,满足复合型高技能人才培养的需要,特按照项目教学模式编写本书。

本书由高职学校教师和企业专家共同编写,重点介绍了汽车保险相关的法律法规、汽车保险的险种、现场查勘与理赔及案卷整理等内容,具有很强的实用性。紧跟行业和市场发展动态,将新技术和新标准及时纳入教材;将编者丰富的教学经验结合到教材中,体现教材特色。

本书编写了较多密切联系工作实际的案例与思考题,每个项目后都有实践学习内容,有利于培养学生解决实际问题的能力,使学生即能牢固掌握理论知识,又能在实践在灵活应用,达到"授之以渔"的教学目的。

本书由贵州交通职业技术学院彭静、重庆工业职业技术学院金明共同担任主编,贵州交通职业技术学院田佩先、贵州交通职业技术学院何杰担任副主编,中国人保财险重庆分公司总经理龙保勇先生担任主审。参与编写的还有贵州交通职业技术学院周勇、何会福、杨敏、陕西交通职业技术学院刘建伟。

本书在在编写过程中参考了大量的文献资料,也咨询了中国平安保险,中国人保等保险公司专业人员,在此向各文献的编著者表示感谢!

由于编者水平有限,书中疏漏和错误在所难免,恳请各位读者批评指正。

为方便教学,本书配有电子教学课件,请与出版社联系。

编　者
2013 年 11 月

目 录

项目 **1**
认识汽车保险的相关概念及法律法规

项目目标

知识目标：①认识汽车保险的相关概念及法律法规的相关知识。

②认识风险及保险的基础知识、基本理论。

能力目标：①能描述风险的定义、风险因素和风险事故的含义。

②描述保险的定义与特征、保险的构成要素。

素质目标：树立正确的工作态度，培养良好的职业道德，培养团队协作精神，提高学习新知识的能力。

拓展资源

有关汽车售后服务流程管理的资料，可查询文字或电子文档如下：

①学生自学"风险管理"及"保险的产生与发展"知识，相关网站链接：

中国保险监督委员会 http://www.circ.gov.cn/web/site0/

②有关汽车保险的法律与法规。

③上网搜索"交通事故责任认定依据和划分标准"及"保险争议解决的法律途径"进行拓展学习。

任务设置

任务 1　认识汽车保险的相关概念

任务 2　认识汽车保险的相关法律法规

任务1　认识汽车保险的相关概念

任务目标

知识目标:①认识汽车交通事故强制责任保险、第三者责任险的等基础知识、基本理论。
　　　　　②了解汽车保险的险种及免责范围。
能力目标:①了解机动车交通事故强制责任保险的基础费率。
　　　　　②知道机动车交通事故强制保险费的计算方法。
素质目标:树立正确的工作态度,培养良好的职业道德,培养团队协作精神,提高学习新知
　　　　　识的能力。

相关知识

案例导入

某天 20 时 30 分,在某市香滨大道上,一辆越野车撞翻一辆摩托车,又冲进人群,造成至少
3 死 2 伤的严重后果。突如其来的车祸事故引人深思。在我们周围存在着各种各样的风险,
到底什么是风险呢?

一、风险概述

俗话说,"无风险无保险,无损失无保险。"风险是保险产生和发展的基础。保险是人类社
会用来对付风险和处理风险发生后所造成的经济损失的一种有效手段。

1. 风险的定义

风险一般是指某种事件发生的不确定性。由于保险是特殊的处理风险的方法,只有在被
保险人遭受经济损失时,才给予赔偿或给付,所以保险理论中的风险是指损失的不确定性。

所谓不确定性包括:损失是否发生不确定、损失何时发生不确定、损失何地发生不确定。

2. 风险的构成要素

风险是由风险因素、风险事故和损失三要素构成。

（1）风险因素

风险因素是指某一特定损失发生或增加其发生的可能性或扩大其损失程度的原因。它是
风险事故发生的潜在原因,是造成损失的内在或间接原因。

根据性质不同,风险因素可分为实质风险因素、道德风险因素、心理风险因素三种。

1）实质风险因素

实质风险因素是指有形的、并能直接影响事物物理功能的因素,即是指某一标的本身所具
有的足以引起或增加损失机会和加重损失程度的客观原因和条件。

如人体生理器官功能;建筑物所在地、建材等;汽车的生产厂家、规格、刹车系统;地壳的异
常变化、恶劣的气候、疾病传染等。

2）道德风险因素

道德风险因素是与人的品德修养有关的无形的因素,它是指由于个人不诚实、不正直或不轨企图,故意促使风险事故发生,以致引起社会财富损毁和人身伤亡的原因或条件。

如欺诈、纵火等。在保险业务中,保险人不承保此类风险因素造成的损失责任,不承担因道德风险因素所引起的损失、赔偿或给付责任。

3）心理风险因素

心理风险因素又叫风纪风险因素,是与人的心理状态有关的无形的因素,它是指由于人们不注意、不关心、侥幸,或存在依赖保险心理,以致增加风险事故发生的机会和加大损失的严重性的因素。

如企业或个人投保财产保险后放松对财物的保护,或者在火灾发生时不积极施救,任其损失扩大等,都属于心理风险因素。

（2）风险事故

风险事故是指造成生命、财产损失的偶发事件,是造成损失的直接的或外在的原因,是损失的媒介物。即风险只有通过风险事故的发生,才能导致损失。

风险是损失发生的一种可能性,风险事故则意味着风险的可能性转化为现实性。因此,风险事故是直接引起损失后果的意外事件。

（3）损失

损失是指非故意的、非预期的、非计划的经济价值的减少,即经济损失。这是狭义的损失定义,一般以丧失所有权、预期利益、支出费用、承担的责任等形式表现,而像精神损失、政治迫害、折旧、馈赠等均不能作为损失。

在保险理论中,通常将损失可分为两种形态,即直接损失和间接损失。直接损失是由风险事故导致的财产本身的损失和人身的伤害,间接损失则是由直接损失引起的额外费用损失、收入损失、责任赔偿损失等。

3. 风险的分类

（1）按风险产生的原因分类

按原因可以将风险划分为自然风险、社会风险、政治风险、经济风险和技术风险。

1）自然风险

自然风险是指因自然力的不规则变化引起的种种现象对人们的经济生活和物质生产及生命安全等产生威胁的风险。如地震、水灾、火灾、风灾等自然现象是经常的、大量发生的自然风险。自然风险是保险人承保最多的风险。

2）社会风险

社会风险是指由于个人或团体的作为（包括过失行为、不当行为及故意行为）或不作为使社会生产及人们生活遭受威胁的风险。如盗窃、抢劫、玩忽职守及故意破坏等行为将可能对他人的财产或人身造成损失或损害。

3）政治风险

政治风险又称为国家风险,是指在对外投资和贸易过程中,因政治原因或订约双方所不能控制的原因,使债权人可能遭受损失的风险。如因输入国发生战争、革命、内乱而中止货物进口,造成合同无法履行等。

4）经济风险

经济风险是指在生产和销售等经营活动中由于受各种市场供求关系、经济贸易条件等因素变化的影响或经营者决策失误,对前景预期出现偏差等,导致经营失败的风险。比如生产的增减、价格的涨落、经营的盈亏等。

5）技术风险

技术风险是指伴随着科学技术的发展、生产方式的改变而威胁人们的生产与生活的风险。如核辐射、空气污染等。

（2）按风险的性质分类

按风险的性质分类,可以将风险划分为纯粹风险和投机风险。

1）纯粹风险

它是指只有损失机会而无获利可能的风险。其所致结果有两种:损失和无损失。

2）投机风险

相对纯粹风险而言,它是指既有损失机会又有获利可能的风险。其所致结果有三种:损失、无损失和盈利。

（3）按风险产生的环境分类

按风险产生的环境分类,可以将风险划分为静态风险和动态风险。

1）静态风险

它是指在社会经济正常情况下,自然力的不规则变化或人们的过失行为所致损失或损害的风险。静态风险多属于纯粹风险的性质。

2）动态风险

它是指由于社会经济、政治、技术以及组织等方面发生变动所致损失或损害的风险。

（4）按损失的范围分类

按损失的范围,可以将风险划分为基本风险和特定风险。

1）基本风险

它是指非个人行为引起的损失或损害的风险,包括纯粹风险和投机风险。

2）特定风险

它是指风险的产生及造成的后果只与特定的人或部门相关的风险。通常是纯粹风险,只影响个人或个别企业和部门,且较易为人们所控制和防范。

（5）按风险的对象分类

按风险的对象分类,可以将风险划分为财产风险、人身风险、责任风险和信用风险。

1）财产风险

它是指导致一切有形财产的损毁、灭失或贬值的风险。包括直接损失和间接损失。

2）人身风险

它是指导致人伤残、死亡、丧失劳动能力以及增加费用支出的风险。

3）责任风险

它是指个人或团体的疏忽或过失行为,造成他人财产损失或人身伤亡,依照法律、契约或道义应负法律责任或契约责任的风险。

4）信用风险

它是指在经济交往中，权利人与义务人之间由于一方违约致使对方遭受经济损失的风险。

二、保险概述

1. 保险的概念

一般从经济与法律两个方面来解释保险的定义。

从经济角度来看，保险是分摊意外事故损失的一种财务安排。投保人通过交纳保险费购买保险，实际上是将投保人不确定的大额损失变成固定的小额支出。而保险人由于集中了大量同质风险，所以能借助大数法则来正确预见未来损失的发生额，并据此制订保险费率，通过向所有投保人收取保险费建立保险基金，来补偿少数被保险人遭受的意外事故损失。

从法律角度来看，保险是一种合同行为，是一方同意补偿另一方损失的一种合同安排，同意提供损失赔偿的一方是保险人，接受损失赔偿的另一方是被保险人。投保人通过承担支付保险费的义务，换取保险人为其提供保险经济保障（赔偿或给付）的权利，这正体现了民事法律关系主体之间的权利和义务关系。

《中华人民共和国保险法》（以下简称《保险法》）将保险的定义表述为："保险，是指投保人根据合同约定，向保险人支付保险费，保险人对于合同约定的可能发生的事故因其发生所造成的财产损失承担赔偿保险金责任，或者当被保险人死亡、伤残、疾病或者达到合同约定的年龄、期限等条件时承担给付保险金责任的商业保险行为"。

2. 保险的特征

保险的基本特征有：经济性、商品性、互助性、契约性和科学性5个方面。

（1）经济性

保险是一种经济保障活动。保险经济保障活动是整个国民经济活动的一个有机组成部分，其保障的对象财产和人身都直接或间接属于社会再生产中的生产资料和劳动力两大经济要素；其实现保障的手段，大多最终都必须采取支付货币的形式进行补偿或给付；其保障的根本目的，无论从宏观的角度还是微观的角度，都是为了发展经济。

（2）商品性

保险体现了一种等价交换的经济关系，也就是商品经济关系。这种商品经济关系直接表现为个别保险人与个别投保人之间的交换关系，间接表现为在一定时期内全部保险人与全部投保人之间的交换关系，即保险人出售保险，投保人购买保险的关系。具体表现为保险人通过提供保险保障，保障社会生产的正常进行和人们生活的安定。

（3）互助性

保险具有"一人为众，众为一人"的互助特性。保险在一定条件下，分担了个别单位和个人所不能承担的风险，从而形成了一种经济互助关系。这种经济互助关系通过保险人用多数投保人缴纳的保险费建立的保险基金对少数遭受损失的被保险人提供补偿或给付而得以体现。

（4）契约性

从法律角度看，保险是一种契约行为。保险双方当事人要建立保险关系，其形式是保险合同；要履行其权利和义务，其依据也是保险合同。

（5）科学性

现代保险经营以概率论和大数法则等科学的数理理论为基础。保险费率的厘订,保险准备金的提存等都是以精密的数理计算为依据的。

3. 保险的要素

保险关系的确立必须具备五大要素:

（1）可保风险的存在

风险的客观存在是保险产生和存在的前提条件,保险人承保的风险必须是符合保险人承保条件的特定风险,即可保风险。一般来讲,可保风险应具备以下条件:

①风险必须是纯粹风险,即风险一旦发生成为现实的风险事故,就只有损失的机会,而无获利的可能。

②风险必须具有不确定性,风险的不确定性至少包含三层含义:

a.风险发生与否是不确定的。

b.风险发生的时间是不确定的。

c.风险发生的原因和结果是不确定的。

③风险必须使大量标的均有遭受损失的可能。风险为大量标的所拥有,是可保风险的一个基本条件。它要求大量的性质相近,价值也大体相近的风险单位面临同样的风险。

④风险必须有导致重大损失的可能。风险的发生必须有导致重大损失的可能性,而这种损失是被保险人无力承担的。

⑤风险不能使大多数的保险对象同时遭受损失。这一条件要求损失的发生具有分散性,因为保险的目的,是以多数人支付的小额保费,赔付少数人遭遇的大额损失。

⑥风险必须具有现实的可测性。保险经营中,要求制订出准确的费率,而费率的计算依据是风险发生的概率及其所致标的损失的概率,这就要求风险具有可测性。

（2）大量同质风险的集合与分散

保险的过程,既是风险的集合过程,又是风险的分散过程。保险风险的集合与分散应具备两个前提条件:

①大量风险的集合体。一方面是基于风险分散的技术要求,另一方面也是概率论和大数法则的原理在保险经营中得以运用的条件。

②同质风险的集合体。所谓同质风险,是指风险单位在种类、品质、性能、价值等方面大体相近。如果风险为不同质风险,那么损失发生的概率就不相同,风险也无法进行统一集合与分散。

（3）保险费率的厘订

保险在形式上是一种经济保障活动,而实质上是一种商品交换行为,因此,制订保险商品的价格,即厘订保险费率,便构成了保险的基本要素。为保证保险双方当事人的利益,保险费率的厘订要遵循"公平合理,保证保障,稳定灵活,促进防损"的基本原则。保险费率的厘订还应以完备的统计资料为基础,运用科学的计算方法。

（4）保险基金的建立

保险赔偿与给付的基础是保险基金。保险基金是用以补偿或给付因自然灾害、意外事故和人体自然规律所致的经济损失和人身损害的专项货币基金。保险基金具有来源的分散性与广泛性、总体上的返还性、使用上的专项性、赔付责任的长期性和运用上的增值性等特点。

1)保险基金的意义

①保险基金是保险业存在的现实的经济基础。

②保险基金制约着保险企业的业务经营规模。

③保险基金是保证保险企业财务稳定性的经济基础。

2)保险基金的构成

保险基金由开业资金和保险费两部分构成。开业资金是保险企业开业之初所需的一定数额的资金,保险费是投保人为获得保险人的保险经济保障而交付的费用,是构成保险基金的主要部分。

3)保险基金的存在形式

保险基金是以各种准备金的形式存在的,就财产保险与责任保险准备金而言,表现为未到期责任准备金、赔款准备金、总准备金和其他准备金4种形式;就人身保险准备金而言,主要以未到期责任准备金形式存在。

(5)保险合同的订立

1)保险合同是体现保险经济关系存在的形式

保险作为一种经济关系,是投保人与保险人之间的商品经济交换关系,这种经济关系需要有法律关系对其进行保护和约束,订立保险合同是保险经济关系得以成立的基本要素。

2)保险合同是保险双方当事人履行各自权利与义务的依据

为了获得保险保障,投保人要承担缴纳保险费的义务;保险人收取保险费的权利就是以承担赔偿或给付被保险人的经济损失的义务为前提的。这要求保险人与投保人应在确定的法律或契约关系约束下履行各自的权利与义务。

4. 保险的分类

保险分类是指保险种类的划分,即按照一定的标准对保险业务进行归类。

(1)按保险标的分类

这种分类方法是一种最常见、最普遍的分类方法,按照这一标准可将保险分为财产保险、人身保险、责任保险和信用保证保险四大类。

1)财产保险

财产保险是以财产及其有关利益为保险标的的一种保险。当保险财产遭受保险责任范围内的损失时,由保险人提供经济补偿。

2)人身保险

人身保险是以人的寿命和身体为保险标的的保险。保险人对被保险人在保险期间因意外事故、疾病等原因导致死亡、伤残或者在保险期满后,根据保险条款的规定给付保险金。

3)责任保险

责任保险是以被保险人依法应负的民事损害赔偿责任或经过特别约定的合同责任作为保险标的的保险。即被保险人由于疏忽、过失行为造成他人的财产损失或人身伤亡,根据法律或合同的规定,应对受害者承担的经济赔偿责任,由保险人提供经济赔偿。

4)信用保证保险

信用保证保险是以各种信用行为为保险标的的保险。当义务人不履约而使权利人遭受损失时,由保险人提供经济赔偿。凡义务人应权利人的要求向保险人投保自己的信用的保险属于保证保险;凡保险人应权利人的要求担保义务人的信用的保险属于信用保险。

（2）按风险转嫁形式分类

按这种分类法可将保险划分为原保险、再保险、共同保险和重复保险。

1）原保险

原保险是投保人与保险人之间直接签订保险合同而建立保险关系的一种保险。在原保险关系中，保险需求者将其风险转嫁给保险人，当保险标的遭受保险责任范围内的损失时，保险人直接对被保险人承担损失赔偿责任。

2）再保险

再保险也称分保，是保险人将其所承保的风险和责任的一部分或全部，转移给其他的保险人的一种保险。转让业务的是原保险人，接受分保业务的是再保险人。这种风险转嫁方式是保险人对原始风险的纵向转嫁即第二次风险转嫁。

3）共同保险

共同保险也称共保，是由几个保险人联合直接承保同一标的或同一风险而保险金额不超过保险标的价值的保险，在发生赔偿责任时，其赔偿按照保险人各自承保的金额比例分摊。与再保险不同，这种风险转嫁方式是保险人对原始风险的横向转嫁，它仍属于风险的第一次转嫁。

4）重复保险

重复保险是指投保人以同一保险标的、同一保险利益、同一保险事故分别与两个以上保险人订立保险合同的一种保险。与共同保险相同，重复保险也是保险人对原始风险的横向转嫁，也属于风险的第一次转嫁。只不过在大多数情况下，重复保险的保险金额总和超过保险价值，因此，这时各保险人的赔偿金额要按一定标准进行分摊。

（3）按投保单位分类

按这种分类法保险可分为团体保险和个人保险。

1）团体保险

团体保险是以集体名义签订保险合同，由保险人向团体内的成员提供保险保障的保险。

2）个人保险

个人保险是以个人的名义向保险人投保的保险。

（4）按实施方式分类

按这种分类法保险可分为法定保险和自愿保险。

1）法定保险

法定保险又称强制保险，它是由国家（政府）通过法律或行政手段强制实施的一种保险。法定保险的保险关系不是产生于投保人与保险人之间的合同行为，而是产生于国家或政府的法律效力。

2）自愿保险

自愿保险是在自愿原则下，投保人与保险人双方在平等原则的基础上，通过订立保险合同而建立的保险关系。

（5）按经营的性质分类

按这种分类法可将保险分为营利保险和非营利保险。

1）营利保险

营利保险是指保险业者以盈利为目的的保险。商业性保险属于营利保险，保险经营者按照营利原则开展业务,将其经营所得的利润或节余进行分配。

2)非营利保险

非营利保险是指不以盈利为目的的保险。非营利保险一般是出于某种特定的目的,由政府资助营运,以保证经济的协调发展和安定社会秩序为目标而实施的保险保障计划。

5.保险的职能

保险的职能有基本职能与派生职能之分,基本职能是保险的原始与固有的职能,不因时间的变化和社会形态的不同而改变。派生职能是随着保险内容的丰富和保险种类的发展,在保险基本职能的基础上产生的新职能。

(1)保险的基本职能

保险的基本职能就是保险的经济保障功能,具体表现为保险补偿的职能和保险给付的职能。

1)保险补偿的职能

保险是在特定灾害事故发生时,在保险的有效期和保险合同约定的责任范围以及保险金额内,按其实际损失数额给予赔付。这种赔付原则使得已经存在的社会财富因灾害事故所致的实际损失在价值上得到了补偿,在使用价值上得以恢复,从而使社会再生产过程得以连续进行。

2)保险给付的职能

由于人的价值是很难用货币来计价的,所以,人身保险是经过保险人和投保人双方约定进行给付的保险。因此,人身保险的职能不是损失补偿,而是定额给付。

(2)保险的派生职能

它主要是指保险的投资职能与防灾防损职能。

1)保险的投资职能

保险的投资职能,即保险融通资金的职能或保险资金运用的职能。由于保险的补偿与给付的发生具有一定的时差性,这就为保险人进行资金运用提供了可能。同时,保险人为了使保险经营稳定,必须保证保险基金的保值与增值,这也要求保险人对保险资金进行运用。

2)保险的防灾防损职能

防灾防损是风险管理的重要内容,保险本身就是风险管理的一项重要措施。保险企业为了稳定经营,要对风险进行分析、预测和评估,通过人为的事前预防,可以减少损失的发生。而且,防灾防损作为保险业务操作的环节之一,始终贯穿在整个保险工作之中。

6.保险的作用

(1)保险的宏观作用

它是指保险对全社会,对国民经济总体所产生的经济效应。

①保障社会再生产的正常运行。

②有助于财政收支计划和信贷收支计划的顺利实现。

③有利于对外经济贸易发展,平衡国际收支。

④有利于科学技术向现实生产力的转化。

(2)保险的微观作用

它是指保险对企业、家庭和个人所起的保障作用。

①有助于受灾企业及时恢复生产。

②有利于企业加强经济核算。

③有利于提高企业风险管理的意识。

④有利于安定群众生活。

⑤有利于促进个人或家庭消费的均衡。

三、汽车保险概述

1. 汽车保险概述

汽车保险是我国财产保险中的第一大险种。这里的"汽车"是指经交通管理部门检验合格、核发有效行驶证和号牌的机动车辆。包括各种汽车、挂车、无轨电车、农用运输车、摩托车、轻便摩托车、运输用拖拉机和轮式专用机械车等。汽车保险是承保汽车因遭受自然灾害或意外事故造成的车辆本身及相关利益的损失和采取施救保护措施所支付的必要合理费用，以及被保险人对第三者人身伤害、财产损失依法应负的民事赔偿责任。汽车保险按保险标的不同分为车辆损失保险和第三者责任保险两大类。

2. 汽车保险的作用

汽车保险能够切实保障汽车保险的被保险人和交通事故受害者在汽车发生保险责任事故，造成车辆本身损失及第三者人身伤亡和财产损坏或损失时，得到经济补偿，最大限度地减少所造成的损失，能够促使交通事故损害赔偿纠纷的及时解决，促进社会的稳定。

①可以分担运输企业和个人的风险，使企业的经营活动得以顺利进行。汽车保险是汽车运输企业正常经营的一个不可或缺的重要环节。

②可以在被保险车辆发生交通事故，造成第三者人身伤亡和财产损坏或损失时，得到经济补偿，促使交通事故损害赔偿纠纷得以及时解决，促进社会的稳定。

③可以减少事故的发生，降低事故发生率。世界各国对汽车保险业务一般都有严格的监管规定，尤其对其中的第三者责任险，绝大部分国家通过立法的形式，将其规定为法定保险。

④可以促进汽车工业发展。汽车保险业务自身的发展对于汽车工业的发展起到了有力的推动作用，汽车保险的出现，解除了企业和个人对在使用汽车过程中可能出现的风险的担心，扩大了对汽车的需求。此外，汽车消费贷款保证保险和汽车售车信用保险对促进汽车消费有重要作用。

⑤可以扩大保险利益。汽车保险条款一般规定：被保险车辆在发生保险事故时，只要驾驶员是被保险人允许的合格驾驶员，保险人都要承担赔偿责任，此规定是为了对被保险人和第三者提供更充分的保障，并非是对保险利益原则的违背。但如果在保险合同有效期内，保险车辆转卖、转让、赠送他人，被保险人应当书面通知保险人并申请办理批改。否则保险事故发生时，保险人对被保险人不承担赔偿责任。

3. 汽车保险的重要性

汽车保险正成为与人们生活息息相关的一种保险。一方面，汽车保险的被保险人范围越来越广泛，汽车保险不再是以企业和单位为主要对象的业务，而且逐步发展成为以个人为主要对象的业务。另一方面，由于交通的日益发达，日常生活中的每个人都是交通活动的参与者，都有可能面临交通意外。汽车保险，尤其是第三者责任保险在稳定社会关系和维护社会公共秩序方面的特殊作用，使其不仅是一种经济活动，而且逐步成为社会法制体系的一个组成部分。另外,汽车保险业务在整个财产保险业务领域占有十分重要的地位。

❓回答下列问题

1. 风险与保险的区别与联系。
2. 什么是风险组成的三要素？简述它们相互间的区别和联系。
3. 根据自己对风险及风险要素的理解绘制风险结构图。

任务2　认识汽车保险的相关法律法规

任务目标

知识目标：①认识机动车辆商业保险险种基础知识、基本理论。
　　　　　②掌握《中国保险行业协会机动车综合商业保险示范条款》具体内容。
能力目标：能够正确描述示范条款和以前 A、B、C 条款的区别。
素质目标：培养团队协作精神,提高学习新知识的能力。

相关知识

案例导入

吴某在下班途中被王某驾驶的机动车撞伤,双方未达成赔偿协议。为赔偿问题,吴某将王某及为其车辆承保的保险公司告上法庭,要求两被告赔偿。经法院审理,双方达成了调解协议,由保险公司赔偿吴某医药费、护理费、误工费等损失 37 000 元,王某赔偿吴某 1 500 元。事故发生后,吴某同时向市劳动和社会保障局申请工伤认定,经市劳动和社会保障局认定,吴某因交通事故受伤构成工伤。吴某受伤情况经市劳动能力鉴定委员会鉴定为九级伤残。由于吴某所在单位未为吴某缴纳工伤保险金,吴某遂申请劳动仲裁,要求用人单位承担工伤保险责任,并终止劳动关系。市劳动争议仲裁委员会作出裁决后,该用人单位不服,认为仲裁未扣除吴某在交通事故赔偿案件中已获赔的医疗费等费用,遂向市人民法院提起诉讼。

在该案例中,劳动者在获得交通事故肇事者的赔偿后,是否可以要求用人单位承担工伤保险责任？法院应如何判决？

用人单位以外的第三人侵权造成劳动者损害的,侵权人已对劳动者(受害人)进行了赔偿,并不影响受害人享受工伤待遇,因此对用人单位提出吴某享受工伤待遇时应扣除交通事故侵权人已赔部分的主张,法院依法不予支持。因用人单位没有为吴某缴纳工伤保险费,故吴某享受的工伤待遇应当由用人单位直接支付。最终法院判决,用人单位承担医疗费、护理费、一次性工伤医疗补助金、一次性伤残就业补助金、一次性伤残补助金等。

在汽车保险事故中,涉及保险相关法律法规的案例比较多。我们应当怎样分析责任呢？与汽车保险有关的法律法规又有哪些呢？

一、与汽车保险有关的法律法规体系

在汽车保险中,由《中华人民共和国保险法》(以下简称"《保险法》")、《中华人民共和国道路交通安全法》(以下简称"《道路交通安全法》")及配套的相关法律、行政法规为核心,以相关部门的相关规定为补充,组成相互统一、密切联系的法律体系。

即汽车保险的法律依据主要是《保险法》和《道路交通安全法》。在保险实务中还涉及《中华人民共和国民法通则》《中华人民共和国经济合同法》《中华人民共和国公司法》《中华人民共和国刑法》等法律,以及其他一系列的法规,如《机动车辆保险监制单证管理办法》《保险代理人管理规定》《保险经纪人监管规定》《保险公估人管理规定》《保险机构高级管理人员任职资格管理暂行规定》《保险公司管理规定》等。

我们在汽车保险事故的处理过程中,一定要准确应用法律、法规,妥善处理保险人与被保险人之间的利益关系。

二、保险法

1. 保险法的基本构成

保险法主要包括保险业法、保险合同法和其他方面的保险特别法。它们分别调整不同领域和不同范围内的保险关系,并且构成保险法律体系。

2. 保险合同法

保险合同法是保险法的重要组成部分和基础。保险合同法是规范保险双方当事人、关系人权利义务的法律、法规的总称,调整的是保险合同关系。

保险合同法的内容范围规定了保险合同的基本原则、保险合同的基本内容、保险合同的订立、履行、变更、解除或终止以及保险合同纠纷的处理等事项。

目前,我国尚无一部独立的保险合同法,但逐步形成和确立了保险合同法的基本体系和内容。《经济合同法》和《财产保险合同条例》对财产保险合同都作了具体规定。《中华人民共和国海商法》(以下简称《海商法》)对海上保险合同列专章进行了规定。上述法律和法规,初步形成了我国保险合同法基本内容和体系。1995 年 6 月 30 日颁布并于 2002 年、2009 年、2015年三次修订的《保险法》对保险合同从一般规定财产保险合同和人身保险合同三方面作了较为全面系统的规定,从而确立了中国保险合同法的基本体系和内容。

3. 保险业法

保险业法是对保险企业进行管理和监督的法律、法规的总称。保险事业的健康发展,不仅与广大被保险人及其关系人密切相关,而且对国民经济的稳定和社会安定有重大影响,所以必须以法律的形式进行规范约束,这是由于:

①保险公司的设立与经营,既关系到众多经济组织企业能否顺利进行生产和经营活动,又涉及广大人民群众的利益。

②保险业各种组织之间存在着分工协作和竞争等关系,国家必须通过立法来规范它们的行为、协调它们的关系,保证保险市场健康发展。

③国家保险监督管理部门对保险业的监督管理,也必须依法进行。保险业法是保险监督管理部门行为规范化的依据。

目前,我国对境内保险企业进行管理和监督的主要法律依据是 1995 年 6 月 30 日颁布并

于2002年、2009年和2015年三次修订的《保险法》以及2009年9月25日发布并于2015年修订的《保险公司管理规定》,这两部法律法规对我国保险企业的设立、保险公司的经营范围、保险企业的偿付能力、保险准备金和再保险等,都有具体的规定和法律要求。另外,中外合资保险公司、外商独资保险公司在中国境内的分公司在其设立、业务范围、终止与清算上,还要符合《中华人民共和国外资保险公司管理条例》及其细则的要求。

4. 保险特别法

保险特别法是指保险合同法之外,具有商法性质的,规范某一特殊保险关系的法律法规,它一般不超过保险合同法的原则规定,但更为具体、细致,是各种具体保险经营活动的直接依据。如《海商法》中的海上保险内容,是专门规范有关海上保险的各种法律规定;《简易人身保险法》是专门规范有关人身保险合同关系的保险特别法。

5. 保险法的调整对象

保险法以保险关系为调整对象。保险法主要由保险合同法、保险业法构成,而保险关系体现为保险合同关系和保险监管关系,因此,保险合同法以保险合同关系为调整对象,保险业法则以保险监管关系为调整对象。

（1）保险合同主体之间形成的保险合同关系是保险合同法的调整对象

保险作为一种商品或劳务是通过保险人与投保人签订保险合同的方式提供的。利用合同这种法律形式可以充分反映当事人双方的真实意愿,同时针对未来可能发生的争议,合同制度可以充分证明和保护当事人拥有来自合同的权利。并且,调整保险人与投保人、被保险人、受益人之间以及因保险代理、保险经纪和保险公估活动等产生的保险合同主体之间的保险合同关系的保险合同法,构成了保险法的核心内容。

保险合同法在我国《保险法》中,共三节内容,包括合同的"一般规定""财产保险合同"和"人身保险合同"。

（2）国家及其授权机构对保险经营者的监管关系是保险业法的调整对象

保险业的不断发展使其成为日益影响社会公众利益的重要部门。因此,为了确保其充足的偿还能力,充分发挥保险的经济补偿职能及"社会稳定器"的作用,保证保险业务开展的公平交易和优质服务,保证保险双方的合法利益,制裁保险市场中各种不正当竞争行为和非法行为,维护保险市场的正常秩序,必然产生国家对保险机构的监管关系。这种监管关系在我国主要包括机构监管关系、业务监管关系和财务管理关系。

我国《保险法》涉及的"保险公司""保险经营规则"和"保险业的监督管理"的内容主要就是调整国家及其授权机构对保险公司的保险监管关系的保险业法。

6. 保险法的立法目的

我国保险法的立法目的是:规范保险活动,保护保险活动的当事人的合法权益,加强对保险业的监督管理,促进保险事业的健康发展。

（1）规范保险活动

我国《保险法》从国家立法的角度来讲,是为了使我国保险市场的各个市场主体的活动有法可依,违法必究,运用法律手段规范各市场主体的行为。

（2）保护保险活动当事人的合法权益

《保险法》明确各个保险活动当事人必须站在平等的立场上,不允许一方限制他方权利,也不允许一方依据经济上或行政上的优势,向对方发号施令,要求双方必须平等地享有权利并承担义务。保险活动双方当事人的合法权益都受到《保险法》的保护。

（3）加强对保险市场的监督管理

保险是经营风险的行业，其职能决定了它与社会上几乎所有的法人和自然人有密切联系，保险业的健康经营直接关系到整个社会秩序的稳定和人民生活的安定；其次，保险业具有很强的专业性，当保险市场竞争激烈时，易导致保险公司为争取业务而盲目降低费率、提高佣金，削弱自身偿还能力，最终损害被保险人利益，或保险市场形成垄断而随意提高保险费，增加投保人负担。因此，对保险业实施严格的监管，目标是建立一整套严格的宏观监督调节机制，在制度上保证保险具有良好的社会效益，而在制度构建中，保险立法是关键和基础性的环节。

（4）促进保险事业的健康发展

《保险法》的制定、出台和实施，可以规范保险活动，保护保险活动当事人的合法权益；通过保险立法及其实施加强对保险业的监督管理，才可能最终实现保险业的健康发展。

7. 保险法的适用范围

法的适用范围是指法律的效力范围，包括其在时间上的效力、在空间上的效力、在对人的效力以及种类上的效力。

（1）保险法在时间上的适用范围

保险法在时间上的适用范围也就是保险法在时间上所具有的效力。一般来说，法律的效力自实施之日发生，至废止之日停止。保险法一般规定了其实施时间，保险法效力的终止日，多数立法不加规定，一般直至法律明文废止、修改时，或新的相关法律规范颁布时才停止效力。即按照法律"新法优于旧法"的原则，在新的法律、法规生效后，原有的法律、法规的效力自然终止。

（2）保险法在空间上的适用范围

法律的空间效力是指地域效力，即法律在哪个范围内有效。《保险法》遵循的是法律上的属地原则（属地原则是指对所管辖地区内的一切人，不论其是本国人或是外国人，法律都具有效力），即《保险法》适用于中华人民共和国的领土、领海、领空以及根据国际法、国际惯例应视为我国的一切领域，凡是在我国境内从事保险活动的公民、法人和其他组织，都要受到《保险法》的约束。

（3）保险法对象的适用范围

法律对人的效力，是指法律对哪些人具有效力。《保险法》适用于在我国境内从事保险活动的公民、法人和其他组织。作为中华人民共和国境内从事保险活动的人，既包括投保人、被保险人和受益人等保险需求者，也包括保险代理人、保险经纪人和保险公证人等保险中介者，甚至还包括保险监管者——保险监督管理委员会的监督人员。

（4）保险法在种类上的适用范围

《保险法》适用于商业保险，商业保险是保险人双方当事人自愿订立保险合同，以投保人交付保险费为条件，由保险人对保险事故进行偿付的一种经济保障制度。由于海上保险的特殊性，许多国家和地区，用单行的海上保险法来调整海上关系，我国在《海商法》单列一章进行规范约束的方式，所以，《保险法》在《海商法》未规定的前提下，适用于海上保险；《保险法》不适用于农业保险，农业保险在世界各国都属于政策性保险，它不以盈利为目的，而以国家的大力扶持为发展的前提条件。

8. 保险法的基本原则

保险法的基本原则是指集中体现保险法的本质和基本精神,主导整个保险法体系,为保险法调整保险关系所应遵循的根本准则,也是保险立法、执法和司法所应遵循的基本原则。

我国的《保险法》规定了以下六项原则:

(1)遵守法律及行政法规的原则

我国《保险法》规定,从事保险活动必须遵守法律、行政法规。法律及行政法规是国家为维护社会经济生活的正常、合理的秩序而制定的,任何公民、法人及其组织在进行民事活动、经济活动时,都必须遵守法律及行政法规,才能受到法律的保护,任何违反法律、行政法规的行为,都将受到法律的制裁,保险行为也不例外。

(2)遵守自愿原则

我国《保险法》规定:从事保险活动必须遵循自愿原则。除法律、行政法规规定必须保险的以外,保险公司和其他单位不得强制他人订立保险合同。可见,我国的保险立法十分重视保险的自愿原则。投保人和保险人订立保险合同,应当遵循自愿订立的原则。

自愿原则是指保险双方当事人在从事保险活动时应当表达真实的意思,在法律、行政法规允许的范围内,根据自己的意愿订立、变更和终止保险法律关系的原则。民事主体订立保险合同应遵循平等互利、协商一致的原则,充分表达自己的真实意愿,才符合自愿原则的要求。

(3)遵循诚实信用的原则

我国《保险法》规定:从事保险活动必须遵循诚实信用的原则。诚实信用原则是指民事主体在保险活动中,为维护保险双方当事人的利益,必须诚实、守信用,不得隐瞒欺骗。任何一方对诚实信用原则的违背,都是对保险法的违背。

诚实信用原则是社会道德规范在法律上的体现。《保险法》规定诚实信用原则,既符合《民法通则》的规定(民事活动应当遵循诚实信用原则),又符合保险的以下2个特点:

①保险人在承保时,通常是根据投保人或被保险人对保险标的(保险标的是指作为保险对象的财产及其有关利益,或者人的寿命或身体)风险状况的陈述,决定是否承保,而且保险标的在参保后一般仍由被保险人控制。因此,投保人、被保险人等保险参与人是否诚实守信,直接影响到保险人的承保风险状况。

②投保人较难掌握保险公司的情况,保险合同的条款和费率专业性、技术性很强,投保人、被保险人较难理解。如果保险人不诚实、不守信用,被保险人、受益人的合法权益就难以得到保障。

所以按照诚实信用原则的要求,从事保险活动的民事主体,在保险合同的订立和履行过程中,都必须诚实、守信地履行义务并行使权利。保险公司、保险中介人还须以诚信为原则,依法自觉接受主管机关的监督管理。

(4)遵守专业经营原则

专业经营原则是指经营商业保险业务公司,必须是按照本国保险法律规范设立的专业公司。其他单位和个人不得经营商业保险业务。这也是一条国际通行原则。《保险法》对保险公司作了较严格的规定,即设立保险公司必须经保险监督管理部门批准,必须有相应的资本金、具备若干条件等。

规定专业经营原则是由保险的特殊性决定的。这是由于:

①保险公司是负债经营,保险基金是对全体被保险人的负债,一旦保险公司经营不善甚至

破产,会损害广大被保险人的利益,甚至影响到社会的安定。

②保险业具有很强的专用性和技术性,必须经过严格审查并具备法定资格的公司才能经营商业保险。

③保险公司之间以及保险业的各种组织之间存在着分工协作或竞争等关系,为了协调它们之间的关系,规范它们的行为,保障保险市场的健康发展,需要坚持专业经营原则。

(5)遵循境内投保原则

我国《保险法》规定,在中华人民共和国境内的法人和其他组织需要办理境内保险的,应当向中华人民共和国境内的保险公司投保。这里的"境内"包括三层含义:

①"境内"约束的对象是作为投保人的法人和其他组织,这里的法人和其他组织既包括我国境内的中国法人和非经济组织,又包括我国境内的外国法人和其他组织。

②"境内"主要是指投保标的是坐落或存放于我国境内的固定资产或流动资产。

③"境内"是指经营场所在我国境内的保险公司,既包括我国的民族资本保险公司(或称中资保险公司),又包括中外合资保险公司和外国保险公司在我国境内设立的分公司。

(6)遵循公平竞争原则

我国《保险法》规定,保险公司开展业务,应当遵循公平竞争原则,不得从事不正当竞争。公平竞争是指竞争主体之间在价格公正、手段合法、条件平等的前提下展开的竞争。

《保险法》将公平竞争原则用法律的形式予以规定,有助于维护保险市场秩序,纠正、减少或避免保险市场上无序而混乱的竞争,保护广大被保险人的合法权益,避免保险人之间的"自杀"性竞争,将保险市场行为纳入规范化、法制化的轨道。

我国颁布的《中华人民共和国反不正当竞争法》,具体规定了一系列应该严格禁止的不正当竞争行为。据此,保险公司和保险中介人既要遵循《保险法》规定的公平竞争原则,又要遵守《中华人民共和国反不正当竞争法》,自觉维护公平竞争,反对不正当竞争,促进保险市场的健康发展。

三、保险合同法

1. 保险合同的概念

合同是当事人之间确立、变更、终止民事权利、义务关系的协议。保险合同作为合同的一种,是投保人与保险人约定保险权利、义务关系的协议。

投保人和保险人作为依照保险合同建立的保险法律关系的双方当事人,其法律地位是平等的,任何一方不得把自己的意志强加给对方。双方达成的保险合同具有法律约束力,任何单位和个人不得干预。按照保险合同,投保人应向保险人交付约定的保险费,保险人则应在约定的保险事故发生时,履行赔偿或给付保险金的义务。

2. 保险合同的法律特征

保险合同是合同的一种,而且根据保险合同所调整的保险法律关系在经济生活中的地位和作用,保险合同又属于合同法所调整的经济合同的一种,但保险经济合同是一种较为特殊的经济合同。因此,保险合同既具有一般经济合同所共有的法律特征,又具有自身特有的法律特征。

(1)保险合同的一般法律特征

保险合同是经济合同的一种,因此,与一般经济合同具有相同之处,具体表现在:

1）保险合同是当事人双方的法律行为

保险合同的当事人须意思表示一致，达成协议，合同才能成立。

2）保险合同当事人在签订合同时所处的法律地位是平等的

保险合同当事人在保险合同订立过程中均可以自由表示自己的意志，任何一方对另一方的限制与强迫，都违背合同自愿的原则，由此签订的合同无法律效力。

3）保险合同是合法的法律行为

保险合同能够发生法律效力，受到国家法律的保护，是因为所签订的保险合同是合法的。因此订立保险合同时，无论是内容还是主体、客体，都必须符合国家法律、法规或有关规定。

4）保险合同的当事人必须是具有行为能力的自然人或法人

只有具备完全行为能力的当事人，才能理智、审慎地处理自己的事务，既通过自己的行为取得法律所赋予的权利，也如约履行自己的义务。

（2）保险合同独有的法律特征

保险合同是一种特殊的经济行为。因此，它具有不同于一般经济合同的特殊法律特征：

1）保险合同是双务有偿合同

双务合同是当事人双方相互享有权利、承担义务的合同，保险合同是典型的双务合同，保险双方中一方享有的权利正是另一方承担的义务，双方互为对价关系。（对价，其含义是合同中任何一方权利的取得，都应该给付对方当事人认可的相对应的代价。）

保险合同又是有偿合同，合同的双方当事人既享有权利，又承担相应的义务。在保险合同中，投保人以支付保险费为代价换取保险人承担风险的承诺，如无此代价，则保险合同不生效。

2）保险合同是要式合同

要式合同，是指需要采取特定方式才能成立的合同，即需要履行特定的程序或采取特定的形式才能成立的合同，如必须作成书面形式，需要签证、公证或经有关机关批准登记才能生效的合同。由于保险合同的成立标志着保险双方权利义务的确立，关系重大，因此我国《保险法》中明文规定，双方就合同条款达成协议，保险人应及时向投保人签发保险单或其他保险凭证，并在保单或其他保险凭证中载明当事人双方约定的合同内容。

3）保险合同是附和合同

由于保险业的自身特点，使保险合同趋于定型化、技术化、标准化。保险合同的主要条款多由保险人事先拟定并统一印制出来，投保人对其内容若同意则投保，即使有必要变更保单的内容，也只能采用保险人事先准备的附加条款。也就是说，对于保险人单方面制订的保险合同内容，投保人一般只能作出"取或舍"的决定，因此，保险合同是附和合同。

4）保险合同是射幸合同

射幸，就是侥幸、碰运气的意思。保险合同之所以是射幸合同，是因为就单个保险合同而言，在订立保险合同之时，投保人交纳保费换取的只是保险人的承诺，而保险人是否进行实际的赔偿或给付，则要以约定的保险事故是否发生而定，所以，就单个保险合同而言，保险合同具有射幸性。

5）保险合同是最大诚信合同

"重合同，守信用"是任何经济合同的双方当事人都必须遵循的原则。而保险合同需要双方当事人的诚信程度更甚于其他合同，因为保险人决定是否和以什么条件承保，很大程度上是以投保人或被保险人的申报和保证事项为依据。如果投保人或被保险人不如实申报保险标的的风险情况,由此签订的合同就缺乏公平性,会影响保险人的合法权益。另一方面,保险合同是保险人单方面拟定的,投保人可能对保险合同的有关内容不熟悉,保险人及其代理人在进行展业宣传时,也应把保险合同内容(如保险责任、除外责任)如实告知其展业对象,因此保险合同具有最大诚信合同的法律特征。

3. 保险合同的主体

保险合同的主体是指进行保险活动、参加保险法律关系并享有权利和承担义务的人。在保险法律关系中,保险合同是联结双方当事人的纽带,保险合同当事人既享有权利,又承担义务,双方互为权利主体和义务主体,当事人这种双重主体的身份是由保险法律关系的双方有偿性决定的。

(1)保险合同的当事人。

保险合同的当事人见图1.1所示。

图1.1 四种保险合同的当事人

1)保险人

保险人又称承保人,我国《保险法》规定,保险人是指与投保人订立保险合同,并承担赔偿或者给付保险金责任的保险公司。因此,保险公司与投保人签订保险合同以后,即成为保险合同的一方当事人,享有收取保险费的权利,并向被保险人承担赔偿损失或者给付保险金的义务。作为保险法律关系的主体,保险人具有以下法律特点:

①保险人是保险基金的组织、管理和使用人。保险人通过收取保险费而建立保险基金,经营保险业务,而保险基金的分配和运用应严格按照有关规定办理。

②保险人应当是依法成立并允许经营保险业务的保险公司。由于保险事业涉及社会公共利益,我国《保险法》规定,设立保险公司,必须经保险监督管理部门批准。在《保险法》中关于"保险公司"有进一步的规定。保险公司应当采取股份有限公司或国有独资公司的形式。设立保险公司,经营保险业务,必须符合法定条件,得到国家保险主管部门的批准,取得经营保险业务许可证,并凭经营保险业务许可证向工商行政管理机关办理登记,领取营业执照。

③保险人是履行赔偿损失或者给付保险金义务的人,保险人的这种义务不是因侵权或者违约而发生的,而是依据法律规定或者保险合同确定的义务。

为配合《保险法》的实施,中国保险监督管理委员会于2000年1月制定并于2004年5月13日修订了《保险公司管理规定》,《保险公司管理规定》共分7章,即:总则,保险机构,保险经营,保险条款和保险费率,保险资金及保险公司偿还能力,监督检查,附则。这是我国对保险企业监管的法律依据。

2)投保人

我国《保险法》规定,投保人是指与保险人订立保险合同,并按照保险合同负有支付保险费义务的人。可见作为投保人必须承担交付保险费的义务。

不仅如此,无论是法人、个人作为投保人,都必须是有行为能力的人,即完全民事行为能力人,涉及无民事行为能力人或限制民事行为能力人,其自行签订的保险合同无效,但由其代理人或依法征得同意的,保险合同有效。另外,投保人对保险标的应具有法律上承认的利益即保险利益,否则,保险合同无效。

3)被保险人

被保险人是受保险合同保障的人,是以其财产、寿命或身体为保险标的,在保险事故发生时,享有赔偿或给付保险金请求权的人。在财产保险中,被保险人是保险标的的所有人或具有利益的人;在人身保险中,被保险人就是保险的对象。被保险人与投保人的关系有两种情况:

①投保人为自己的利益订立的保险合同,既是投保人,同时又是被保险人,如财产保险中,投保人以自己的财产为保险标的的订立保险合同。

②投保人为他人的利益订立保险合同,投保人与被保险人相分离,只要投保人对于被保险人具有法定的保险利益或经被保险人同意,就可以为被保险人订立保险合同,但财产保险合同中,投保人以他人的财产,用自己的名义订立保险合同的较为少见,即使有也要两者之间存在一定的法律关系。

4)受益人

受益人是指人身保险中由被保险人或者投保人指定的,在保险事故发生时享有保险金请求权的人,被保险人和投保人都可以成为受益人。投保人指定受益人要经被保险人同意。

(2)保险合同的辅助人

保险合同的辅助人是指辅佐、帮助保险双方当事人订立及履行保险合同的人。它通常包括保险代理人、保险经纪人和保险公证人。在我国一般将保险合同的辅助人称为保险中介人,如图 1.2 所示。

图 1.2　三种保险合同的辅助人

1)保险代理人

我国《保险法》规定,保险代理人是根据保险人的委托,向保险人收取佣金,并在保险人授权的范围内代为办理保险业务的单位或者个人。保险代理是一种民事委托代理,保险代理关系是一种民事法律关系。保险代理人既具有委托代理的一般特征,又具有保险的特征。保险代理人的法律特征具体表现在:

①保险代理人必须以被代理人的保险人的名义实施法律行为。在代理关系中,保险代理人必须以被代理人的名义进行活动,才能取得相应的权利和承担相应的义务。

②保险代理人必须在保险人的授权范围内进行活动。保险代理产生于保险人的代理授权书或保险人与代理人签订代理合同引起的保险人委托授权,代理人代理被代理人属于法律行为,代理人具有代理权,并在代理权限内从事活动;没有代理权而以他人名义进行的法律行为,或者超越代理权以被代理人的名义进行的法律行为,应自己承担相应的法律后果。

③保险代理人的代理行为具有法律意义。保险代理人以保险人的名义与投保方进行的行为,是具有法律意义的行为,能产生法律后果。

④保险代理人代理行为的法律后果由代理人承担。保险代理人在代理权限内产生的行为在法律上视为保险人自己的行为,代理行为产生的责任和后果由被代理人承担。

⑤保险代理人的法律行为既受民法的调整,又受保险法律法规的制约。《中华人民共和国民法通则》规定,“代理人在代理权内,以被代理人的名义实施民事法律行为,对被代理人发

生效力。"保险代理人具备民事代理人的一切法律特征,保险代理人的代理行为的法律后果由保险人承担,保险代理人的行为是由民法调整的民事法律行为,应该遵循民法的基本规则。

同时,由于保险代理人主要是代理保险人办理保险业务,保险业务具有很高的专业性、技术性和社会性,保险代理人的代理行为还必须受到保险法律、法规的约束。我国《保险法》规定,保险代理人、保险经纪人应当具备保险监督管理机构规定的资格条件,并取得保险监督管理机构颁发的经营保险代理业务许可证或者经纪业务许可证,向工商行政管理机关办理登记,领取营业执照,并缴存保证金或者投保职业责任保险。

为配合《保险法》贯彻实施,中国人民银行制定了《保险代理人管理暂行规定》,中国保险监督管理委员会颁布了《保险代理机构管理规定》,以规范约束我国保险代理人的行为。

2)保险经纪人

保险经纪人基于投保人的利益,为投保人与保险人订立保险合同提供中介服务,并依法收取佣金的单位。保险经纪人具有以下法律特征:

①保险经纪人基于投保人的利益从事保险活动,并依法收取佣金。保险经纪人凭借自己的学识、技术、经验和信息,可以为投保人选择资信状况良好的保险公司、选择符合投保人需求的保险险种、代表投保人与保险人洽谈保险合同条件等。

②保险经纪人为保险双方当事人提供中介服务。保险经纪人的业务活动一般是为投保人订立保险合同提供机会和建议。保险经纪人可以向各家保险公司咨询、洽谈保险合同的品种、价格、服务等条件并协助投保人选择投保。但保险合同是否签订、保险合同的具体内容等,应由投保人自己决定。保险经纪人经授权可以为投保人办理手续。

③保险经纪人应当具备一定的条件。我国《保险法》规定了保险经纪人应当具备一定的条件:保险经纪人应当具备保险监督管理部门规定的资格条件,并取得保险监督管理部门颁发的经营保险经纪业务许可证,向工商行政管理机关办理登记,领取营业执照,并缴存保证金或者投保职业责任保险。

④保险经纪人自己承担赔偿责任。《保险法》规定,因保险经纪人在办理保险业务中的过错,给投保人、被保险人造成损失的,由保险经纪人承担赔偿责任。因此,保险经纪人为转嫁自身的经营风险,通常采用向保险公司投保职业责任保险的方式。

除此之外,中国人民银行公布了《保险经纪人管理规定》,中国保险监督管理委员会颁布了《保险经纪公司管理规定》,配合规范保险经纪人的行为。

3)保险公证人

所谓保险公证人,也称保险公估人,是指以独立于保险人与被保险人的身份,凭借丰富的专业知识和技术,本着客观和公正的态度,向保险人或被保险人收取费用,办理保险标的的查勘、鉴定、估损、赔款理算并给予证明的人。保险公证人所作出的公证报告书,主要作用在于证明保险财产遭受损失的原因、损失的程度以及受损的价值。由于保险公证人的职业信誉较高,因而所作判断与证明常为保险双方当事人所乐于接受。

4. 保险合同的内容

保险合同的内容,是指保险合同双方当事人之间依保险合同而建立起来的权利义务关系,即表现为保险合同的条款,这是保险合同的实体部分。保险合同的内容包括保险合同基本条款和合同其他事项两个部分。

（1）保险合同的基本条款

保险合同的基本条款是指在任何保险合同中不可缺少的条款,需包括以下事项:

1）保险人名称和住所

我国《保险法》明确规定,在保险合同中对保险人的名称住所应当清楚地加以记载,以便于保险人行使收取保险费的权利、履行赔偿或给付的义务。

2）投保人、被保险人名称和住所,依据人身保险的受益人的名称和住所

投保人是保险合同的一方当事人,应在保险合同中明确记载其姓名和住所。如果人身保险合同需约定受益人,也需将其名称和住所记载清楚,因为这关系到各方履行义务享受权利的问题。

3）保险标的

保险标的是保险关系双方权利义务所指的对象,是保险利益的物质形式。比如,作为保险标的的财产,不仅指有形财产,还包括无形财产,必须在保险合同上标注清楚。

4）保险责任和责任免除

保险责任条款具体规定了保险人所承担的风险范围。保险种类不同,保险责任因而有所不同。

责任免除条款具体规定了保险人不负赔偿或给付责任的范围。在保险合同中载明该条款是为了更好地确定双方当事人的权利义务关系。责任免除条款一般涉及的损失有:战争或军事行动所造成的损失、保险标的物自然磨损、被保险人的故意行为所致的损失以及其他不属于保险责任范围的损失等。

5）保险期间和保险责任开始时间

保险期间是指保险人对保险事故承担责任的起止期间。这种起止时间,一般是以一定的时间计算（比如:1年时间）,也有以一定事件的起止时间来计算的（比如:建筑工程保险是以一个工程的工期来计算）。

责任开始时间是指保险人开始履行保险责任的起始时间。在保险合同中应注明。

6）保险价值

保险价值是财产保险中的特有概念,是指保险标的的实际价值,也是投保人对保险标的所拥有的保险利益的价值体现。保险价值的确定方法有两种:

①由投保人和保险人约定并在合同中载明保险价值,倘若在保险有效期发生保险事故,保险人在计算赔款时不需再对保险标的另行估价,而是根据约定的保险价值计算赔款。

②订立合同时不确定保险标的的价值,只约定一个保险金额作为保险人赔偿的最高额度,保险事故发生后,再依据市价评估保险标的的实际损失,计算其实际损失。

前者称为定值保险,后者称为不定值保险。

7）保险金额

我国《保险法》规定,保险金额是指保险人承担赔偿或者给付保险金责任的最高限额。即保险金额是当事人双方约定的,在保险事故发生时,保险人应赔偿或给付的最高限额。在财产保险中保险金额的确定要体现财产保险以实际损失为限的补偿原则,因而,保险金额的确定要受到投保财产价值的限制。

8）保险费及其支付办法

保险费是指由投保人交付给保险人的费用。这种费用实质上是作为保险人承担合同中约

定的赔偿给付责任的一种对价。保险费的多少,是由保险金额的大小和保险费率的高低两个因素决定的。支付方法有两种:一种是合同成立时一次支付,另一种是分期支付,保险合同中应注明是哪种支付方法。

9)保险金赔偿或给付方法

保险金赔偿或给付方法是指保险人承担保险责任的方法。保险金赔偿或给付应以货币的形式予以给付,当然也有一些保险合同约定对特定的损失,可以以恢复原状等代替赔付。保险金赔偿或给付办法的明确注明,有利于保险人更好地履行保险责任,也有利于赔付工作的顺利进行。

10)违约责任和争议处理

违约责任是指保险合同当事人因其过错致使合同不能完全履行,或违反保险合同的规定义务而需承担法律责任。争议处理是指解决保险合同纠纷适用的条款,一般包括诉讼条款和仲裁条款。

11)订立合同的时间、地点

保险合同应注明订立合同的时间,这对于确定保险利益是否存在、保险风险是否已发生具有重要的意义,这对于成立后生效的保险合同来说,还关系到保险期限的计算,在某些情况下,对于查明案件的事实真相和避免骗赔发生可以起到关键作用。保险合同还应注明订约的地点,这对争议发生后的诉讼管辖、法律适用等方面有直接影响。

(2)保险合同的附加条款

附加条款是当事人在承认保险合同基本条款以外,还承诺履行某些特殊义务的条款。由于保险标的的风险状况不同,各投保人对保险的需求也有所不同,附加条款就是应投保人的要求而增加的内容。附加条款的灵活应用,弥补了基本条款的不足。

保险合同的附加条款,有些是为了满足某些行业的需求,由保险同业公会与某些行业共同制定,通常称为"行业条款";有些是保险双方当事人特别约定,称为"特约条款"。

(3)保险合同的条款解释原则

保险合同在执行过程中,可能由于条款不够明确而致使双方发生争议。一般情况下,由当事人双方协商解决,若协商不能达到一致,则应通过仲裁机关或者法院作出裁决或判决,裁决或判决时必须遵循一定的原则,这就是保险条款的解释原则。

1)文义解释

对保险合同条款的用词应按照其通常的含义来解释;条款中出现的专业术语,也应按照其所属行业的通常含义来解释。

2)意图解释

保险合同条款应遵循签约当时双方当事人的真实意图,以当时的客观情况为出发点来进行解释。

3)解释应有利于被保险人和受益人

由于保险合同是附和合同,一般是由保险人事先制订的,在文字措辞方面保险人处于主动地位,被保险人处于被动地位。因此,在保险条款的文字可作多种解释时,应选择有利于被保险人和受益人的含义进行解释。

5.保险合同的订立

保险合同的订立是保险人和投保人意思表示一致的法律行为。合同订立的过程,就是双方当事人就合同内容通过协商达成协议的过程,如图1.3所示。保险合同的订立,大致可分为两个程序:要约和承诺。

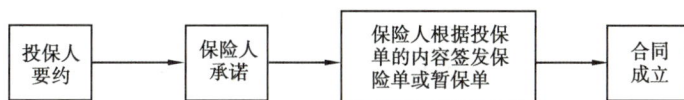

图1.3　保险合同订立的过程

（1）要约

要约是要约人以缔结合同为目的而进行的意思表示。它是合同当事人一方向另一方表示愿与其订立合同内容的提议。在保险合同中,一般投保人为要约人。投保人据实填写投保单,并交给保险人的行为即为要约。投保单一经保险人接受,便成为保险合同的一部分。

（2）承诺

承诺是受约人对提出的要约全部接受的意思表示,即受约人向要约人表示愿意完全按照要约内容与其订立合同的答复。在保险合同的订立过程中,一般投保人提出要约,保险人根据投保单的内容签发保险单或暂保单,合同即告成立。

6. 保险合同的变更

保险合同的主体变更是指在保险合同有效期内,对合同原有记载的改动。能够引起保险合同变更的,主要是合同的主体或内容的变化。

（1）主体变更

保险合同的主体变更是指保险合同的当事人和关系人的变更,主要是指投保人、被保险人、受益人的变更,保险人一般是不变的。

（2）内容变更

保险合同的内容变更是指合同约定事项的变更,也就是保险关系双方各自所承担的义务和享有的权利的变更,具体包括保险标的、保险责任、保险金额、保险期限等内容的变更。

保险合同内容发生变更,投保人或被保险人应主动向保险人申请办理批改手续,保险人同意后,应在原保单或保险凭证上批注批单,或者由投保人和保险人订立变更的书面协议。

7. 保险合同的终止

保险合同的终止是指合同双方当事人确定的权利义务关系的消灭。合同终止主要包括保险合同的解除、保险合同的期满终止、保险合同的履约终止和保险标的发生损失而终止等四种情况:

（1）保险合同的解除

所谓保险合同的解除,是指在保险合同的有效期限届满前,当事人依法使合同效力终止的行为。

1）投保人解除保险合同

按照各国保险法的规定,在一般情况下,投保人可以随时提出保险合同,因为保险合同是在平等自愿的基础上订立的。我国《保险法》规定,"除本法另有规定或者保险合同另有约定外,保险合同成立后,投保人可以解除合同。"并且解除合同后,投保人还不承担违约责任。

2）保险人解除保险合同

按照各国保险法规定,保险人一般不能解除保险合同,否则应承担违约责任。因为如果允许保险人任意解除保险合同,就可能导致保险人在风险增大时解除合同而严重损害投保人利益。我国《保险法》规定,"除本法另有规定或保险合同另有约定外,保险合同成立后,保险人不得解除合同。"目的在于保障投保人、被保险人的合法权益。

根据我国《保险法》规定,保险人在以下几种情况下有权解除保险合同:

①投保人故意隐瞒事实,不履行如实告知义务的,或者因过失未履行如实告知义务,足以影响保险人决定是否同意承保或者提高保险费率的,保险人有权解除合同。

②被保险人或者受益人在未发生保险事故的情况下谎称发生保险事故,向保险人提出赔付保险金的请求,保险人有权解除保险合同,并不退还保险费。

③投保人、被保险人故意制造保险事故的,保险人有权解除保险合同,不承担赔付责任。

④投保人、被保险人未按约定履行其对保险标的的安全应尽责任的,保险人有权增加保险费或解除保险合同。

⑤在保险合同有效期内,保险标的危险程度增加的,被保险人按照合同约定应及时通知保险人,保险人有权要求增加保险费或者解除保险合同。被保险人未履行通知义务的,因保险标的的危险程度增加而发生保险事故,保险人不承担赔偿责任。

⑥人身保险的投保人申报的被保险人年龄不真实,并且其真实年龄不符合合同约定的年龄限制的,保险人可以解除合同,并在扣除手续费后,向投保人退还保险费,但是自合同成立之日起超过两年的除外。

⑦自保险合同效力中止之日起两年内,保险双方当事人未达成复效协议的,保险人要求解除保险合同。

我国《保险法》的上述规定,赋予了保险人在投保人、被保险人和受益人严重违反法律及合同规定的情况下解除保险合同的权利,既是对被保险人及其关系人违法行为的惩戒,又是对保险人合法权益的维护,体现了诚实信用原则和公平互利原则。

3)保险双方约定解除保险合同,也称约定解除或协议注销

保险合同当事人在不违反法律或公共利益的前提下,可以在合同中约定当一定的事实发生时,一方或双方当事人有权解除合同,并且可以约定行使解除权的期限。

保险合同解除的程序是:在法律或保险合同约定的条件下,具有解约权的一方当事人,可以单方决定解除保险合同,但解约方应将解除保险合同的通知作成书面文件并及时通知双方当事人。任何一方不符合法律的规定或保险合同约定,擅自解除保险合同的,应承担相应的违约责任及其他法律责任。

(2)保险合同的期满终止

这是保险合同终止的最普遍的原因。保险期限是保险人承担保险责任的起止时限。如果在保险时限内发生了保险事故,保险人按照保险合同约定赔偿了保险金的一部分,保险合同期满时,保险合同的权利义务关系终止;如果在保险期限内没有发生保险事故,保险人没有赔付,保险合同载明的期限届满时,保险合同自然终止。只要超过保险合同规定的责任期限,保险合同就终止,保险人不再承担保险责任。

(3)保险合同的履约终止

保险合同是保险双方当事人约定在一定的保险事故发生时,保险人承担赔偿或给付保险金责任的合同。因此,保险合同约定的保险事故发生时,保险人履行完赔付保险金责任后,无论保险期限是否届满,保险合同即告终止。

（4）保险标的发生部分或全部损失而终止

我国《保险法》规定,保险标的发生部分损失的,自保险人赔偿之日起30日内,投保人可以终止合同的;除合同约定不得终止合同的以外,保险人也可以终止合同。保险人终止合同的,应当提前十五日通知投保人,并将保险标的未受损失部分的保险费,扣除自保险责任开始之日起至终止合同之日止期间的应收部分后,退还投保人。

保险标的发生部分损失后,保险标的本身的状况及面临的风险已经有所变化,因此我国《保险法》允许保险双方当事人终止保险合同。

保险标的发生全部损失的,保险合同也应该终止。一方面保险合同可能因保险事故全部灭失,此情况下保险人赔付金额后,保险合同因履行而终止;另一方面,如果保险标的因除外责任而全损,由于保险标的已不存在,保险合同因失去对象而终止。

四、保险业法

保险业法,是指国家对保险市场及市场主体组织和经营活动进行监管的法律规范的总和。因此,保险业法的本质属性是管理法或监管法,保险监管是贯穿保险业法的灵魂。

1.保险业法的概念

保险业法,是调整国家对保险市场以及市场主体的组织和经营活动进行监管关系的法律规范的总和。从各国的保险业立法来看,一般都涉及保险机构的组织和经营规则以及国家保险监管体制和监管形式等内容,而这些内容往往是保险行业特有或具有保险行业特点的,并带有鲜明的国家干预色彩的"行规"。因此,保险业法,实为保险行业法或保险行业管理法,是保险企业组织法、保险企业经营法和保险市场管理法的有机结合。

保险业法主要调整国家与保险市场以及市场主体之间的关系。具体而言,其调整对象一般包括:

（1）调整国家保险监管活动诸构成要素及其相互关系,即保险监管体制和方式

它包括国家保险监管的主体及其职权、保险监管对象、保险监管方式及其相互关系。

（2）国家对保险企业组织活动的监管关系,即保险组织监管

它包括对保险企业组织形式以及保险企业的设立、变更和终止的监管关系,也包括对保险企业内部组织机构和管理活动的监管关系。

（3）国家对保险企业经营活动的监管关系,即保险经营监管

它包括对保险企业经营范围、偿付能力、经营风险、资金运用以及保险市场行为的监管关系。

（4）国家对保险中介人的监管关系

它包括对保险代理人、保险经纪人、保险公估人等保险中介人的主体资格和市场行为的监管关系。

2.保险业法的内容体系

保险业法内容丰富,主要由以下4部分构成:

（1）保险监管法

它主要规定保险监管体制、监管内容、监管方式等。

（2）保险组织法

它也称保险企业法,主要规定保险企业的法定组织形式,设立、变更、终止的条件和程

序等。

（3）保险经营法

保险经营法即保险企业的经营行为规则，主要规定保险企业的业务范围、偿付能力、经营风险、资金运用和行为规范等。

（4）保险中介人法

保险中介人法也称保险辅助人法，主要规定保险代理人、保险经纪人和保险公估人的种类、资格及其行为规则等。

3. 保险监管的概念保险监管体制

（1）保险监管的概念

对于保险监管的涵义，依据监管主体的范围的不同，可以有广义和狭义两种理解。广义的保险监管是指有法定监管权的政府机构、保险行业自律组织、保险企业内部的监管部门以及社会力量对保险市场及市场主体组织和经营活动的监督或管理；狭义的保险监管一般专指政府保险监管机构依法对保险市场及保险市场主体组织和经营活动的监督和管理。在严格意义上，保险监管主要指狭义上的保险监管，即政府保险监管。

（2）保险监管体制

保险监管体制是指保险监管活动主体及其职权的制度体系。为了适应保险业发展的需要以及金融业分业经营的客观要求，我国成立了中国保险监督管理委员会（简称"中国保监会"）。中国保监会是我国保险监督管理机构，是保险监管活动主体，是全国商业保险的主管部门，为国务院直属事业单位，根据国务院授权履行行政管理职能，依照法律、法规统一监督管理全国保险市场，维护保险业的合法、稳健运行。中国保监会还在全国各省、直辖市、自治区、计划单列市设有派出机构——保监局，保监会与保监局依法共同行使政府保险监管职能。

五、道路交通安全法

在汽车保险的法律体系中，《中华人民共和国道路交通安全法》（以下简称"《道路交通安全法》"）及《中华人民共和国道路交通安全法实施条例》（以下简称"《实施条例》"）占有举足轻重的地位，对判定被保险人在保险事故中的责任比例具有法律上的指导意义。现行《道路交通安全法》于2011年4月22日第二次修正。它和《实施条例》包括以下几个方面的内容。

1. 车辆和驾驶人

（1）车辆登记制度

国家对机动车实行登记制度。机动车经公安机关交通管理部门登记后，方可上路行驶。尚未登记的机动车，需要临时上路行驶的，应当取得临时通行牌证。机动车所有权发生转移的，机动车登记内容变更的，机动车用作抵押的，机动车报废的有下列情形之一的，应当办理相应的登记。

（2）车辆检验

对登记后上路行驶的机动车，应当依照法律、行政法规的规定，根据车辆用途、载客载货量、使用年限等不同情况，定期进行安全技术检验。对符合机动车国家安全技术标准的，公安机关交通管理部门应当发给检验合格标志。

（3）驾驶证

驾驶机动车，应当依法取得机动车驾驶证。驾驶人应当按照驾驶证载明的准驾车型驾驶机动车。公安机关交通管理部门依照法律、行政法规的规定,定期对机动车驾驶证实施审验。

(4)禁止驾驶的情形

饮酒、服用国家管制的精神药品或麻醉药品,或者患有妨碍安全驾驶机动车的疾病,或者过度疲劳影响安全驾驶的,不得驾驶机动车。

2. 道路通行规定

(1)分道通行

根据道路条件和通行需要,道路划分为机动车道、非机动车道和人行道的,机动车、非机动车、行人实行分道通行。没有划分机动车道、非机动车道和人行道的,机动车在道路中间通行,非机动车和行人在道路两侧通行。

(2)通行规则

车辆、行人应当按照交通信号通行;遇有交通警察现场指挥时,应当按照交通警察的指挥通行;在没有交通信号的道路上,应当在确保安全、畅通的原则下通行。

(3)车辆限速

机动车上路行驶时,行驶速度不得超过限速标志标明的最高时速。在没有限速标志的路段,应当保持安全车速。

(4)载人、载客规定

机动车载人不得超过核定的人数,客运机动车不得违反规定载货。禁止货运机动车载客。

(5)拖拉机

在允许拖拉机通行的道路上,拖拉机可以从事货运,但是不得用于载人。

(6)高速公路

行人、非机动车、拖拉机、轮式专用机械车、铰接式客车、全挂拖斗车以及其他设计最高时速低于70 km/h的机动车,不得进入高速公路。高速公路限速标志标明的最高时速不得超过120 km/h。

3. 交通事故处理

(1)现场处理

在道路上发生交通事故,车辆驾驶人应当立即停车,保护现场;造成人身伤亡的,车辆驾驶人应当立即抢救受伤人员,并迅速报告执勤的交通警察或者公安机关交通管理部门。因抢救受伤人员变动现场的,应当标明位置。乘车人、过往车辆驾驶人、过往行人应当予以协助。在道路上发生交通事故,未造成人身伤亡的,当事人对事实及成因无争议的,可以即行撤离现场,恢复交通,自行协商处理损害赔偿事宜;不即行撤离现场的,应当迅速报告执勤的交通警察或者公安机关交通管理部门。在道路上发生交通事故,仅造成轻微财产损失,并且基本事实清楚的,当事人应当先撤离现场再进行协商处理。

(2)交通事故认定书

公安机关交通管理部门应当根据交通事故现场勘验、检查、调查情况和有关的检验、鉴定结论,及时制作交通事故认定书,作为处理交通事故的证据。交通事故认定书应当载明交通事故的基本事实、成因和当事人的责任,并送达当事人。

(3)交警调解

对交通事故损害赔偿的争议,当事人可以请求公安机关交通管理部门调解,也可以直接向人民法院提起民事诉讼。经公安机关交通管理部门调解,当事人未达成协议或者调解书生效后不履行的,当事人可以向人民法院提起民事诉讼。

（4）抢救费用

肇事车辆参加机动车第三者责任强制保险的,由保险公司在责任限额范围内支付抢救费用。

（5）交强险

机动车发生交通事故造成人身伤亡、财产损失的,由保险公司在机动车第三者责任强制保险责任限额范围内予以赔偿;不足的部分,按照下列规定承担赔偿责任:

①机动车之间发生交通事故的,由有过错的一方承担赔偿责任;双方都有过错的,按照各自过错的比例分担责任。

②机动车与非机动车驾驶人、行人之间发生交通事故,非机动车驾驶人、行人没有过错的,由机动车一方承担赔偿责任;有证据证明非机动车驾驶人、行人有过错的,根据过错程度适当减轻机动车一方的赔偿责任;机动车一方没有过错的,承担不超过10%的赔偿责任。

交通事故的损失是由非机动车驾驶人、行人故意碰撞机动车造成的,机动车一方不承担赔偿责任。

4. 交通事故责任认定

交通事故责任认定事关事故双方是否承担民事赔偿责任甚至是刑事责任的关键,也是公安机关交通管理部门根据交通事故现场勘验、检查、调查情况和有关检验、鉴定结论,对交通事故的基本事实、成因和当事人的责任作出的具体认定。公安交通管理部门的责任认定实际上是对交通事故因果关系的分析,是对造成交通事故原因的确认,要避免将公安交通管理部门的责任认定,简单等同于民事责任的分担,应将其作为认定当事人承担责任或者确定受害人一方也有过失的重要证据材料。《中华人民共和国道路交通安全法实施条例》规定,"公安机关交通管理部门应当根据交通事故当事人的行为对发生交通事故所起的作用以及过错的严重程度,确定当事人的责任"认定交通事故责任,必须依法确认事故中各方当事人的法定义务;依法确认各方当事人法定义务的优先原则;确认各方当事人的行为在交通事故中的作用和过错的严重程度;根据各方当事人的行为在交通事故中的作用和过错的严重程度确认不同的交通事故责任。

六、保险争议解决的法律途径

《机动车交通事故责任强制保险条例》（以下简称"《交强险条例》"）规定,被保险人与保险公司对赔偿有争议的,可以依法申请仲裁或者向人民法院提起诉讼。《中华人民财产保险股份有限公司诉讼保全责任保险条款》"因履行交强险合同发生争议的,由合同当事人协商解决。协商不成的,提交保险单载明的仲裁委员会仲裁。保险单未载明仲裁机构或者争议发生后未达成仲裁协议的,可以向人民法院起诉。

中国保监会制定的机动车商业保险条款也有相关规定,因履行本保险合同发生争议,由当事人协商解决。协商不成的,提交保险单载明的仲裁机构仲裁。保险单未载明仲裁机构或者争议发生后未达成仲裁协议的,依法向人民法院起诉。

所以在保险合同争议的法律解决途径中,协商是前提,协商无果首选仲裁,如果达不成仲裁协议再考虑诉讼。

1. 仲裁

（1）仲裁的概念

仲裁是指纠纷当事人在自愿基础上达成协议，将纠纷提交非司法机构的第三者审理，并作出对争议各方均有约束力的裁决的一种解决纠纷的制度和方式。

（2）仲裁的范围

仲裁范围是指仲裁机构受理纠纷的范围，解决可仲裁性的问题。根据《中华人民共和国仲裁法》（以下简称《仲裁法》）规定，平等主体的公民、法人和其他组织之间发生的合同纠纷和其他财产权益纠纷，可以仲裁。

以下纠纷不能仲裁：

①婚姻、收养、监护、抚养、继承纠纷。

②依法应当由行政机关处理的行政争议。

（3）仲裁的原则

仲裁必须遵循以下五个方面的原则：

1）自愿原则

当事人采用仲裁方式解决纠纷，应当双方自愿，达成仲裁协议。没有仲裁协议，一方申请仲裁的，仲裁委员会不予受理。只有当事人协商一致，才能采用仲裁方式解决纠纷，这是仲裁区分于诉讼的显著特点。因此，仲裁协议是仲裁制度的基石。

2）或裁或审原则

当事人达成仲裁协议，一方向人民法院起诉的，人民法院不予受理，但仲裁协议无效的除外。也就是说，当事人达成仲裁协议即放弃诉讼权利。除仲裁协议无效的以外，一方起诉的，人民法院应当驳回起诉，不予受理。

3）依据事实与法律仲裁原则

仲裁应当根据事实，符合法律规定，公平合理地解决纠纷。对照民事诉讼法中："人民法院审理民事案件，必须以事实为根据，以法律为准绳"的规定，本条原则多了一层"公平合理地解决纠纷"的意思。民事法律绝大多数是任意性规范，当事人根据自己的意愿在损害赔偿上做些让步也是符合法律的。有时法律对某个问题没有具体规定，那么，仲裁员可以根据法律的原则公平合理地去解决纠纷。

4）独立仲裁的原则

仲裁依法独立进行，不受行政机关、社会团体和个人的干涉。仲裁权是当事人赋予的。是否进行仲裁，由谁进行仲裁，完全应当尊重当事人意愿。因此，不允许任何单位和个人进行干涉。

5）一裁终局原则

这是指仲裁机构对当事人提交的案件作出裁决后即具有终局的法律效力，双方当事人必须主动履行仲裁裁决，而不得要求原仲裁机关或其他仲裁机关再次仲裁或向法院起诉，也不得向其他机关提出变更仲裁裁决的请求。裁决作出后，当事人就同一纠纷再申请仲裁或者向人民法院起诉的，仲裁委员会或者人民法院不予受理。裁决被人民法院依法裁定撤销或者不予执行的，当事人就该纠纷可以根据双方重新达成的仲裁协议申请仲裁，也可以向人民法院起诉。

（4）仲裁机构与仲裁委员会

现代的仲裁多表现为机构仲裁，设立常设性的仲裁机构即仲裁委员会。仲裁委员会可以在直辖市和省、自治区人民政府所在地的市设立,也可以根据需要在其他设区的市设立,不按行政区划层层设立。仲裁委员会独立于行政机关,与行政机关没有隶属关系。仲裁委员会之间也没有隶属关系。仲裁委员会应当由当事人协议选定。仲裁不实行级别管辖和地域管辖。

(5)仲裁时效

法律对仲裁时效有规定的,适用该规定。法律对仲裁时效没有规定的,适用诉讼时效的规定,主要指适用民法通则有关诉讼时效的规定。

2. 民事诉讼

民事诉讼是人民法院在所有诉讼参与人的参加下,审理与解决民事案件的诉讼活动以及在活动中产生的各种法律关系的总和。民事诉讼法是国家制定的、规范法院与民事诉讼参与人诉讼活动、调整法院与诉讼参与人法律关系的法律规范的总和。

(1)民事诉讼法的效力

民事诉讼法的效力是指民事诉讼法适用所及之效力范围。它包括对什么人什么事发生效力,在什么空间发生效力。我国民事诉讼法规定,凡在中华人民共和国领域内进行民事诉讼,都必须适用我国民事诉讼法。中华人民共和国领域包括领土、领海、领空,以及领土延伸的范围。这是民事诉讼法对人的效力和在空间上的效力。

(2)民事诉讼法基本原则

民事诉讼法的基本原则是指在民事诉讼的全过程中起指导作用或主导作用的基本原则。

1)诉讼权利平等原则

民事诉讼当事人有平等的诉讼权利。人民法院审理民事案件,应当保障和便利当事人行使诉讼权利,对当事人在适用法律上一律平等。

2)同等与对等原则

外国人、无国籍人、外国企业和组织在人民法院起诉、应诉,同中华人民共和国公民、法人和其他组织有同等的诉讼权利义务。外国法院对中华人民共和国公民、法人和其他组织的民事诉讼权利加以限制的,中华人民共和国人民法院对该国公民、企业和组织的民事诉讼权利,实行对等原则。对等原则是国际惯例,有利于国家之间的平等交往。

3)独立审判原则

民事案件的审判权由人民法院行使。人民法院依照法律规定对民事案件独立进行审判,不受行政机关、社会团体和个人的干涉。

4)以事实为根据、以法律为准绳的审理原则

以事实为根据、以法律为准绳是对审判人员审理案件最基本的要求,是保证公正审判的最基本的原则。

5)调解原则

人民法院审理民事案件,应当根据自愿和合法的原则进行;在民事诉讼整个过程中,人民法院都可以主持调解。调解不成的,应当及时判决。

6)辩论原则

人民法院审理民事案件,当事人有权进行辩论。辩论权的行使,贯穿于诉讼全过程,而不仅仅限于辩论阶段

7)处分原则

当事人有权在法律规定的范围内处分自己的民事权利和诉讼权利。

8）法律监督原则

人民检察院有权对民事审判活动实行法律监督。人民检察院对审判活动实行法律监督的方式是对人民法院已经发生法律效力的判决、裁定确有错的，提出抗诉。人民法院对人民检察院提出抗诉的案件，应当再审。

9）支持起诉原则

机关、社会团体、企业事业单位对损害国家、集体或者个人民事权益的行为，可以支持受损害的单位或者个人向人民法院起诉。由此可见，支持起诉的条件应当是：限于侵权行为而产生的纠纷；支持起诉者应当是机关、社会团体、企业事业单位；被支持的受害人没有起诉。

回答下列问题

（一）不定项选择

1. 保险法是以_____为调整对象的法律法规的总和。

    A. 保险当事人　　　　　　　B. 保险关系　　　　　　　C. 保险合同

2. 保险业法是对_____进行管理和监督的法律法规的总称。

    A. 保险代理人　　　　　　　B. 保险经纪人　　　　　　C. 保险企业

3. 保险合同法是规范保险_____权利义务的法律法规的总称。

    A. 保险双方当事人

    B. 保险关系人

    C. 保险双方当事人、保险关系人

4. 财产保险中，保险人对被保险人的赔偿金额要受到_____的限制。

    A. 实际损失金额、保险金额、保险利益三个量的最小者

    B. 实际损失金额、保险金额、保险利益三个量的最大者

    C. 实际损失金额、保险金额、保险利益三个量的算术平均值

5. 财产保险合同的保险标的是_____，责任保险合同的保险标的是_____。

    A. 无形资产

    B. 有形资产

    C. 既含有有形资产，也含有无形资产

6. _____是根据保险人的委托，向保险人收取代理手续费，并在保险人授权的范围内代为办理保险业务的单位或者个人。

    A. 保险代理人　　　　　　　B. 保险经纪人　　　　　　C. 保险中介人

7. 根据道路条件和通行需要，道路划分为_____、_____、_____，机动车、非机动车、行人实行分道通行。

    A. 机动车道　　　　　　　　B. 行车道　　　　　　　　C. 超车道

    D. 非机动车道　　　　　　　E. 人行道

8. 机动车与非机动车驾驶人、行人之间发生交通事故的，_____责任。

    A. 一律由机动车承担

    B. 一律由非机动车承担

    C. 根据过错分担

    D. 交通事故的损失是由非机动车驾驶人、行人故意造成的，机动车一方不承担

9. 在允许拖拉机通行的道路上,拖拉机可以_____。

    A. 货运

    B. 客运

    C. 确保安全的情况下,可以从事客运

    D. 可以从事客运,但不得人货混装

10. 机动车通过交叉路口遇有交通信号的指示与交通警察的指挥不一致时,应当_____通行。

    A. 按照交通信号的指示

    B. 按照交通警察的指挥

    C. 在确保安全的情况下自行

    D. 在确保安全的情况下既可以按交通信号的指示,也可以按照交通警察的指挥

11. 《道路交通安全法》中所指的道路包括_____。

    A. 公路

    B. 城市道路

    C. 虽在单位管辖范围内但允许社会机动车通过的地方

    D. 公共停车场

12. 民事诉讼法中的基本原则是_____。

    A. 诉讼权利平等原则

    B. 同等与对等原则

    C. 独立审判原则

    D. 以事实为根据、以法律为准绳的审判原则

13. 人民法院审理行政案件,依法实行合议、回避、_____和两审终制度。

    A. 公开审判   B. 审理

    C. 诉讼   D. 行政诉讼

(二)判断题

1. 保险法是指于 1995 年 6 月颁布并于 2002 年 10 月修改的《中华人民共和国保险法》。( )

2. 我国保险法规定,从事保险活动必须遵循诚实信用原则,也就是指被保险人在保险活动中,必须诚实、守信,不得隐瞒欺骗。( )

3. 保险代理人具有代理权,其从事的所有活动属于民事法律行为,由保险人承担法律后果。( )

4. 保险主管部门是中国保险监督管理委员会。( )

5. 保险经纪人一般是为投保人订立保险合同提供机会、建议和签订保险合同。( )

6. 投保人对保险标的不具有保险利益,则保险合同无效。( )

7. 投保人就是被保险人。( )

8. 因行人违反交通规则造成机动车与行人发生交通事故的,机动车驾驶人不承担责任。( )

9. 机动车在道路上临时停车的,不得妨碍其他车辆和行人的通行。( )

10. 交通事故是指车辆在道路上因过错或者意外造成的人身伤亡或财产损失的事件。( )

11. 货运机动车在设置安全保护措施后可以载客。（　　）

12. 机动车之间发生交通事故的按照过错责任原则承担相应的责任。（　　）

13. 民事诉讼是人民法院在所有诉讼参与人的参加下，审理与解决民事案件的诉讼活动以及在活动中产生的各种法律关系的综合。（　　）

14. 民事诉讼当事人，是指因民事上的权利义务关系发生纠纷，以自己的名义进行诉讼，并受人民法院裁判拘束的利害关系人。（　　）

15. 仲裁是指纠纷当事人在自愿基础上达成协议，将纠纷提交司法机构审理的制度和方式。（　　）

（三）简答题

1. 简述责任保险合同的特征。

2. 保险条款的主要内容包括哪些？

3. 中国保险法规定的基本原则有哪些？其主要内容是什么？

4. 什么是保险合同？保险合同与一般经济合同有何异同？

5. 试述我国民事诉讼的基本制度。

（四）综合题

2017年9月20日，老王给自己的汽车购买了车辆损失保险、第三者责任保险、车上人员责任保险、全车盗抢险，保险期限1年。10月7日，老王在开车回老家的路上，被老李的车追尾。经交警认定，老李负事故的全部责任。老王修车花费5 000元，并从保险公司索要了赔款，同时将向老李追偿的权利转移给保险公司。保险公司在代替老王向老李索要事故损失赔偿时，老李认为事故原因是自己驾驶技术不熟练，责任在自己，心中也感觉十分愧疚，于是马上拿出了6 000元，给了保险公司人员小赵。小赵将6 000元全部交回了保险公司。一段时间后，老王听说了此事，向保险公司要多余的1 000元钱，保险公司坚决不给。

2018年6月3日，老王的汽车被偷，老王马上向公安部门和保险公司报案，3个月后，车辆仍未找回，保险公司给予了老王全部赔款10万元。又在1个月后，车辆被找回，老王不愿再要车，将车辆的权利转让给保险公司。保险公司对车辆进行拍卖时，竟拍出15万元的价格。老王听说了此事后，又向保险公司索要先前赔款多出的5万元钱，保险公司还是坚决不给。

1. 对第一种情况，若给双方调解，你应如何处理？

2. 对第二种情况，你若再给双方调解，应如何处理？

项目 **2**

认识汽车保险的险种

项目目标

知识目标：①通过本项目的学习，认识汽车保险的险种。
②了解《机动车交通事故强制责任保险条例》。

能力目标：①能描述汽车保险的险种及免责范围。
②能按照各保险公司条款计算保险费。

素质目标：树立正确的工作态度，培养团队协作精神，具有较好的学习新知识的能力。

拓展资源

有关汽车保险险种的资料，可查询文字或电子文档如下：

①学生自学机动车商业保险的险种及《保险营销员管理规定》。

②相关网站链接：

中国保险监督管理委员会 http://www.circ.gov.cn/

可提供学习的环境和使用的设备

①汽车保险与理赔实训室。

②小组讨论式教室。

任务设置

任务 1　认识汽车交通事故强制责任保险

任务 2　认识汽车商业保险险种及示范条款

任务 1　认识汽车交通事故强制责任保险

任务目标

知识目标：①认识机动车交通事故强制责任保险、第三者责任险的基础知识、基本理论。

②了解汽车保险的险种及免责范围。

③了解机动车交通事故强制责任保险的基本费率。

能力目标:掌握机动车交通事故强制保险费的计算方法。

素质目标:树立正确的工作态度,培养团队协作精神,提高学习新知识的能力。

📖 相关知识

一、我国机动车交通事故强制保险的保险责任及免责

我国的机动车交通事故强制保险是以《机动车交通事故责任强制保险条例》的形式制定的。其中,机动车是指汽车、电车、电瓶车、摩托车、拖拉机及各种专用机械车、特种车。

我国的机动车第三者责任保险,是指由保险公司(第一方)对被保险机动车发生道路交通事故造成本车人员、被保险人(第二方)以外的受害人(第三方)的人身伤亡、财产损失依照法律法规和保险合同的规定给予赔偿的一种保险。该险种保障的是交通事故第三方受害人的利益,本身带有较强的公益性,涉及人群范围广。因此世界上很多国家,特别是发达国家为保障社会公众利益,通过制定相关法律强制机动车投保机动车交通事故强制责任保险(简称交强险)。

1. 保险责任

我国《机动车交通事故责任强制保险条款》(2008版)第八条规定:在中华人民共和国境内(不含港、澳、台地区),被保险人在使用被保险机动车过程中发生交通事故,致使受害人遭受人身伤亡或者财产损失,依法应当由被保险人承担的损害赔偿责任,保险人按照交强险合同的约定对每次事故在下列赔偿限额内负责赔偿:

①死亡伤残赔偿限额为110 000元。

②医疗费用赔偿限额为10 000元。

③财产损失赔偿限额为2 000元。

④被保险人无责任时,无责任死亡伤残赔偿限额为11 000元;无责任医疗费用赔偿限额为1 000元;无责任财产损失赔偿限额为100元。

死亡伤残赔偿限额和无责任死亡伤残赔偿限额项下负责赔偿丧葬费、死亡补偿费、受害人亲属办理丧葬事宜支出的交通费用、残疾赔偿金、残疾辅助器具费、护理费、康复费、交通费、被扶养人生活费、住宿费、误工费,被保险人依照法院判决或者调解承担的精神损害抚慰金。

医疗费用赔偿限额和无责任医疗费用赔偿限额项下负责赔偿医药费、诊疗费、住院费、住院伙食补助费,以及必要的、合理的后续治疗费、整容费、营养费。

2. 垫付与追偿

《机动车交通事故责任强制保险条款》(2008版)第九条规定:被保险机动车在本条(一)至(四)之一的情形下发生交通事故,造成受害人受伤需要抢救的,保险人在接到公安机关交通管理部门的书面通知和医疗机构出具的抢救费用清单后,按照国务院卫生主管部门组织制定的交通事故人员创伤临床诊疗指南和国家基本医疗保险标准进行核实。对于符合规定的抢救费用,保险人在医疗费用赔偿限额内垫付。被保险人在交通事故中无责任的,保险人在无责任医疗费用赔偿限额内垫付。对于其他损失和费用,保险人不负责垫付和赔偿。

①驾驶人未取得驾驶资格的。

②驾驶人醉酒的。

③被保险机动车被盗抢期间肇事的。

④被保险人故意制造交通事故的。

对于垫付的抢救费用,保险人有权向致害人追偿。

3.责任免除

《机动车交通事故责任强制保险条款》第十条规定:下列损失和费用,交强险不负责赔偿和垫付,绝对不赔。

①因受害人故意造成的交通事故的损失。

②被保险人所有的财产及被保险机动车上的财产遭受的损失。

③被保险机动车发生交通事故,致使受害人停业、停驶、停电、停水、停气、停产、通信或者网络中断、数据丢失、电压变化等造成的损失以及受害人财产因市场价格变动造成的贬值、修理后因价值降低造成的损失等其他各种间接损失。

④因交通事故产生的仲裁或者诉讼费用以及其他相关费用。

二、机动车交通事故强制保险与商业第三者责任险的区别

机动车交通事故强制保险(简称交强险)和商业第三者责任险的都是第三者责任险,但是它们在赔偿原则、保障范围、实施方式等细则不同,我们将其归纳如下:

1.赔偿原则不同

根据《道路交通安全法》的规定,对机动车发生交通事故造成人身伤亡、财产损失的,由保险公司在交强险责任限额范围内予以赔偿。

2.保障范围不同

除了《条例》规定的个别事项外,交强险的赔偿范围几乎涵盖了所有道路交通责任风险。而商业三责险中,保险公司不同程度地规定有免赔额、免赔率或责任免除事项。

3.实施方式不同

机动车交通事故强制保险具有强制性。根据《条例》规定,机动车的所有人或管理人都应当投保交强险,同时,保险公司不能拒绝承保、不得拖延承保和不得随意解除合同。而商业三责险则基于保险双方自愿原则进行投保。

4.保险费率不同

根据《条例》规定交强险实行全国统一的保险条款和基础费率,保监会按照交强险业务总体上"不盈利不亏损"的原则审批费率。

5.赔偿限额不同

交强险实行分项责任限额而第三者责任险并不区分责任限额。

6.第三者责任险在交强险赔偿后予以补充赔偿

三、机动车交通事故强制保险的基础费率

机动车交通事故责任强制保险实行统一的保险条款和基础保险费率,见表2.1。保监会按照总体上不盈利不亏损的原则审批保险费率。保险公司经营此项业务应当与其他业务分开管理、单独核算。条例要求逐步实现保险费率与交通违章挂钩。安全驾驶者可以享有优惠的

费率,经常肇事者将负担高额保费。

表2.1 机动车交通事故责任强制保险基础费率表(2008版)

(节选) 金额单位:人民币元

车辆大类	序号	车辆明细分类	保费
一、家庭自用车	1	家庭自用汽车6座以下	950
	2	家庭自用汽车6座及以上	1 100
二、非营业客车	3	企业非营业汽车6座以下	1 000
	4	企业非营业汽车6~10座	1 130
	5	机关非营业汽车6座以下	950
	6	机关非营业汽车6~10座	1 070
三、营业客车	7	营业出租租赁6座以下	1 800
	8	营业出租租赁6~10座	2 360
	9	营业城市公交20~36座	3 020
	10	营业城市公交36座以上	3 140
	11	营业公路客运20~36座	3 420
	12	营业公路客运36座以上	4 690

四、机动车交通事故强制保险费的计算

除首次投保交强险的机动车费率不浮动外,机动车交通事故责任强制保险(以下简称交强险)保单,实行交强险费率与道路交通事故相联系浮动,见表2.2。

表2.2 浮动因素及比率

浮动因素			浮动比率/%
与道路交通事故相联系的浮动A	A1	上一个年度未发生有责任道路交通事故	−10
	A2	上两个年度未发生有责任道路交通事故	−20
	A3	上三个及以上年度未发生有责任道路交通事故	−30
	A4	上一个年度发生一次有责任不涉及死亡的道路交通事故	0
	A5	上一个年度发生两次及两次以上有责任道路交通事故	10
	A6	上一个年度发生有责任道路交通死亡事故	30

例如,上一年度未发生有责任道路交通事故,也无交通违法,则

今年交强险最终保险费 = 950×(1−10%) = 855 元

其中,我们列举几种特殊情况的交强险费率浮动方法:

①首次投保交强险的机动车费率不浮动。

②在保险期限内,被保险机动车所有权转移,应当办理交强险合同变更手续,且交强险费率不浮动。

③机动车临时上道路行驶或境外机动车临时入境投保短期交强险的,交强险费率不浮动。其他投保短期交强险的情况下,根据交强险短期基准保险费并按照上述标准浮动。

④被保险机动车经公安机关证实丢失后追回的,根据投保人提供的公安机关证明,在丢失期间发生道路交通事故的,交强险费率不向上浮动。

⑤机动车上一期交强险保单满期后未及时续保的,浮动因素计算区间仍为上期保单出单日至本期保单出单日之间。

⑥在全国车险信息平台联网或全国信息交换前,机动车跨省变更投保地时,如投保人能提供相关证明文件的,可享受交强险费率向下浮动。不能提供的,交强险费率不浮动。

任务2　认识机动车辆商业保险险种及示范条款

任务目标

知识目标:①认识机动车辆商业保险险种基本知识、基本理论。
　　　　　②了解《机动车交通事故强制责任保险条款》。
能力目标:能按照各保险公司条款计算保险费。
素质目标:树立正确的工作态度,培养团队协作精神,提高学习新知识的能力。

相关知识

案例导入

案例一:李先生知道交强险主要是在发生交通事故后为第三者赔偿的必须购买的保险,并不能对自己的车和车上人员进行赔偿,于是在给自己购买刚刚一年的爱车买交强险的同时,又买了车辆损失险、车上人员责任险和30万第三者责任险等商业险种。考虑到自己家有车库,爱车在保修期内,李先生就没有买车身划痕险、玻璃单独破损险和自燃险。一天,李先生开车到修理厂对爱车进行保养。修理厂的小张师傅非常热情,帮助李先生办好相关的进厂修理手续。李先生说:“那我将车开进去。”小张忙说:“不用了,我帮您开进厂去,您到客户休息室喝杯水,看会儿电视,一会儿车保养好后,我再给您开回来。”李先生听了,非常满意,就将车钥匙交给小张,踏踏实实地到休息室休息去了。没过多会儿,小张推门进了休息室,满脸不自在。李先生还以为车辆保养完了,心里还纳闷,这么快?! 真不错。谁知小张怯生生地对李先生说:“实在对不起,我倒车时一不小心将您的车撞在铁柱子上了。真对不起。”李先生一听,好心疼啊。自从买了新车以后,一直当成心肝宝贝,从来没有刮过、蹭过,今天……李先生夺门而出,看着凹瘪的后杠,心里那滋味就别提了。有心向小张发怒,但是看到他稚气、委屈、怯生生的表情,李先生心软了。还好,刚上了保险,赶紧报保险,向保险公司索赔。保险公司接到报案以后,立即派理赔人员赶到修理厂。一切查勘工作完成了,保险公司的理赔人员将李先生叫到一边,说:“李先生您先别着急,我们刚刚听了您讲述的事故经过,并对受损车辆进行了鉴定。根据保险条款的规定,非常抱歉地告诉您,您爱车遭受的这种损失,保险公司不能赔偿。”李先生一听就急了,“为什么? 我上了保险了,我的车撞坏了,应该属于你们条款中的什么‘碰撞’责任呀!”

思考:

1. 李先生在购买了交强险后,明知交强险为三者险,为何还要购买30万的三者险?

2. 李先生为何不买车身划痕险、玻璃单独破损险和自燃险?

3. 为何李先生的爱车在购买了车辆损失险,发生碰撞后却遭到保险公司的拒赔呢?

4. 李先生的爱车碰撞后的损失应该由谁来赔偿?

案例二:今年6月,贵州陈小姐为自己的爱车买保险时,特意挑选了一份不计免赔险,她认为,所谓不计免赔险就是不管什么情况下都可以赔偿的保险,这样就可以最大限度降低开车的风险了。可就在前不久,刘小姐外出办事时发现车身被人用利器划伤,当时她没在意,直到理赔时,被告知车身划痕险有15%的免赔率,这意味着她要自行承担15%的维修费。刘小姐感到纳闷:难道买了不计免赔险也不能获得全赔吗?

思考:

1. 什么是不计免赔险?

2. 为什么刘小姐购买了不计免赔险,却还有15%免赔率?

从2016年7月1日开始,我国所有保险公司机动车商业保险的运行都是按照《中国保险行业协会机动车综合商业保险示范条款(2014版)》(下称示范条款)执行,原《机动车综合商业保险条款(2009)》将不再执行。当然,示范条款是在老条款的基础上做了修订。修订的主要点:一是扩大责任提升保障,本次条款修订共减少15条责任免除事项;二是社会关注热点解决,如车损险保险金额确定方式,代位求偿机制的实施等;三是明确概念减少纠纷,明确了如车上人员、第三者等概念;四是险种整合体系清晰,原有38个附加险及特约条款保留10个,新增1个机动车损失保险无法找到第三方特约险。本任务依照示范条款对机动车商业险进行讲述。

一、机动车商业险概述

1. 机动车商业险的概念与组成

机动车辆商业险,是投保人投保了国家规定必保的机动车辆交强险外,自愿投保商业保险公司的汽车保险。

商业险分为主险(又称基本险)和附加险两大类。

主险包括机动车损失保险、机动车第三者责任保险、机动车车上人员责任保险、机动车全车盗抢保险共4个独立的险种。

附加险包括玻璃单独破损险、自燃损失险、玻璃单独破碎险、新增设备损失险、车身划痕损失险、发动机涉水损失险、修理期间费用补偿险、车上货物责任险、精神损害抚慰金责任险不计免赔率险、机动车损失保险无法找到第三方特约险、制定修理厂险等11种。

投保人可以选择投保全部险种,也可以选择投保其中部分险种。保险人依照本保险合同的约定,按照承保险种分别承担保险责任。其中附加险不能独立投保,而必须依附于相应的基本险(主险)才能投保。

机动车商业保险条款由总则、基本险、通用条款、附加险、释义等部分组成。从法律效力来看,特约条款高于附加险条款,附加险条款高于基本险条款,附加险条款与基本险条款相抵触时,以附加险条款为准,未尽之处,以基本险条款为准。除非本保险条款另有规定,通用条款的规定及释义适用于本保险的任何部分。

被保险人与保险人以保险合同书面形式确定保险责任关系。保险合同的有效期一般为一年,投保人与保险人另有约定的除外。

本保险合同中的被保险机动车是指在中华人民共和国境内(不含港、澳、台地区)行驶,以动力装置驱动或者牵引,上道路行驶的供人员乘用或者用于运送物品以及进行专项作业的轮式车辆(含挂车)、履带式车辆和其他运载工具,但不包括摩托车、拖拉机、特种车。

本保险合同中的第三者是指因被保险机动车发生意外事故遭受人身伤亡或者财产损失的人,但不包括被保险机动车本车车上人员、被保险人。

本保险合同中的车上人员是指发生意外事故的瞬间,在被保险机动车车体内或车体上的人员,包括正在上下车的人员。

本保险合同中的各方权利和义务,由保险人、投保人遵循公平原则协商确定。保险人、投保人自愿订立本保险合同。

除本保险合同另有约定外,投保人应在保险合同成立时一次交清保险费。保险费未交清前,本保险合同不生效。

2. 我国机动车综合商业保险发展联系

在 2007 年 2 月 27 日保监会对中国保险行业协会申报的《中国保险行业协会关于申报车险 A、B、C 三款(07 版)行业条款费率方案的请示》批复,4 月 1 日起各财产保险公司实施条款、费率切换工作。

A 款是在人保财险原有车险条款上制定的一套条款,也称中国人民财产保险股份有限公司条款。目前保险公司有:人保、阳光、中华联合、大地、天安、永安、安邦、华泰、大众、国寿财险、东京海上等共 11 家,市场份额 74.66%。

B 款是在平安财险原有车险条款上制定的一套条款,也称平安条款。目前保险公司有:平安、华安、太平、永诚、阳光农业、都邦、渤海、华农、民安、安诚、安联广州、美亚上海、利宝互助重庆等 13 家,市场份额 13.72%。

C 款是在太平洋财险原有车险条款上制定的一套条款,也称太保条款。目前保险公司有:太保、安华农业、上海安信、三井住友上海、中银保险等 5 家,市场份额约为 11.62%。

中国保险行业协会于 2012 年 3 月 15 日正式发布《中国保险行业协会机动车综合商业保险示范条款》,在对原有商业车险条款进行全面梳理的同时,也认真筛查了不利于保护被保险人权益、表述不清和容易产生歧义之处,尤其是对消费者广泛关注的"高保低赔""无责不赔"、代位追偿等热点问题进行了合理修订。为适应社会文明进步的时代要求,更好地保护保险消费者合法权益,解决司法实践中反映出的突出问题,根据《中国保监会关于深化商业车险条款费率管理制度改革的意见》的要求,在财产险监管部的指导下,中国保险行业协会(简称中保协)组织力量对 2012 年版商业车险示范条款进行修订完善,以相关法律、行政法规为依据,多方征求意见基础上,形成《中国保险行业协会机动车辆商业保险示范条款(2014 版)》。除了《中国保险行业协会机动车综合商业保险示范条款(2014 版)》之外,还有《中国保险行业协会特种车综合商业保险示范条款(2014 版)》《中国保险行业协会摩托车、拖拉机综合商业保险示范条款(2014 版)》《中国保险行业协会机动车单程提车保险示范条款(2014 版)》。

二、机动车损失保险

1.机动车损失保险简介

车辆损失保险(简称车损险)指被保险人或其允许的驾驶员在驾驶保险车辆时发生保险事故,造成保险车辆受损,保险公司在合理范围内予以赔偿,是负责赔偿由于自然灾害和意外事故造成投保车辆本身的损失。它是车辆保险中用途最广泛的险种。无论是小刮小蹭,还是损坏严重,都可以由保险公司来支付修理费用,对于维护车主的利益具有重要作用。

了解车损险

2.车损险保险责任

(1)保险责任

保险期间内,被保险人或其允许的驾驶人在使用被保险机动车过程中,因下列原因造成被保险机动车的直接损失,且不属于免除保险人责任的范围的,保险人依照本保险合同的约定负责赔偿:

①碰撞、倾覆、坠落。

②火灾、爆炸。

③外界物体坠落、倒塌。

④雷击、暴风、暴雨、洪水、龙卷风、冰雹、台风、热带风暴。

⑤地陷、崖崩、滑坡、泥石流、雪崩、冰陷、暴雪、冰凌、沙尘暴。

⑥受到被保险机动车所载货物、车上人员意外撞击。

⑦载运被保险机动车的渡船遭受自然灾害(只限于驾驶人随船的情形)。

发生保险事故时,被保险人或其允许的驾驶人为防止或者减少被保险机动车的损失所支付的必要的、合理的施救费用,由保险人承担;施救费用数额在被保险机动车损失赔偿金额以外另行计算,最高不超过保险金额的数额。

营业用汽车损失保险与家庭自用汽车损失保险、非营业用汽车损失保险的保险责任有不同之处,主要表现为由于火灾、爆炸、自燃引起的损失不属于营业用汽车损失保险的保险责任,保险公司不承担赔偿责任。

(2)相关术语解释

①碰撞:保险车辆与外界静止的或运动中的物体的意外撞击。

这里的碰撞包括两种情况:一是保险车辆与外界物体的意外撞击造成的本车损失;二是保险车辆按《中华人民共和国道路交通安全法》关于车辆装载的规定载运货物(车辆装载货物与装载规定不符,须报请公安交通管理部门批准,按指定时间、路线、时速行驶),车与货物即视为一体,所装货物与外界物体的意外撞击造成的本车损失。保险车辆的人为划痕不属于本保险责任。

下面两种碰撞不属于上述碰撞的含义:

a.轿车的发动机盖因为机械故障行驶中突然翻起,机盖与前风窗玻璃相碰撞。

b.半挂车因雨天路滑,并且各轴的制动协调时间有问题,紧急制动时常会出现牵引车驾驶室后立柱部位与同侧挂车车厢板相撞,造成驾驶室变形的现象。

②坠落:保险车辆在行驶中发生意外事故,整车腾空,着地所产生的损失。

③倾覆:保险车辆由于自然灾害或意外事故,造成本车翻倒,车体触地,使其失去正常状态

和行驶能力,不经施救不能恢复行驶。

④火灾:在时间或空间上失去控制的燃烧所造成的灾害。

这里指外界火源以及其他保险事故造成的火灾导致保险车辆的损失。不包括由于保险车辆的自燃所引起的损失。

⑤爆炸:仅指化学性爆炸,即物体在瞬息分解或燃烧时放出大量的热和气体,并以很大的压力向四周扩散,形成破坏力现象。

发动机因其内部原因发生爆炸、轮胎爆炸等,不属本保险责任。

⑥外界物体倒塌:保险车辆自身以外由物质构成并占有一定空间的个体倒下或陷下,造成保险车辆损失。如地上或地下建筑物坍塌,树木倾倒,致使保险车辆受损,都属本保险"外界物体倒塌"责任。

⑦雷击:由雷电造成的灾害。

由于雷电直接击中保险车辆或通过其他物体引起保险车辆的损失,均属本保险责任。

⑧暴风:风力速度 28.5 m/s(相当于 11 级风)以上。

只要风力速度达 17.2 m/s(相当于 s 级大风),造成保险车辆的损失,即构成本保险责任。

⑨龙卷风:一种范围小而时间短的猛烈旋风,平均最大风速一般在 79～103 m/s,极端最大风速一般在 100 m/s 以上。

⑩暴雨:每小时降雨量达 16 mm 以上,或连续 12 h 降雨量达 30 mm 以上,或连续 24 h 降雨量达 50 mm 以上。

⑪洪水:凡江河泛滥、山洪暴发、潮水上岸及倒灌,致使保险车辆遭受泡损、淹没的损失,都属于本保险的"洪水"责任。

⑫海啸:海啸是由于地震或风暴而造成的海面巨大涨落现象,按成因分为地震海啸和风暴海啸两种。由于海啸以致海水上岸泡损、淹没、冲失保险车辆都属本保险的"海啸"责任。

⑬地陷:地表突然下陷造成保险车辆的损失,属本保险的"地陷"责任。

⑭冰陷:经交通管理部门允许车辆行驶的冰面上,保险车辆在通过时,冰面突然下陷造成车辆的损失,属本保险的"冰陷"责任。

⑮崖:石崖、上崖因自然风化、雨蚀而崩裂下塌,或山上岩石滚落,或雨水使山上沙上透湿而崩塌,致使保险车辆遭受损失,属本保险的"崖崩"责任。

⑯雪崩:大量积雪突然崩落的现象。

⑰雹灾:由于冰雹降落造成的灾害。

⑱泥石流:山地突然暴发饱含大量泥沙、石块的洪流。

⑲滑坡:斜坡上不稳的岩体或山体在重力作用下突然整体向下滑动。

⑳载运保险车辆的渡船遭受自然灾害(只限于有驾驶员随车照料者):保险车辆在行驶途中过渡,驾驶员把车辆开上渡船,并随车照料到对岸,这期间因遭受自然灾害(指本条第一款第 3、5 项所列的灾害),致使保险车辆本身发生损失,保险人予以赔偿。

㉑合理施救费用:是指保护、施救行为支出的费用是直接的、必要的,并符合国家有关政策规定。

3. 责任免除

①在上述保险责任范围内,下列情况下,不论任何原因造成被保险机动车的任何损失和费用,保险人均不负责赔偿:

A. 事故发生后,被保险人或其允许的驾驶人故意破坏、伪造现场、毁灭证据。

B. 驾驶人有下列情形之一者:

a. 事故发生后,在未依法采取措施的情况下驾驶被保险机动车或者遗弃被保险机动车离开事故现场。

b. 饮酒、吸食或注射毒品、服用国家管制的精神药品或者麻醉药品。

c. 无驾驶证,驾驶证被依法扣留、暂扣、吊销、注销期间。

d. 驾驶与驾驶证载明的准驾车型不相符合的机动车。

e. 实习期内驾驶公共汽车、营运客车或者执行任务的警车、载有危险物品的机动车或牵引挂车的机动车。

f. 驾驶出租机动车或营业性机动车无交通运输管理部门核发的许可证书或其他必备证书。

g. 学习驾驶时无合法教练员随车指导。

h. 非被保险人允许的驾驶人。

C. 被保险机动车有下列情形之一者:

a. 发生保险事故时被保险机动车行驶证、号牌被注销的,或未按规定检验或检验不合格。

b. 被扣押、收缴、没收、政府征用期间。

c. 在竞赛、测试期间,在营业性场所维修、保养、改装期间。

d. 被保险人或其允许的驾驶人故意或重大过失,导致被保险机动车被利用从事犯罪行为。

②下列原因导致的被保险机动车的损失和费用,保险人不负责赔偿:

a. 地震及其次生灾害。

b. 战争、军事冲突、恐怖活动、暴乱、污染(含放射性污染)、核反应、核辐射。

c. 人工直接供油、高温烘烤、自燃、不明原因火灾。

d. 违反安全装载规定。

e. 被保险机动车被转让、改装、加装或改变使用性质等,被保险人、受让人未及时通知保险人,且因转让、改装、加装或改变使用性质等导致被保险机动车危险程度显著增加。

f. 被保险人或其允许的驾驶人的故意行为。

③下列损失和费用,保险人不负责赔偿:

a. 因市场价格变动造成的贬值、修理后因价值降低引起的减值损失。

b. 自然磨损、朽蚀、腐蚀、故障、本身质量缺陷。

c. 遭受保险责任范围内的损失后,未经必要修理并检验合格继续使用,致使损失扩大的部分。

d. 投保人、被保险人或其允许的驾驶人知道保险事故发生后,故意或者因重大过失未及时通知,致使保险事故的性质、原因、损失程度等难以确定的,保险人对无法确定的部分,不承担赔偿责任,但保险人通过其他途径已经及时知道或者应当及时知道保险事故发生的除外。

e. 因被保险人违反本条款第十六条约定,导致无法确定的损失。

f. 被保险机动车全车被盗窃、被抢劫、被抢夺、下落不明,以及在此期间受到的损坏,或被盗窃、被抢劫、被抢夺未遂受到的损坏,或车上零部件、附属设备丢失。

g. 车轮单独损坏,玻璃单独破碎,无明显碰撞痕迹的车身划痕,以及新增设备的损失。

h. 发动机进水后导致的发动机损坏。

4. 免赔率与免赔额

保险人在依据本保险合同约定计算赔款的基础上,按照下列方式免赔:

①被保险机动车一方负次要事故责任的,实行5%的事故责任免赔率;负同等事故责任的,实行10%的事故责任免赔率;负主要事故责任的,实行15%的事故责任免赔率;负全部事故责任或单方肇事事故的,实行20%的事故责任免赔率。

②被保险机动车的损失应当由第三方负责赔偿,无法找到第三方的,实行30%的绝对免赔率。

③违反安全装载规定、但不是事故发生的直接原因的,增加10%的绝对免赔率。

④对于投保人与保险人在投保时协商确定绝对免赔额的,本保险在实行免赔率的基础上增加每次事故绝对免赔额。

5. 保险金额

保险金额按投保时被保险机动车的实际价值确定。

投保时被保险机动车的实际价值由投保人与保险人根据投保时的新车购置价减去折旧金额后的价格协商确定或其他市场公允价值协商确定。

折旧金额可根据本保险合同列明的参考折旧系数表2.3确定。

表2.3 参考折旧系数表

车辆种类	月折旧系数			
	家庭自用	非营业	营业	
			出租	其他
9座以下客车	0.60%	0.60%	1.10%	0.90%
10座以上客车	0.90%	0.90%	1.10%	0.90%
微型载货汽车	/	0.90%	1.10%	1.10%
带拖挂的载货汽车	/	0.90%	1.10%	1.10%
低速货车和三轮汽车	/	1.10%	1.40%	1.40%
其他车辆	/	0.90%	1.10%	0.90%

也可以被保险机动车的折旧按月计算,不足一个月的部分,不计折旧。9座以下客车月折旧率为0.6%,10座以上客车月折旧率为0.9%,最高折旧金额不超过投保时被保险机动车新车购置价的80%。

6. 赔偿处理

(1)出险和报案

发生保险事故时,被保险人或其允许的驾驶人应当及时采取合理的、必要的施救和保护措施,防止或者减少损失,并在保险事故发生后48小时内通知保险人。被保险人或其允许的驾驶人根据有关法律法规规定选择自行协商方式处理交通事故的,应当立即通知保险人。

被保险人或其允许的驾驶人根据有关法律法规规定选择自行协商方式处理交通事故的,应当协助保险人勘验事故各方车辆、核实事故责任,并依照《道路交通事故处理程序规定》签订记录交通事故情况的协议书。

（2）提供材料申请赔偿

被保险人索赔时,应当向保险人提供与确认保险事故的性质、原因、损失程度等有关的证明和资料。

被保险人应当提供保险单、损失清单、有关费用单据、被保险机动车行驶证和发生事故时驾驶人的驾驶证。

属于道路交通事故的,被保险人应当提供公安机关交通管理部门或法院等机构出具的事故证明、有关的法律文书(判决书、调解书、裁定书、裁决书等)及其他证明。被保险人或其允许的驾驶人根据有关法律法规规定选择自行协商方式处理交通事故的,被保险人应当提供依照《道路交通事故处理程序规定》签订记录交通事故情况的协议书。

（3）赔偿原则

①因保险事故损坏的被保险机动车,应当尽量修复。修理前被保险人应当会同保险人检验,协商确定修理项目、方式和费用。对未协商确定的,保险人可以重新核定。

②被保险机动车遭受损失后的残余部分由保险人、被保险人协商处理。如折归被保险人的,由双方协商确定其价值并在赔款中扣除。

③因第三方对被保险机动车的损害而造成保险事故,被保险人向第三方索赔的,保险人应积极协助;被保险人也可以直接向本保险人索赔,保险人在保险金额内先行赔付被保险人,并在赔偿金额内代位行使被保险人对第三方请求赔偿的权利。

被保险人已经从第三方取得损害赔偿的,保险人进行赔偿时,相应扣减被保险人从第三方已取得的赔偿金额。

保险人未赔偿之前,被保险人放弃对第三方请求赔偿的权利的,保险人不承担赔偿责任。

被保险人故意或者因重大过失致使保险人不能行使代位请求赔偿的权利的,保险人可以扣减或者要求返还相应的赔款。

保险人向被保险人先行赔付的,保险人向第三方行使代位请求赔偿的权利时,被保险人应当向保险人提供必要的文件和所知道的有关情况。

被保险机动车发生本保险事故,导致全部损失,或一次赔款金额与免赔金额之和(不含施救费)达到保险金额,保险人按本保险合同约定支付赔款后,本保险责任终止,保险人不退还机动车损失保险及其附加险的保险费。

（4）机动车损失赔款的计算

①全部损失。

赔款=(保险金额-被保险人已从第三方获得的赔偿金额)×(1-事故责任免赔率)×(1-绝对免赔率之和)-绝对免赔额

②部分损失。

被保险机动车发生部分损失,保险人按实际修复费用在保险金额内计算赔偿:

赔款=(实际修复费用-被保险人已从第三方获得的赔偿金额)×(1-事故责任免赔率)×(1-绝对免赔率之和)-绝对免赔额

③施救费。

施救的财产中,含有本保险合同未保险的财产,应按本保险合同保险财产的实际价值占总施救财产的实际价值比例分摊施救费用。

例2.1　某甲车主将其所有的车辆向A保险公司投保了保险金额为20万元的车辆损失

险、向 B 保险公司投保了赔偿限额为 50 万元第三者责任险,乙车没有投保。后造成交通事故,导致乙车辆财产损失 16 万元和人身伤害 4 万元,甲车辆损失 14 万元和人身伤害 1 万元。经交通管理部门裁定,甲车主负主要责任,为 70%;乙车主负次要责任,为 30%,按照保险公司免赔规定(负主要责任免赔 15%,负次要责任免赔 5%)。

(1)A 保险公司应赔偿多少?

(2)B 保险公司应赔偿多少?

答:(1)A 保险公司应赔偿甲金额 = 甲车车辆损失 × 甲车的责任比例 × (1-免赔率) = 14 × 70% × (1-15%) = 8.33 万元;

(2)B 保险公司应赔偿乙金额 = 乙车车辆损失和人身伤害 × 甲车的责任比例 × (1-免赔率) = (16+4) × 70% × (1-15%) = 11.9 万元。

拓展阅读材料

新条款车损险收费标准

机动车辆损失险是机动车辆保险的基本险别之一,简称车损险。车损险怎么算呢? 以前来计算车险价格的公式是这样的:(车价 × 费率基础保费)× 调整系数。

新的保费计算公式:[基准纯风险保费 ÷ (1-附加费用率)] × 费率调整系数。基准纯风险保费由中国保险行业协会统一制定、颁布并定期更新。

(1)当投保时被保险机动车的实际价值等于新车购置价减去折旧金额时,根据被保险机动车车辆使用性质、车辆种类、车型名称、车型编码、车辆使用年限所属档次直接查询基准纯风险保费。以下表为例说明机动车损失保险基准纯风险保费的查询方法:

车辆使用性质	车辆种类	车型名称	车型编码	机动车损失保险基准纯风险保费			
				车辆使用年限			
				1 年以下	1~2 年	2~6 年	6 年以上
家庭自用汽车	6 座以下	北京 BH7141MY 舒适型	BBJKROUC0001	1 054	1 005	992	1 026
家庭自用汽车	6~10 座	五 LZW6376NF	BSQDZHUA0114	610	581	575	594
家庭自用汽车	10 座以上	金 Y6543US3BH	BJBDRDUA0237	1 082	1 032	1 019	1 053

例 2.2 山东地区一辆车龄为 4 年的"北京现代 BH7141MY 舒适型"投保车辆损失保险,根据山东地区标赞保费表查询该车对应的机动车损失保险基准纯风险保费为 992 元。

(2)当投保时被保险机动车的实际价值不等于新车购置价减去折旧金额时,考虑实际价值差异的机动车损失保险基准纯风险保费按下列公式计算:考虑实际价值差异的机动车损失保险基准纯风险保费 = 直接查找的机动车损失保险基准纯风险保费 + (协商确定的机动车实际价值 - 新车购置价减去折旧金额后的机动车实际价值) × 0.09%

例 2.3 山东地区一辆车龄为 4 年的"北京现代 BH7141MY 舒适型"投保车辆损失保险,该车使用 4 年后新车购置价减去折旧金额后的机动车实际价值为 4.9 万元,如果客户要求约定实际价值为 6 万元。

①根据上表示例,查表得到该车的机动车损失保险基准纯风险保费为 992 元;

②该车考虑实际价值差异的机动车损失保险基准纯风险保费 = 992 + (60 000 − 49 000) × 0.09% = 1 002 元。

如附加险的保费计算基础为机动车损失保险基准纯风险保费的,是指考虑实际价值差异的机动车损失保险基准纯风险保费。

(3)如投保时约定绝对免赔额,可按照选择的免赔额、车辆使用年限和实际价值查找费率折扣系数,约定免赔额之后的机动车损失保险基准纯风险保费按下列公式计算

约定免赔额之后的机动车损失保险基准纯风险保费 = 考虑实际价值差异的机动车损失保险基准纯风险保费×费率折扣系数

三、机动车第三者责任保险

1. 机动车第三者责任保险简介

机动车辆第三者责任简称为第三者责任险,是指被保险人或其允许的驾驶人员在使用保险车辆过程中发生意外事故,致使第三者遭受人身伤亡或财产直接损毁,依法应当由被保险人承担的经济责任,保险公司负责赔偿。

第三者:在保险合同中,保险人是第一方,也叫第一者;被保险人或致害人是第二方,也叫第二者;除保险人与被保险人之外的,因保险车辆的意外事故而遭受人身伤害或财产损失的受害人是第三方,也叫第三者。

人身伤亡:人的身体受伤害或人的生命终止。

直接损毁:保险车辆发生意外事故,直接造成事故现场他人现有财产的实际损毁。

第三者责任险与交强险有相似的地方,也有区别和联系。在机动车交通强制保险(简称交强险)出台后,第三者责任险已成为非强制性的保险。因为交强险在对第三者的财产损失和医疗费用部分赔偿较低,可考虑购买第三者责任险作为交强险的补充。

一般来说,第三者责任险在保险公司分有 5 万、10 万、15 万、20 万、30 万、50 万、100 万和 100 万以上。由投保人与保险公司在签订保险合同时协商、选择确定,但必在规定的保额范围内。“100 万以上”的最高额度不超过 5 000 万元。三者的保额也就是每次事故赔给受害人的最高限额。表 2.4 是 2015 年家庭自用车第三者责任险部分地区价格表。

表 2.4　2015 年家庭自用车商业第三者责任险部分地区价格表

使用性质	价格	5 万	10 万	15 万	20 万	30 万	50 万	100 万
家庭自用汽车	6 座以下客车	785	1 099	1 240	1 335	1 492	1 772	2 308
	6 ~ 10 座客车	672	941	1 062	1 142	1 277	1 517	1 976
	10 座及以上客车	672	941	1 062	1 142	1 277	1 517	1 976

2. 商业三者险保险责任

保险期间内,被保险人或其允许的驾驶人在使用被保险机动车过程中发生意外事故,致使第三者遭受人身伤亡或财产直接损毁,依法应当对第三者承担的损害赔偿责任,且不属于免除保险人责任的范围,保险人依照本保险合同的约定,对于超过机动车交通事故责任强制保险各分项赔偿限额的部分负责

了解三者险,对比交强险(一)

赔偿。

保险人依据被保险机动车一方在事故中所负的事故责任比例，承担相应的赔偿责任。

被保险人或被保险机动车一方根据有关法律法规规定选择自行协商或由公安机关交通管理部门处理事故未确定事故责任比例的，按照下列规定确定事故责任比例：

被保险机动车一方负主要事故责任的，事故责任比例为70%；

被保险机动车一方负同等事故责任的，事故责任比例为50%；

被保险机动车一方负次要事故责任的，事故责任比例为30%。

涉及司法或仲裁程序的，以法院或仲裁机构最终生效的法律文书为准。

了解三者险，
对比交强险（二）

3. 商业三者险责任免除

①在上述保险责任范围内，下列情况下，不论任何原因造成的人身伤亡、财产损失和费用，保险人均不负责赔偿：

A. 事故发生后，被保险人或其允许的驾驶人故意破坏、伪造现场、毁灭证据。

B. 驾驶人有下列情形之一者：

a. 事故发生后，在未依法采取措施的情况下驾驶被保险机动车或者遗弃被保险机动车离开事故现场。

b. 饮酒、吸食或注射毒品、服用国家管制的精神药品或者麻醉药品。

c. 无驾驶证，驾驶证被依法扣留、暂扣、吊销、注销期间。

d. 驾驶与驾驶证载明的准驾车型不相符合的机动车。

e. 实习期内驾驶公共汽车、营运客车或者执行任务的警车、载有危险物品的机动车或牵引挂车的机动车。

f. 驾驶出租机动车或营业性机动车无交通运输管理部门核发的许可证书或其他必备证书。

g. 学习驾驶时无合法教练员随车指导。

h. 非被保险人允许的驾驶人。

C. 被保险机动车有下列情形之一者：

a. 发生保险事故时被保险机动车行驶证、号牌被注销的，或未按规定检验或检验不合格。

b. 被扣押、收缴、没收、政府征用期间。

c. 在竞赛、测试期间，在营业性场所维修、保养、改装期间。

d. 全车被盗窃、被抢劫、被抢夺、下落不明期间。

②下列原因导致的人身伤亡、财产损失和费用，保险人不负责赔偿：

a. 地震及其次生灾害、战争、军事冲突、恐怖活动、暴乱、污染（含放射性污染）、核反应、核辐射。

b. 第三者、被保险人或其允许的驾驶人的故意行为、犯罪行为，第三者与被保险人或其他致害人恶意串通的行为。

c. 被保险机动车被转让、改装、加装或改变使用性质等，被保险人、受让人未及时通知保险人，且因转让、改装、加装或改变使用性质等导致被保险机动车危险程度显著增加。

③下列人身伤亡、财产损失和费用，保险人不负责赔偿：

a. 被保险机动车发生意外事故，致使任何单位或个人停业、停驶、停电、停水、停气、停产、通信或网络中断、电压变化、数据丢失造成的损失以及其他各种间接损失。

b. 第三者财产因市场价格变动造成的贬值,修理后因价值降低引起的减值损失。

c. 被保险人及其家庭成员、被保险人允许的驾驶人及其家庭成员所有、承租、使用、管理、运输或代管的财产的损失,以及本车上财产的损失。

d. 被保险人、被保险人允许的驾驶人、本车车上人员的人身伤亡。

e. 停车费、保管费、扣车费、罚款、罚金或惩罚性赔款。

f. 超出《道路交通事故受伤人员临床诊疗指南》和国家基本医疗保险同类医疗费用标准的费用部分。

g. 律师费,未经保险人事先书面同意的诉讼费、仲裁费。

h. 投保人、被保险人或其允许的驾驶人知道保险事故发生后,故意或者因重大过失未及时通知,致使保险事故的性质、原因、损失程度等难以确定的,保险人对无法确定的部分,不承担赔偿责任,但保险人通过其他途径已经及时知道或者应当及时知道保险事故发生的除外。

i. 因被保险人违反本条款第三十四条(因保险事故损坏的第三者财产,应当尽量修复。修理前被保险人应当会同保险人检验,协商确定修理项目、方式和费用。对未协商确定的,保险人可以重新核定。)约定,导致无法确定的损失。

j. 精神损害抚慰金。

k. 应当由机动车交通事故责任强制保险赔偿的损失和费用。

保险事故发生时,被保险机动车未投保机动车交通事故责任强制保险或机动车交通事故责任强制保险合同已经失效的,对于机动车交通事故责任强制保险责任限额以内的损失和费用,保险人不负责赔偿。

4. 免赔率

保险人在依据本保险合同约定计算赔款的基础上,在保险单载明的责任限额内,按照下列方式免赔:

①被保险机动车一方负次要事故责任的,实行5%的事故责任免赔率;负同等事故责任的,实行10%的事故责任免赔率;负主要事故责任的,实行15%的事故责任免赔率;负全部事故责任的,实行20%的事故责任免赔率;

②违反安全装载规定的,实行10%的绝对免赔率。

5. 赔偿处理

保险人对被保险人给第三者造成的损害,可以直接向该第三者赔偿。

被保险人给第三者造成损害,被保险人对第三者应负的赔偿责任确定的,根据被保险人的请求,保险人应当直接向该第三者赔偿。被保险人怠于请求的,第三者有权就其应获赔偿部分直接向保险人请求赔偿。赔款计算方法如下:

①当(依合同约定核定的第三者损失金额-机动车交通事故责任强制保险的分项赔偿限额)×事故责任比例等于或高于每次事故赔偿限额时:

赔款=每次事故赔偿限额×(1-事故责任免赔率)×(1-绝对免赔率之和)

②当(依合同约定核定的第三者损失金额-机动车交通事故责任强制保险的分项赔偿限额)×事故责任比例低于每次事故赔偿限额时:

赔款=(依合同约定核定的第三者损失金额-机动车交通事故责任强制保险的分项赔偿限额)×事故责任比例×(1-事故责任免赔率)×(1-绝对免赔率之和)

被保险人给第三者造成损害,被保险人未向该第三者赔偿的,保险人不得向被保险人赔偿。

例2.4 2012年1月30日,朱小姐开了一辆本田雅阁轿车在转弯时撞上了一辆价值1 200万的劳斯莱斯,交警来后判定朱女士应负全部责任。朱女士更没想到的事还在后面,劳斯莱斯车主的朋友到现场,告诉朱小姐,初步估计修理劳斯莱斯的价格大概在200万左右。可是,根据最后4S店的定损,劳斯莱斯最终维修费定为35万元;而雅阁车主朱小姐为车辆买的第三者责任险赔偿额是20万。那么保险公司在这起事故中要赔偿多少?

由于(35-0.2)大于20万,赔款按照第一种算法,即:每次事故赔偿限额×(1-事故责任免赔率)×(1-绝对免赔率之和),保险公司算出朱小姐的赔偿额为:

$$20万×(1-20\%)×(1-0\%)+2 000=16.2万元$$

注:20万元为朱小姐购买的三者险最高限额;

(1-20%):朱小姐没有为雅阁车辆购买不计免赔的险种,因朱小姐负全责,所以事故免赔率为20%;

(1-0%):因朱小姐在购买时三者险时没有指定固定驾驶人和驾驶区域,因此绝对免赔率为0%;

2 000元为朱小姐交强险财产赔偿最高额度。

四、机动车车上人员责任保险

1.机动车车上人员责任险简介

(1)相关概念

①机动车车上人员责任险的含义。

机动车车上人员责任险是车辆商业险基本险的一种,又称司乘人员险,是指在保险期间内,保险车辆在使用过程中发生意外事故致使保险车辆上人员的人身伤亡,保险人依法负责赔偿。简单的说,就是投保车辆在发生交通事故后保险人对于车上人员造成的伤害甚至伤亡进行的赔偿。

②车上人员。

保险合同中的车上人员是指发生意外事故的瞬间,在被保险机动车车体内或车体上的人员,包括正在上下车的人员。

(2)车上责任险与车辆人身意外保险的区别

车上人员责任险与一般的人身意外保险有着保障对象、适用范围、赔偿范围等不同和区别,详见表2.5。

表2.5 车上责任险与车辆人身意外保险的区别

对比项目	车上责任险	人身意外险
保障对象	指定座位上的人员,为不确定的人	一般为确定的人
适用范围	使用车辆时,发生的意外伤害事故	所有的意外伤害事故
赔偿范围	属于车主需要承担的丧葬费、伤亡赔偿、医疗费和误工费等项目	身故、残疾和医疗费用,部分还包括紧急救援和费用垫付等增值服务

对比项目	车上责任险	人身意外险
价格水平	驾驶员座位每万元约40元左右,其他座位每万元约25元左右	每万元约10元左右
适合状况	车辆经常由不同人员驾驶或搭载不同人员	车辆主要由固定几个家庭成员使用

2. 保险责任

(1)保险内容

保险期间内,被保险人或其允许的驾驶人在使用被保险机动车过程中发生意外事故(不是行为人出于故意,而是行为人不可预见的以及不可抗拒的,造成了人员伤亡或财产损失的突发事件),导致车上的司机或乘客人员伤亡造成的费用损失,以及为减少损失而支付的必要合理的施救、保护费用,由保险公司承担赔偿责任,且不属于免除保险人责任的范围,依法应当对车上人员承担的损害赔偿责任,保险人依照本保险合同的约定负责赔偿。

保险人依据被保险机动车一方在事故中所负的事故责任比例,承担相应的赔偿责任。和三者险一样,全责为100%,主责为70%,同责50%,次责30%。

(2)保险金额

车上人员险的保险金额由被保险人和保险公司协商确定,保额一般是1万元~100万元投保时可以在1万元~100万中进行选择:所有乘客的保费都一样,不分前后排区别;保额也是最高赔偿限额,保险公司赔偿的金额不超过投保的金额;驾驶员位置的费率高于乘客位置的费率;保险公司根据保险单载明的每次事故每座赔偿限额承担相应的赔偿责任。

(3)车上责任险保费的计算

车上责任险的保险金额由被保险人和保险公司协商确定,一般每个座位保额按1万元~5万元确定。司机和乘客的投保人数一般不超过保险车辆行驶本的核定座位数。

车上人员标准保费=车上人员每人保额×费率×人员数

费率与车辆使用性质、驾驶员座位、乘客座位和座位数有关,乘客的保额必须统一,驾驶员可以单独选择保额。表2.6为家庭自用轿车车上人员费率。

表2.6　2015年车上人员保险费率

	座位	驾驶员座位(%)	乘客座位(%)
家庭自用轿车	6座以下客车	0.42	0.27
	6—10座客车	0.40	0.26
	10座及以上客车	0.40	0.26

例2.5　在2105年购买5座位的家庭轿车,如果购买2万元的车上责任险,按照表6.2费率表,保费为:

驾驶员保费=20 000×0.42%×1=82(元);

乘客保费=20 000×0.27%×4=216(元);

两项合计:82+216=298(元)

3. 责任免除

①下列情况下,不论任何原因造成的人身伤亡,保险人均不负责赔偿:

A. 事故发生后,被保险人或其允许的驾驶人故意破坏、伪造现场、毁灭证据。

B. 驾驶人有下列情形之一者:

a. 事故发生后,在未依法采取措施的情况下驾驶被保险机动车或者遗弃被保险机动车离开事故现场。

b. 饮酒、吸食或注射毒品、服用国家管制的精神药品或者麻醉药品。

c. 无驾驶证,驾驶证被依法扣留、暂扣、吊销、注销期间。

d. 驾驶与驾驶证载明的准驾车型不相符合的机动车。

e. 实习期内驾驶公共汽车、营运客车或者执行任务的警车、载有危险物品的机动车或牵引挂车的机动车。

f. 驾驶出租机动车或营业性机动车无交通运输管理部门核发的许可证书或其他必备证书。

g. 学习驾驶时无合法教练员随车指导。

h. 非被保险人允许的驾驶人。

C. 被保险机动车有下列情形之一者:

a. 发生保险事故时被保险机动车行驶证、号牌被注销的,或未按规定检验或检验不合格的。

b. 被扣押、收缴、没收、政府征用期间。

c. 在竞赛、测试期间,在营业性场所维修、保养、改装期间。

d. 全车被盗窃、被抢劫、被抢夺、下落不明期间。

②下列原因导致的人身伤亡,保险人不负责赔偿:

a. 地震及其次生灾害、战争、军事冲突、恐怖活动、暴乱、污染(含放射性污染)、核反应、核辐射。

b. 被保险机动车被转让、改装、加装或改变使用性质等,被保险人、受让人未及时通知保险人,且因转让、改装、加装或改变使用性质等导致被保险机动车危险程度显著增加。

c. 被保险人或驾驶人的故意行为。

③下列人身伤亡、损失和费用,保险人不负责赔偿:

a. 被保险人及驾驶人以外的其他车上人员的故意行为造成的自身伤亡。

b. 车上人员因疾病、分娩、自残、斗殴、自杀、犯罪行为造成的自身伤亡。

c. 违法、违章搭乘人员的人身伤亡。

d. 罚款、罚金或惩罚性赔款。

e. 超出《道路交通事故受伤人员临床诊疗指南》和国家基本医疗保险同类医疗费用标准的费用部分。

f. 律师费,未经保险人事先书面同意的诉讼费、仲裁费。

g. 投保人、被保险人或其允许的驾驶人知道保险事故发生后,故意或者因重大过失未及时通知,致使保险事故的性质、原因、损失程度等难以确定的,保险人对无法确定的部分,不承担赔偿责任,但保险人通过其他途径已经及时知道或者应当及时知道保险事故发生的除外。

h. 精神损害抚慰金。

i. 应当由机动车交通事故责任强制保险赔付的损失和费用。

保险人在依据本保险合同约定计算赔款的基础上,在保险单载明的责任限额内,按照下列方式免赔:

被保险机动车一方负次要事故责任的,实行 5% 的事故责任免赔率;负同等事故责任的,实行 10% 的事故责任免赔率;负主要事故责任的,实行 15% 的事故责任免赔率;负全部事故责任或单方肇事事故的,实行 20% 的事故责任免赔率。

4. 赔款计算

①对每座的受害人,当(依合同约定核定的每座车上人员人身伤亡损失金额-应由机动车交通事故责任强制保险赔偿的金额)×事故责任比例高于或等于每次事故每座赔偿限额时:

$$赔款 = 每次事故每座赔偿限额 \times (1 - 事故责任免赔率)$$

②对每座的受害人,当(依合同约定核定的每座车上人员人身伤亡损失金额-应由机动车交通事故责任强制保险赔偿的金额)×事故责任比例低于每次事故每座赔偿限额时:

$$赔款 = (依合同约定核定的每座车上人员人身伤亡损失金额-应由机动车交通事故责任强制保险赔偿的金额) \times 事故责任比例 \times (1 - 事故责任免赔率)$$

保险人按照《道路交通事故受伤人员临床诊疗指南》和国家基本医疗保险的同类医疗费用标准核定医疗费用的赔偿金额。

未经保险人书面同意,被保险人自行承诺或支付的赔偿金额,保险人有权重新核定。因被保险人原因导致损失金额无法确定的,保险人有权拒绝赔偿。

例 2.6　刘某买了 20 万驾驶员车上人员险,在驾驶过程中发生了交通事故,不幸身亡。交警部门认定其负全部责任,核定死亡补偿金为 191 180 元,强制险赔款为 110 000,其车上人员险赔款为:

$$\begin{aligned} 赔款 &= (依合同约定核定的每座车上人员人身伤亡损失金额-应由机动车交通事故责任强\\ &\quad 制保险赔偿的金额) \times 事故责任比例 \times (1 - 事故责任免赔率)\\ &= (191,180-0) \times 100\% \times (1-20\%) = 152\ 944(元) \end{aligned}$$

思考:为什么"应由机动车交通事故责任强制保险赔偿的金额"一项为 0?

拓展阅读材料

车上人员责任险不赔案例

车上人员责任险是保险公司为开车与坐车的人,在意外事故中造成的伤亡进行赔偿的一种车辆保险。对于所有购买了车上人员责任险的车主而言,有两条常见的不赔情况需牢记:(1)车上人员在车下时所受的人身伤亡不赔;(2)投保座位外人员不赔。案例一:下车检查或更换轮胎时受伤不赔。车主王先生在高速公路上驾车时发生爆胎,于是在紧急停车带上下车更换轮胎,结果被后面来车撞成重伤,后送医院抢救无效死亡。王先生的亲人在悲痛之余找保险公司索赔,但保险公司认为事故发生时王先生下车,不属于车上人员责任险的保险范围内,因此拒赔。以上案例中,保险公司拒赔的理由是充分的。因为在车上人员责任险条款中有明确指出,车上人员在车下时所受的人身伤亡属于免责条款中的一条。案例二:车上人员跳车后致死伤不赔。车主孙先生和朋友老王驾车外出,行驶途中车辆突然失控,紧急情况下老王跳车逃生,但车辆突然侧翻压在老王身上,导致老王死亡。事后,保险公司对老王的死亡不做赔偿,理由是孙先生已经跳下车,不属于车上人员。这个案例当中,车辆在发生事故前老王属于该车上的乘坐人员。但在发生事故时,老王已从车上跳到车下,并进而被该车砸压致死,属于在车下发生的事故,此时的老王已不再属于车上人员。已经不适用于车上人员责任险。案例三:虽然在车外死亡但仍予以赔偿。一辆大客车在高速公路行驶中发生意外,坐在前排座位的一位乘客被从车内甩出,跌落在路面上,被这辆客车的后轮碾压致死。保险公司对该乘客做了赔偿,因为从事故发生到乘客被甩出车外直到被碾压致死是一个连贯的过程,虽然乘客是在车外死亡,但也属于车上人员责任险赔偿范围。除了上述情况外,如果司机紧急刹车造成本车人员伤亡,保险公司是不承担赔偿责任的,如果是因车与车发生了碰撞导致司机、乘客的意外伤害,车上责任险才能承担赔偿责任。而且投保车上责任险时,必须指明座位数,且不超过车辆核定的座位数。如果只投保了两个座位,但是却有三个人受伤,那么根据保险合同,也只能获得两个人的赔偿。

五、机动车盗抢保险

1. 机动车盗抢险概述

机动车辆全车盗抢险的保险责任为全车被盗窃、被抢劫、被抢夺造成的车辆损失以及在被盗窃、被抢劫、被抢夺期间受到损坏或车上零部件、附属设备丢失需要修复的合理费。

2. 机动车保险责任

保险期间内,被保险机动车的下列损失和费用,且不属于免除保险人责任的范围,保险人依照本保险合同的约定负责赔偿:

①被保险机动车被盗窃、抢劫、抢夺,经出险当地县级以上公安刑侦部门立案证明,满60天未查明下落的全车损失。

②被保险机动车全车被盗窃、抢劫、抢夺后,受到损坏或车上零部件、附属设备丢失需要修复的合理费用。

③被保险机动车在被抢劫、抢夺过程中,受到损坏需要修复的合理费用。

3. 责任免除

①下列情况下,不论任何原因造成被保险机动车的任何损失和费用,保险人均不负责赔偿:

a.被保险人索赔时未能提供出险当地县级以上公安刑侦部门出具的盗抢立案证明。

b.驾驶人、被保险人、投保人故意破坏现场、伪造现场、毁灭证据。

c.被保险机动车被扣押、罚没、查封、政府征用期间。

d.被保险机动车在竞赛、测试期间,在营业性场所维修、保养、改装期间,被运输期间。

②下列损失和费用,保险人不负责赔偿:

a.地震及其次生灾害导致的损失和费用。

b.战争、军事冲突、恐怖活动、暴乱导致的损失和费用。

c.因诈骗引起的任何损失;因投保人、被保险人与他人的民事、经济纠纷导致的任何损失。

d.被保险人或其允许的驾驶人的故意行为、犯罪行为导致的损失和费用。

e.非全车遭盗窃,仅车上零部件或附属设备被盗窃或损坏。

f.新增设备的损失。

g.遭受保险责任范围内的损失后,未经必要修理并检验合格继续使用,致使损失扩大的部分。

h. 被保险机动车被转让、改装、加装或改变使用性质等,被保险人、受让人未及时通知保险人,且因转让、改装、加装或改变使用性质等导致被保险机动车危险程度显著增加而发生的保险事故。

i. 投保人、被保险人或其允许的驾驶人知道保险事故发生后,故意或者因重大过失未及时通知,致使保险事故的性质、原因、损失程度等难以确定的,保险人对无法确定的部分,不承担赔偿责任,但保险人通过其他途径已经及时知道或者应当及时知道保险事故发生的除外。

j. 因被保险人违反本条款第五十八条约定,导致无法确定的损失。

③免赔率

保险人在依据本保险合同约定计算赔款的基础上,按照下列方式免赔。

a. 发生全车损失的,绝对免赔率为20%。

b. 发生全车损失,被保险人未能提供《机动车登记证书》、机动车来历凭证的,每缺少一项,增加1%的绝对免赔率。

4. 保险金额

盗抢险保费保险金额由投保人和保险公司在保险车辆的实际价值内协商确定。实际价值是指用新车购置价减去折旧金额的价格。

需特别注意的是,如果投保人的车是二手车,请按实际价值和购车发票金额的低者投保,保高了也不能赔偿那么多。

(1)新车购置价格

新车购置价是指在保险合同签订地购置与被保险机动车同类型新车的价格(含车辆购置税)。投保时的新车购置价根据投保时保险合同签订地同类型新车的市场销售价格(含车辆购置税)确定,并在保险单中载明,无同类型新车市场销售价格的,由投保人与保险人协商确定。

(2)车辆的折旧价格

车辆的折旧价格等于价款减去残值除以年限为年折旧额,再除以12个月折旧额,不足一个月的部分,不计折旧。最高折旧金额不超过投保时被保险机动车新车购置价的80%。

折旧金额=投保时的新车购置价×被保险机动车已使用月数×月折旧率

表2.7至表2.10为各类机动车月折旧表。

表2.7   家庭自用汽车损失保险条款月折旧率表

车辆种类	国家规定(年)	采用标准(月)
9座以下客车(含9座)	6.00%	0.60%

表2.8   非营业用汽车损失保险条款月折旧率表

车辆种类	国家规定(年)	采用标准(月)
9座以下客车(含9座)	6.70%	0.60%
低速载货汽车	16.67%	1.10%
其他车辆(10座以上)	10.00%	0.90%

表 2.9　营业用汽车损失保险条款月折旧率表

车辆种类	出租		其他	
	国家规定（年）	采用标准（月）	国家规定（年）	采用标准（月）
客车	12.50%	1.10%	10.00%	0.90%
微型载货汽车	12.50%	1.10%	12.50%	1.10%
带拖挂的载货汽车	12.50%	1.10%	12.50%	1.10%
低速载货汽车	16.67%	1.40%	16.67%	1.40%
其他车辆	12.50%	1.10%	10.00%	0.90%

表 2.10　特种车条款月折旧率表

车辆种类	国家规定（年）	采用标准（月）
矿山专用车	12.50%	1.10%
其他特种车	10.00%	0.90%

（3）盗抢险保费

盗抢险保费＝（新车价格−折旧费）×费率＋基础保费

表 2.11 是 2015 年保监会公布的部分地区的机动车盗抢险费率和基础保费。

表 2.11　2015 机动车盗抢险费率和基础保费（部分）

使用性质	车型	基础保费	费率
家庭自用车	6 座以下	120	0.49%
	6～10 座	140	0.44%
	10 座以上	140	0.44%
企业非营运客车	6 座以下	120	0.45%
	6～10 座	130	0.46%
	10～20 座	130	0.45%

例 2.7　一台 128 000 元的普通家用 5 座新车，全车盗抢险的保费＝128 000×0.49%＋120＝747.2 元；

例 2.8　一台 128 000 元的普通家用 5 座车，已经使用 2 年。那么续保时全车盗抢险的保费＝（128 000−128 000×6‰×24 个月）×0.49%＋120＝656.9 元。

5. 赔偿

（1）报险

被保险机动车全车被盗抢的，被保险人知道保险事故发生后，应在 24 小时内向出险当地公安刑侦部门报案，并通知保险人。

被保险人索赔时，须提供保险单、损失清单、有关费用单据、《机动车登记证书》、机动车来历凭证以及出险当地县级以上公安刑侦部门出具的盗抢立案证明。

（2）保险人按下列方式赔偿：

①被保险机动车全车被盗抢的，按以下方法计算赔款：

$$赔款 = 保险金额 \times （1-绝对免赔率之和）$$

②被保险机动车发生在盗窃、抢劫、掠夺过程中（后）发生的车辆或车上零部件、附属设备丢失需要修复的合理费用，保险人按实际修复费用在保险金额内计算赔偿。

例 2.9 10 万家用车举例，若车主投保了全车盗抢险，但未购买不计免赔险，提交凭证的时候未能提供汽车原始发票，那么他将得到保险公司的赔付为：

$$赔偿金 = 车价 \times （1-20\%-0.5\%） = 10 \text{万} \times （1-20\%-0.5\%） = 7.95 \text{万}。$$

（3）结案

保险人确认索赔单证齐全、有效后，被保险人签具权益转让书，保险人赔付结案。

被保险机动车发生本保险事故，导致全部损失，或一次赔款金额与免赔金额之和达到保险金额，保险人按本保险合同约定支付赔款后，本保险责任终止，保险人不退还机动车全车盗抢保险及其附加险的保险费。

六、机动车附加险

1. 机动车附加险简介

（1）机动车附加险定义

机动车附加险是指附加在基本险下的附加险种：它不可以单独投保，要购买附加险必须先购买基本险。一般来说，附加险所交的保险费比较少，但它的存在是以基本险存在为前提的，不能脱离基本险，基本险和附加险形成了一个比较全面的保险保障。附加险是针对基本险的部分责任免除而设置的，不能单独承保。

附加险条款的法律效力优于主险条款。附加险条款未尽事宜，以主险条款为准。除附加险条款另有约定外，主险中的责任免除、免赔规则、双方义务同样适用于附加险。

（2）基本险与附加险相对应的关系

附加险中，玻璃单独破碎险、自燃损失险、新增加设备损失险、车身划痕损失险、发动机涉水损失险、修理期间费用补偿险机动车损失保险无法找到第三方特约险、指定修理厂险等对应的是车损险，也就是说投保人只有参加了车损险，才能投保上述的险种。同样，车上货物责任险、精神损害抚慰金责任险等对应的是三者险。不计免赔率险是投保人投保了任一主险及其他设置了免赔率的附加险后，均可投保本附加险。

2. 玻璃单独破碎险

（1）玻璃单独破碎险定义

该附加险种是指保险车辆行驶或停放过程中，因受本车所载货物或他人的恶意行为、过失行为而致车身前后挡风玻璃、车门玻璃单独破碎（不包括天窗玻璃和车灯），应由被保险人承担经济损失的，保险人负责赔偿。玻璃破碎保险是以保险车辆的玻璃作为保险标的的一种附加保险。

（2）玻璃单独破损险的投保和保险责任

投保人与保险人可协商选择按进口或国产玻璃投保。保险人根据协商选择的投保方式承担相应的赔偿责任。

投保了保险的机动车辆在使用过程中,发生本车玻璃单独破碎,保险人按实际损失计算赔偿。一般情况:国产车按国产玻璃投保,进口车按进口玻璃投保,也可以本是进口玻璃按国产玻璃投保,则理赔时按国产玻璃赔。

在下列情况下,保险人将免除玻璃单独破碎险:灯具、车镜玻璃破碎;被保险人或其驾驶员的故意行为,以及安装、维修车辆过程中造成的破碎;玻璃险根据实际损失进行赔付,无免赔率;安装、维修机动车过程中造成的玻璃单独破碎。

3. 自燃损失险

（1）自然损失险定义

自燃损失险是指对于因被保险机动车电器、线路、供气供油系统发生故障或者车上所载货物自身原因起火燃烧造成本车的损失,保险人负责赔偿。

（2）自燃损失险的保险责任

①保险期间内,在没有外界火源的情况下,由于本车电器、线路、供油系统、供气系统等被保险机动车自身原因或所载货物自身原因起火燃烧造成本车的损失;

②发生保险事故时,被保险人为防止或者减少被保险机动车的损失所支付的必要的、合理的施救费用,由保险人承担;施救费用数额在被保险机动车损失赔偿金额以外另行计算,最高不超过本附加险保险金额的数额。

以下情况,不属于自燃损失险的赔偿范围,即免赔:

a.自燃仅造成电器、线路、油路、供油系统、供气系统的损失。

b.由于擅自改装、加装电器及设备导致被保险机动车起火造成的损失。

c.被保险人在使用被保险机动车过程中,因人工直接供油、高温烘烤等违反车辆安全操作规则造成的损失。

同时,本附加险每次赔偿实行20%的绝对免赔率,不适用主险中的各项免赔率、免赔额约定。

（3）保险金额和赔偿

保险金额由投保人和保险人在投保时被保险机动车的实际价值内协商确定。

全部损失,在保险金额内计算赔偿;部分损失,在保险金额内按实际修理费用计算赔偿。

4. 车身划痕损失险

（1）车身划痕损失险概念

车身划痕损失险,俗称车痕险,是指被保险车辆在使用过程中,造成的无明显碰撞痕迹的车身划痕损失,保险人依照保险合同按实际损失进行赔偿的商业保险。

投保人投保了机动车损失保险的机动车,可投保本附加险。

（2）车划痕损失保险责任

保险期间内,投保了本附加险的机动车在被保险人或其允许的驾驶人使用过程中,发生无明显碰撞痕迹的车身划痕损失,保险人按照保险合同约定负责赔偿。

车身划痕损失的赔偿范围有两方面:

①车辆在静止状态时,他人恶意行为划伤车身造成的损失,保险公司在实际损失范围内承担赔偿责任。比如:车辆停在小区,小孩淘气用锐器将车身油漆划坏,这种情况下如果保了该险种就能得到理赔。

②车辆在行驶中,不明物体造成的无明显碰撞痕迹的车身划痕损失,由保险公司在实际损

失范围内承担赔偿责任。但若车辆在行驶过程中因意外事故发生碰撞造成的划痕则属车辆损失险的赔付范围。

以下情况，不属于车身划痕损失险的保险范围，即免赔：

①被保险人及其家庭成员、驾驶人及其家庭成员的故意行为造成的损失；

②因投保人、被保险人与他人的民事、经济纠纷导致的任何损失；

③车身表面自然老化、损坏，腐蚀造成的任何损失。

同时，车身划痕险每次赔偿实行15%的绝对免赔率，不适用主险中的各项免赔率、免赔额约定。

（3）保险金额与赔偿

保险金额为2 000元、5 000元、10 000元或20 000元，由投保人和保险人在投保时协商确定。

在保险金额内按实际修理费用计算赔偿；在保险期间内，累计赔款金额达到保险金额，本附加险保险责任终止。

5. 发动机涉水损失险

（1）发动机涉水损失险的概念

发动机涉水损失险俗称涉水险，这个险种主要是指车主为发动机购买的附加险。它主要是保障车辆在积水路面涉水行驶或被水淹后致使发动机损坏可给予赔偿。

本附加险仅适用于家庭自用汽车、党政机关、事业团体用车、企业非营业用车，且只有在投保了机动车损失保险后，方可投保本附加险。

（2）发动机涉水损失险保险责任

保险期间内，投保了本附加险的被保险机动车在使用过程中，因发动机进水后导致的发动机的直接损毁，保险人负责赔偿；

发生保险事故时，被保险人为防止或者减少被保险机动车的损失所支付的必要的、合理的施救费用，由保险人承担；施救费用数额在被保险机动车损失赔偿金额以外另行计算，最高不超过保险金额的数额。

但同时列明"保险车辆因遭水淹或因涉水行驶致使发动机损坏"的，保险公司不赔。在暴雨灾害中，不少车主由于缺乏经验，车辆在水中熄火或二次打火导致发动机受损，遭遇保险公司拒赔。对于这种情况，保险公司称之所以拒赔，是因为车辆在水中打火会令积水从气门进入发动机造成损坏，属于车主失误操作，损失应由车主自担。

（3）保额与赔偿

①保额。涉水险以新车购置价作为保额进行投保，如经某保险公司审核确认的新车购置价为12万，则12万就是涉水险的保险金额，最高赔偿金额以机动车损失保险金额为限。

②免赔率。本附加险每次赔偿均实行15%的绝对免赔率，不适用主险中的各项免赔率、免赔额约定。

6. 新增设备损失险

（1）新增设备损失险的概念

本保险所指的新增加设备，是指保险车辆出厂时原有各项设备以外，被保险人另外加装的设备及设施。办理本保险时，应列明车上新增加设备明细表及价格。当你自己为车辆安装了空调、CD音响、防盗器、真皮座椅等不是车辆出厂时所带的设备时，可以考虑投保新增加设备损失险。投保后,在这些设备因事故受损时可以得到保险公司的赔偿。

(2)保险责任

投保了本保险的机动车辆在使用过程中,发生基本险第一条所列的保险事故,造成车上新增加设备的直接损毁的,保险人在保险单该项目所载明的保险金额内,按实际损失计算赔偿。新增加设备的实际价值是指新增加设备的购置价减去折旧金额后的金额。

(3)赔偿限额及处理

保险金额以新增加设备的实际价值确定,本保险每次赔偿均实行绝对免赔率。

7. 不计免赔险

(1)不计免赔险的概念

全称是不计免赔率特约险。承保的是事故发生后,对应险种规定的应当由被保险人自行承担的免赔金额,由保险人负责赔偿。

投保人投保了任一主险及其他设置了免赔率的附加险后,均可投保本附加险。

不计免赔通常指的是车辆保险中的不计免赔险:是一种商业险(车损险或三责险)的附加险。不计免赔险作为一种附加险,需要以投保的"主险"为投保前提条件,不可以单独进行投保,其保险责任通常是指"经特别约定,发生意外事故后,按照对应投保的主险条款规定的免赔率计算的、应当由被保险人自行承担的免赔金额部分,保险公司会在责任限额内负责赔偿"。

不计免赔分为基本险不计免赔和附加险不计免赔两种。

(2)不计免赔险保险责任

保险事故发生后,按照对应投保的险种约定的免赔率计算的、应当由被保险人自行承担的免赔金额部分,保险人负责赔偿。

但以下情况,应当由被保险人自行承担的免赔金额,保险人不负责赔偿:

①机动车损失保险中应当由第三方负责赔偿而无法找到第三方的。

②因违反安全装载规定而增加的。

③发生机动车全车盗抢保险约定的全车损失保险事故时,被保险人未能提供《机动车登记证书》、机动车来历凭证的,每缺少一项而增加的。

④机动车损失保险中约定的每次事故绝对免赔额。

⑤可附加本条款但未选择附加本条款的险种约定的。

⑥不可附加本条款的险种约定的。

机动车商业附加险除了上述险种外,还有精神损害抚慰金责任险、机动车损失保险无法找到第三方特约险、指定修理厂险等。

❓回答下列问题

(一)分析题

1.简述交强险的基本特点。

2.试分析示范条款与以前 A、B、C 条款的区别。

3.简述汽车商业保险各险种的基本内容。

(二)选择题

1.由机动车辆本身所面临的风险而产生的险种是(　　　　)。

  A.机动车辆损失险 B.第三者责任险 C.附加险 D.特约险

2.机动车辆保险合同是(　　)。

  A.定值保险合同   B.不定值保险合同

  C.定额保险合同   D.超额保险合同

3.投保商业第三者责任保险的车辆在倒车时车主将自己承包的工厂厂房撞坏,(　　)属于保险责任。

  A.一定是   B.不是

  C.不一定   D.应具体情况具体分析

4.有关续保的描述正确的是(　　)。

  A.续保对投保人可享受无赔款优待

  B.续保对保险人可减少展业、验车等工作,从而节约成本

  C.为防止续保后至原保险单到期这段时间发生保险责任事故,在续保通知书内应注明:"出单前,如有保险责任事故发生,应重新计算保险费;全年无保险责任事故发生,可享受无赔款优待"等字样

  D.以上答案都正确

5.根据《中国保险行业协会机动车综合商业保险示范条款》规定,驾驶员有以下(　　)情形时,发生的事故保险人不负责赔付。

  A.机动车驾驶人在机动车驾驶证有效期满后,驾驶车辆

  B.驾驶证载明的准驾车型与所驾驶的车型不符

  C.驾驶证被依法扣留、暂扣期间

  D.实习期内驾驶营运客车

(三)思考题

  事件:田先生驾车去山西的路上发生单方事故,经交警判定,田先生在本次事故中负全部责任。事故造成公路护栏损毁折合人民币1 500元,田先生受重伤,由于田先生为该车买了交强险和商业车险,于是他向保险公司进行索赔,请问保险公司将如何处理?

(四)综合训练

  小张新买了一辆雪佛兰克鲁兹新车,新车购置价约15万。小张准备给新车投保,请你为他设计几种投保方案,并帮助他计算车辆损失险、交强险、商业第三者责任险以及一些附加险的保费。

  投保险种设计方案表:

基本险	附加险	保　费
方案1		
方案2		
方案3		
方案4		

学生学习目标检查表

你是能否在教师的帮助下成功地完成单元学习目标所设计学习活动?
肯定回答
专业能力
说出交强险的定义和特点
理解机动车交通事故强制保险与商业第三者责任险之间的主要区别
说出汽车商业保险各险种的基本内容
描述示范条款与以前 A、B、C 条款的区别
理解机动车交通事故强制保险的基础费率
了解我国机动车交通事故强制保险的保险责任及免责
能正确计算机动车交通事故强制保险费
描述汽车商业保险的重要性
关键能力
你是能否根据已有的学习步骤、标准完成资料的收集、分析、组织?
你是能否通过标准,有效和正确地进行交流?
你是能否按计划有组织地活动? 是否沿着学习目标努力?
你是能否尽量利用学习资源完成学习目标?
完成情况 　　所有上述表格必须是肯定回答。如果不是,应咨询教师是否需要增加学习活动,以达到要求的技能。 教师签字＿＿＿＿＿＿＿＿＿＿＿＿＿＿＿＿＿＿ 学生签字＿＿＿＿＿＿＿＿＿＿＿＿＿＿＿＿＿＿ 完成时间和日期＿＿＿＿＿＿＿＿＿＿＿＿＿＿＿＿

项目 **3**
实施汽车保险的投保与承保

项目目标

知识目标:①认识保险单成交的流程。

②了解客户投保的主要方式。

③了解核保、续保和保险营销的相关知识。

能力目标:①为模拟客户合理地选择车险险种组合。

②能完成投保单的填写,并为其计算保险费。

素质目标:树立正确的工作态度,培养团队协作精神,提高学习新知识的能力。

拓展资源

有关合理选择车险险种组合及保险条款的资料,可查询文字或电子文档如下:

①各保险公司官方网站、中国保监会官方网站、介绍车险险种选择的汽车网站及论坛。

②各种介绍汽车保险的书籍、幻灯片及视频。

③各高校汽车保险与理赔的网络课程或精品课程。

可提供学习的环境和使用的设备

①多媒体教室。

②模拟谈判时使用的洽谈桌椅,合适的、足够的观察区域,扩音设备。

③安全的工作环境和工作场所。

④各大保险公司车险条款。

⑤各大保险公司保险费用表格。

⑥投保单。

⑦投保车辆。

任务设置

任务1　实施汽车保险的投保

任务2　实施汽车保险的承保

任务1 实施汽车保险的投保

任务目标

知识目标:①认识保险单成交的流程。

　　　　　②了解客户投保的主要方式。

能力目标:①为模拟客户合理地选择车险险种组合。

　　　　　②能完成投保单的填写,并为其计算保险费。

素质目标:树立正确的工作态度,培养团队协作精神,提高学习新知识的能力。

相关知识

案例导入

某日下午,车主李先生在4S店办完购车手续后,预备也在4S店办理保险理赔业务。李先生的本次理赔业务由4S店的理赔代办员小王来办理。小王在办理保险业务时,需要和客户沟通几个方面的问题:①汽车保险如何投保;②保险公司的承保环节;③向客户介绍汽车保险的种类;④协助客户选择汽车保险产品;⑤车辆保险金额的确定;⑥完成投保单的填写;⑦向客户解释出险时应注意的问题;⑧向客户解释新车办理保险和维修用户办理保险的区别。

小王通过整理,应该如何向李先生介绍保险办理的业务呢?

一、汽车保险单成交的流程

客户主动邀约或保险人主动邀约→保险人为客户解释险种的保险责任,并协助客户选择汽车保险产品→确定第三者责任险的保险限额和车损险的保险金额→计算保险费→填写投保单→核保→承保单据整理及保管。

二、汽车投保的主要方式

由于网络通信的高速发展,汽车投保的方式也不局限于以往的传统方式。在我国,汽车投保的方式主要有以下5种方式。

1. 网上投保

网上投保是最新的也是最便捷的投保方式,险种的选择、询价、订单等都在网上完成。它具有快捷、不用出门、保费相对较低的特点。但网络交易也存在一定的风险,必须找大型的网络服务提供商,填写准确的个人信息,在投保后要及时打电话咨询保险公司自己的车险情况,并在接下来的时间里注意查收邮件,因为网上投保的保单是通过邮件方式寄送给投保人的。

2. 营业厅投保

营业厅投保是最传统的投保方式之一,这种投保方式非常安全、可靠。采用这种方式投保,车主必须亲自到所选择的保险公司的营业厅办理相关的投保手续。如果去营业厅投保,一定要提前咨询都需要带齐哪些资料,避免反复地来回取资料而浪费时间和精力。

3. 电话投保

电话投保的方式比较方便快捷,服务态度好,且有专门人员上门服务。电话投保一般分两步办理:首先工作人员过来索取相关资料和签订合同并收取保费,其次回到公司办理承保手续,最后给客户送交保单。目前开通的电话投保号码有中国人民财产保险公司(4001234567)、中国平安财产保险公司(4008000000)、太平洋财产保险公司(4006095500)。在使用电话投保时一定要致电所要购买的保险公司,进行详细询问是否提供电话投保服务,确认后再联系,以免受骗。

4.4S 店投保

目前来说,4S 店投保是最主要的车险投保方式之一,车主可以在购买新车时同时投保。在 4S 店投保的好处是,一旦发生交通事故,该 4S 店会配备相关专业工作人员负责协助车主跟保险公司定损理赔,能为汽车提供比较标准的维修服务,也为被保险人节省不少的时间。

5. 中介投保

车险也可以通过保险中介投保。中介投保非常方便,只要你把相关资料交给中介,就可以让其代买保险。因为中介服务机构进入门槛低,服务质量参差不齐,鱼龙混杂,所以一定要选择那些口碑好、分店多,并且正规经营的中介。在购买保险后,应该通过电话查询或者去营业厅检验保单的真实性,再支付相关费用,谨防上当。

三、汽车投保险种的选择

对于投保人来说,在选择机动车保险时有更灵活的组合选择,由于交强险是强制性险种,按规定任何车辆都必须投保,其他的险种则在很大程度上依赖于车主的经济情况,根据自己的经济实力与实际需求有选择地进行投保。以下我们制订了几种机动车辆的保险组合方案。

1. 最低保障方案 A

组合险种:只投保交强险。

保障范围:只能在交强险的责任范围内对第三者的损失负赔偿责任。

适用对象:急于上牌照或通过年检的个人。

该方案的特点:只有最低保障、费用低,适用于那些怀有侥幸心理认为保险没用的群体。因此按最低要求投保了交强险。

该方案的缺点:一旦撞车或撞人,对方的损失能得到保险公司的少量赔偿,且赔偿限额仅限于交强险的范围内,超出部分和本车的车辆损失均由自己承担。

2. 最低保障方案 B

组合险种:交强险+第三者责任险 5 万元。

保障范围:基本能满足第三者的损失赔偿。

适用对象:担心自己对他人造成较大损失而交强险难以支付的。

该方案的特点:相对于 A 方案,该方案对于第三者责任险已经做了一定金额的转移,但遇到较大风险时可能仍难以抵抗。此外,对于本车的车损仍未做保障。

该方案的缺点:一旦发生事故,对方车辆有赔偿,而自己的车辆损失没有赔偿。

3. 基本保障方案

组合险种:交强险+车辆损失险+第三者责任险(10 万~20 万元)。

保障范围:投保了交强险和商业保险两个主要基本险,未含其他附加险。

适用对象：相对于 A 方案，该方案适用于部分认为事故后维修费用很高的车主，该组合可以同时兼顾自己的车辆损失和第三者的人身伤亡和财产损失，为大多车主的选择。

该方案的缺点：部分风险不包含在内，最好能加入附加险。

4. 经济保险方案

组合险种：交强险+车辆损失险+第三者责任险（20 万元）+全车盗抢+不计免赔特约险。

适用对象：适用于擅于精打细算、有一定经济基础的车主。

该方案的特点：选择最必要、最有价值的险种进行投保，保险性价比较高。

5. 最佳保障方案

组合险种：交强险+车辆损失险+第三者责任险（30 万元）+车上责任险（5 座/每座 5 万元）+挡风玻璃+不计免赔特约险+全车盗抢险。

适用对象：一般公司或经济条件较好的个人。

该方案的特点：在经济投保方案的基础上，增加第三责的保障到 30 万元，并附加了车上责任险和挡风玻璃险等附加险，使乘客和车损均得到安全保障。

6. 完全保障方案

组合险种：交强险+车辆损失险+第三者责任险（30 万元）+车上责任险（5 座/每座 5 万元）+挡风玻璃+不计免赔特约险+全车盗抢险+新增设备损失险+自燃烧损失险+全车盗抢险。

适用对象：机关、事业单位、大公司等。

该方案的特点：几乎与汽车有关的事故损失都能得到赔偿。

该方案的缺点：全险费用较高，某些险种出险的概率非常小。

四、填写投保单

投保人办理机动车辆保险时，应认真填写投保单。投保单是投保人向保险人申请办理保险的文字依据，也是保险人签发保险单的重要依据，同时还是保险合同的一个组成部分。因此，投保单上的各项内容要逐项填写清楚，如有涂改，须盖章更正。

以下是某财产保险股份有限公司车险的简易投保单（见表 3.1），供参考。

表 3.1　某财产保险股份有限公司车险投保单

被保险人：		地址：		电话：	
车种/制造年份	发动机号	牌照号码	颜色	用途	座位数/载重量
车损险	保险金额：			人民币：	
	每次事故免赔额：			人民币：	
第三者责任险	每次事故最高责任：			人民币：	
（其他险种）					
保险期限：＿＿＿个月　自＿＿＿＿年＿＿＿月＿＿＿日零时至＿＿＿＿年＿＿＿月＿＿＿日二十四时					
行驶区域：					
备注：					
投保人（签名盖章）：　　　　　　　　　　　　　　　日期：					

任务 2　实施汽车保险的承保

任务目标

知识目标:①学习汽车保险费的计算法则。

②了解核保、续保、保险营销知识。

能力目标:①能为客户完成核保工作。

②能为客户完成续保工作。

素质目标:培养团队协作精神,提高学习新知识的能力。

相关知识

一、各险种保费的计算方法

保险费是投保人为转移风险、取得保险人在约定责任范围内所承担的赔偿(或给付)责任而交付的费用;它也是保险人为承担约定的保险责任而向投保人收取的费用。保险费是建立保险基金的主要来源,也是保险人履行义务的经济基础。

计算保险费的影响因素有保险金额、保险费率及保险期限,这三种因素均与保险费成正比关系,即保险金额越大,保险费率越高,或保险期限越长,则应缴纳的保险费就越多。其中任何一个因素的变化,都会引起保险费的增减变动。

保险费率是指按保险金额计算保险费的比例。以财产保险为例,它是根据保险标的的种类、危险可能性的大小、存放地点的好坏、可能造成损失的程度以及保险期限等条件来考虑的。计算保险费率的保险金额单位一般以每千元为单位,即每千元保险金额应交多少保险费,通常用‰表示。

保险费率由纯费率和附加费率两个部分组成。纯费率也称净费率,是保险费率的主要部分,它是根据损失概率确定的。按纯费率收取的保险费叫纯保费,用于保险事故发生后对被保险人进行赔偿和给付。附加费率是保险费率的次要部分,按照附加费率收取的保险费叫附加保费。它是以保险人的营业费用为基础计算的,用于保险人的业务费用支出、手续费用支出以及提供部分保险利润等。这两部分费率相加叫作毛费率,即为保险人向被保险人计收保险费的费率。

1.费率拟定的基本原则

不同的保险产品有不一样的保险费率,保险费率的厘定工作由保险公司来完成,再通过人民银行的批准。保险人在厘定费率时要贯彻权利与义务相等的原则,具体而言,厘定保险费率的基本原则为充分、公平、合理、稳定灵活以及促进防损五大原则。

(1)充分性

这是指所收取的保险费足以支付保险金的赔付及合理的营业费用、税收和公司的预期利润,充分性原则的核心是保证保险人有足够的偿付能力。

(2)公平性

这是指一方面保费收入必须与预期的支付相对称;另一方面被保险人所负担的保费应与

其所获得的保险权利相一致,保费的多寡应与保险的种类、保险期限、保险金额、被保险人的年龄、性别等相对称,风险性质相同的被保险人应承担相同的保险费率,风险性质不同的被保险人,则应承担有差别的保险费率。

(3)合理性

这是指保险费率应尽可能合理,不可因保险费率过高而使保险人获得超额利润。

(4)稳定灵活

这是指保险费率应当在一定时期内保持稳定,以保证保险公司的信誉;同时,也要随着风险的变化、保险责任的变化和市场需求等因素的变化而调整,具有一定的灵活性。

(5)促进防损

这是指保险费率的制定有利于促进被保险人加强防灾防损,对防灾工作做得好的被保险人降低其费率;对无损或损失少的被保险人实行优惠费率;而对防灾防损工作做得差的被保险人实行高费率或续保加费。

2.汽车保险费的构成:交强险+车船税+商业险

(1)交强险的计算(见表3.2)

表3.2 交强险费率表(2008年制定)

家庭自用汽车	6座以下	6座以上	—		
	950元	1 100元	—		
非营业客车	6座以下	6~10座	10~20座	20座以上	—
企业	1 000元	1 130元	1 220元	1 270元	—
党政机关、事业团体	950元	1 070元	1 140元	1 320元	—
营业客车	6座以下	6~10座	10~20座	20~36座	36座以上
出租、租赁	1 800元	2 360元	2 400元	2 560元	3 530元
非营业货车	2吨以下	2~5吨	5~10吨	10吨以下	
	1 200元	1 470元	1 650元	2 220元	
营业货车	2吨以下	2~5吨	5~10吨	10吨以上	
	1 850元	3 070元	3 450元	4 480元	

(2)车船税的计算

目前,各地区的车船税税率有所区别,如北京市车船税税目税额见表3.3,重庆市车船税税目税率见表3.4。

表3.3 北京市车船税税目税额表(部分)

税 目		计税单位	年基准税额	备 注
乘用车〔按发动机汽缸容量(排气量)分挡〕	1.0升(含)以下的	每辆	300元	核定载客人数9人(含)以下
	1.0升以上至1.6升(含)的		420元	
	1.6升以上至2.0升(含)的		480元	
	2.0升以上至2.5升(含)的		900元	
	2.5升以上至3.0升(含)的		1 920元	
	3.0升以上至4.0升(含)的		3 480元	
	4.0升以上的		5 280元	

续表

税　目			计税单位	年基准税额	备　注
商用车	客车	中型客车	每辆	960 元	核定载客人数 9 人以上至 20 人以下
		大型客车	每辆	1 140 元	核定载客人数 20 人（含）以上
	货车		整备质量每吨	96 元	包括半挂牵引车、三轮汽车和低速载货汽车等
挂车			整备质量每吨	48 元	按照货车税额的 50% 计算
其他车辆	专用作业车		整备质量每吨	96 元	不包括拖拉机
	轮式专用机械车			96 元	
摩托车			每辆	120 元	

表 3.4　重庆市车船税税目税额表（部分）

税　目			计税单位	年基准税额	备　注
机动车	客车	排气量 1.0 升（含）以下的	每辆	120 元	核定载客人数 9 人（含）以下
		排气量 1.0 升以上至 1.6 升（含）的		300 元	
		排气量 1.6 升以上至 2.0 升（含）的		360 元	
		排气量 2.0 升以上至 2.5 升（含）的		660 元	
		排气量 2.5 升以上至 3.0 升（含）的		1 200 元	
		排气量 3.0 升以上至 4.0 升（含）的		2 400 元	
		排气量 4.0 升以上的		3 600 元	
		中型客车	每辆	500 元	核定载客人数 9 人以上 20 人以下
		大型客车	每辆	600 元	核定载客人数 20 人（含）以上
	货车		整备质量每吨	60 元	包括半挂牵引车、三轮汽车和低速载货汽车等
	挂车		整备质量每吨	30 元	
	其他车辆	专用作业车	整备质量每吨	60 元	不包括拖拉机
		轮式专用机械车			
	摩托车		每辆	36 元	

二、核保

核保即保险公司核保员依照国家有关法律、机动车辆保险条款及相关业务规定,在授权范围内,按照各公司制定的《核保细则》,对投保人和投保机动车辆的风险因素进行识别、评估,决定是否承保以及以怎样的费率承保。

1. 单证、条款、费率的核保

单证的核保主要包括验证和验车;核保的条款和费率为各保险公司申报经保监会批准颁发的机动车辆保险条款及费率规章,费率根据投保人填写的投保单,按《机动车辆保险费率表》,根据投保车辆的种类、使用性质等因素确定。

车辆承保流程与
工作内容

2. 可保利益的核保

核保员要核实投保人或被保险人对车辆是否具有可保利益,特别是保险标的发生租赁、转让、转销、变卖、抵押等情况时,核保人有权要求业务经办人员提供有关投保人及投保车辆的详细风险资料,以查明投保人或被保险人的可保利益是否存在。

3. 投保人与被保险人的资信和标的以往损失记录的核保

核保人员必须了解投保人、被保险人的经营管理情况以及经营作风,以决定承保条件。此外,核保员还必须建立被保险人的风险档案,登录被保险人的以往损失情况,以限制损失严重、车辆状况差的投保人投保。

4. 对标的风险的分类的核保

核保员在核保时要根据标的的风险程度决定是正常承保、附条件承保还是拒保。

5. 保险金额、赔偿限额的核保

对车辆损失险的保险金额按每年编制的机动车辆新车购置价格表核定,以防止超额保险。对于使用3年以上的专业营运车辆的车辆损失险的保额,以投保时标的实际价值的80%为限。对大中型客车以及运载危险物品的车辆,适当限制第三者责任险赔偿限额。

6. 对各种附加险的核保

7. 对双方特别约定的事项

如投保单的填写、业务经办员的签字、保险起讫期、验车报告等,也要认真审核。

在核保权限内,核保人核保完毕,在投保单上签署意见并签名,注明核保日期。对超过核保权限的,应上报上级公司核保。对需要分保的业务,按总公司的要求作分保处理。

三、续保

原保险合同有效期满后,投保人在原有保险合同的基础上向保险人提出续保申请,保险人根据投保人的实际情况,可对原合同条件做适当修改而继续签约承保的行为。

1. 发续保通知

业务员应在车辆保险临近期满前,以电话、信函、上门等方式向保险人及时发出续保通知,督促被保险人按时办理续保手续。

2. 续保享受无赔款优待的条件

(1)上一保险期限届满
(2)上一保险年度无赔款
(3)本年度办理续保

确定无赔款优待时应注意以下 4 点：

①如车辆同时投保车损险,第三者责任险和附加险,只要任一险种发生赔偿,被保险人续保时就不能享受无赔款优待。

②保险车辆发生保险事故,续保时案件未决,被保险人不能享受无赔款优待,但事故处理后,保险人无赔款责任,则保险公司应退还被保险人因享受无赔款优待应减少的保险费。

③一年期限内,发生所有权转移的保险车辆,续保时不享受无赔款优待。

④无赔款优待仅限于续保的险种。上年度投保而本年度未续保的险种和本年度新投保的险种,均不能享受无赔款优待。

四、汽车保险营销

1. 车险保费持续增长

近年来,随着国内汽车市场的快速增长和汽车保险意识的逐步深入,尤其是中国汽车保险费率制定和监管办法的改革,车险产品也走向多样化,从电销到网销,销售形式不断推陈出新,中国车险保费收入稳步增长,除了各保险公司直销车险业务外,各专业代理公司、兼业代理公司在车险业务量上也占据一定的市场份额,据统计约占 1/3,如图 3.1 所示。

以 2013 年上半年为例,产险公司保费收入(不含再保险)2 657.26 亿元,同比增长 16.84%;产险业务保费收入(不含再保险)2 543.01 亿元,同比增长

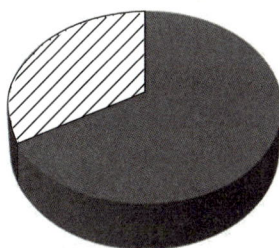

图 3.1 2013 上半年车险业务市场份额

16.11%;产险业务赔款 1 249.87 亿元,同比增长 25.1%;产险公司总资产 10 115.76 亿元,较年初增长 6.73%;2013 年上半年财产保险公司保费收入前十名见表 3.5。由此可以看出,中国产险正在以一个非常迅猛的速度发展。而车险几乎占据了大多数产险的份额,所以中国车险业务前景乐观。

表 3.5 2013 年上半年财产保险公司保费收入前十名

资本结构	公司名称	保费收入/万元
中资企业	人保股份	9 307 287.19
	平安财险	4 462 424.27
	太平洋财险	3 531 693.81
	国寿财险	1 314 505.69
	中华联合	1 298 083.41
	大地财险	818 931.13
	阳光财险	682 497.88
	太平保险	430 316.14
	天安	413 805.99
	英大财险	407 686.71

2. 保费收入增长,利润下行

车险市场保费收入依然保持了稳定的增长态势,但受新车销量增速放缓、车险费率改革、交强险对外资开放的影响,行业竞争进一步加剧,承保利润下滑、综合成本率上升问题也开始显现。人保财险、平安产险及太平洋产险依旧占据中资公司保费收入前三名,优势与往年一样仍旧明显。

车险保费及利润下行的趋势已经明确,总体利润将步入下行区间。使财产险公司纷纷寻找新的利润增长点:一是期待投资新政,争取更多的投资利润;二是调整财产险结构,大力发展非车险业务。

3. 未来发展趋势

根据国际先进国家的车险发展经验,预计我国车险行业发展趋势如下:

(1)未来趋势一　价格战短期内不可避免

各保险公司违规以高回扣、高手续费拼抢市场,使车险市场陷入混乱,以致一些保险公司在车险上亏本,而这种情况很可能将继续下去。

2009年7月1日,在人保财险、太保财险和平安财险联合发起下,38家财险公司签署了"车险自律倡议书"(以下简称"倡议书")。根据"倡议书",财险公司要严格执行手续费支付规定,交强险中介业务手续费支付比例不高于4%,商业车险中介业务手续费的支付比例不突破报批的产品精算报告中的上限,并据实列支,支付保险中介手续费时应取得"保险中介统一发票",不向未取得中介资格的单位或个人支付手续费。

但是行业协议约束力不强,是否能持续还是像之前几次的一样无疾而终。在保险行业的营利模式没有发生根本扭转的前提下,短期内价格战这种情况难以改变。"车险自律公约"虽经几次调整,但若想形成长效机制还很困难。缺失监管的车险市场,走入或扩展保险责任或降低费率的怪圈很难避免。

(2)未来趋势二　电销牵头,直销方式份额将增长

大多数保险公司此前在车险业务上过分依靠传统渠道,利用中介代理销售其保单业务。

然而,随着车险等市场竞争升级,传统的保险中介渠道恶意压低价格,造成各家保险公司在车险业务上普遍亏损。如何摆脱对中介的过分依赖,成为扭转亏损局面的关键。

随着电话直销方式逐渐被消费者接受,以电销为代表的新的直销渠道成为产销公司扭转被动局面的武器。

直销方式在美国已很普遍。现在美国主要有3种直销方式:一是利用互联网发展车险市场的B2C模式。美国车险业务约有30%都是通过这种网络直销方式取得的;二是利用电话预约投保的直销模式。这种模式的优点在于成本较低,不需要大量的投入去构建网络平台;三是由保险公司向客户直销保险。保险公司的业务人员可以直接到车市或者以其他方式,把车险产品直接送到客户的面前。

在国内,电话直销保费比传统渠道便宜15%。保监会明确规定,拥有电话直销车险牌照的公司,其报价可以在国家最低7折限制下再降15%。据统计,目前,已有平安、人保、太保、太平洋、大地、阳光等7家企获得了车险电销的资格。此外,还有一些不知名气的中小保险公司也加入了电话车险的大军。而电子商务、系统内交叉销售等其他直销形式也逐渐在车险

行业兴起。

随着各大产险公司对直销方式的重视,传统的中介机构受到挤压并逐渐萎缩。中国保监会《2009 年一季度保险中介市场发展报告》中数据显示:多年来,持续上升的保险专业中介机构数量开始出现下滑。例如,保险代理公司在今年一季度退出了 43 家,其中 24 家因为经营不善等原因主动解散。一季度中,保险代理公司和经纪公司实现保费的 99.69 亿元,仅占全国总保费 3.04%。

多家主流产险公司在接受搜狐汽车的独家采访时,均表示了对电销为代表的新直销渠道的重视。直销取代中介销售渠道的苗头开始在车险领域蔓延。

（3）未来趋势三 差异化费率定价区分客户,险种多样灵活

虽然从 2002 年我国已经开始推广费率市场化。但这一政策推行后导致的价格战等负面作用一直成为国内车险市场发展的桎梏。目前我国保费费率厘定过于单一,而自身过失车祸产生的不良记录、容易被偷或常涉及车祸的产品、经常更换保险公司等都会对保险的费率产生影响。以差异化费率定价区分客户有待实现。

国外保险公司比较通行的一种做法是费率自由化。即按照“契约自由”的原则,各保险公司自己决定汽车保险的费率。如果一家保险公司不顾自身实力和汽车保险市场的客观环境,大打“价格战”,那无异于自取灭亡。使保险公司的利润合理化,让利于广大消费者。同时做到优胜劣汰,迫使保险公司在产品创新、销售、服务、成本管理等方面有所提高。

汽车品牌保险等级在国外早已成为消费者选购汽车时的一个重要参考指标,而国外各大汽车厂商为了保证品牌的市场占有份额,也纷纷把这些问题作为技术课题着力加以研究解决,以提高自己产品的保险等级。

车险费率与城市车辆规模相关联。除少数几个大城市外,私人轿车只占很小的比例。车险费率与城市车辆规模建立联系,从而实现控制大城市私车量,发展二三线城市市场的目的。

此外,一些国家在制定个人汽车保险费时,会充分考虑驾驶员的年龄、性别、婚姻和驾驶安全记录等情况,甚至未婚男性中最年轻的驾驶人费率最高。目前其他国家正在实行的差异化费率标准也许会成为未来车险发展的一个方向。

（4）未来趋势四 行业监管力度加大

当前车险市场体系不完善、市场主体竞争力不强、服务能力有待提高,尤其是车险市场秩序问题亟待解决。

为了保证市场的良性发展,政府出台了相关政策保证车险价格的差异额度。2013 年 8 月,上海率先实施车险手续费监管,之后天津、安徽、辽宁、湖南、湖北等地纷纷开展行业自律,北京、浙江等多个城市将手续费监管纳入议程。按照保监会规定,各保险公司执行车险费率构成中“15+4”的手续费标准,即商业车险代理手续费上限不超过 15%,交强险代理手续费上限不超过 4%。

而从监管部门角度来讲,单纯的价格管理手段已经越来越乏力。中国保监会的统计数据显示,目前约有 20% 的车险赔款属于欺诈,仅北京市在 2003—2006 年,骗赔造成的保险损失约有 28 亿元。目前,监管部门正联合酝酿新措施,以阻止车险骗保。

对车险中介机构的监管未来也将进入监管范围。在行业内,车险中介的一些违规经营行为给财险公司造成了直接或间接伤害,车险中介经营行为整顿也成为“监管之剑”所指方向。

4. 解决及应对策略

（1）建立基础数据库，实现数据共享

尽管国内车险经营已有 20 多年，但从整体来看，国内车险费率历来是从车因素设计，从人因素近期才开始设立的。保险公司用于费率厘定的风险基础数据不齐全，客户资源管理所需的客户数据真实性不高。因而，当务之急是做好数据的收集整理工作，建立一个完备的全国基础数据库，并与车辆管理部门、交通管理部门实现数据共享。

同时保险公司还应加强与外部机构的合作。美国的 ADP、CCC 公司的车辆定损系统就与保险公司实现了联网。美国 Progressive 公司与修理厂电脑联网，保险公司可查询修理厂的维修排班情况。日本保险公司的理赔中心与专业机构的损害查定中心实现了电脑联网。

（2）加强监管，完善差异化费率

总的来说，进行车险差异定价有 3 种方案：一是按照不同的价格，直接把同种车险产品卖给不同的投保人；二是对同一车险产品在不同时间、不同地域索取不同价格；三是针对不同被保险人群体，对保险产品作适应性调整，分别索取不同价格。在车险定价中，以精算为基础，在控制定价风险的前提下，根据需求差异进行定价，可使保险公司实现更好的赢利。

（3）加大市场拓展力度，建立多形式、多层次的营销渠道

目前机动车辆保险 70% 靠车行作为兼业代理销售，可以说得车行者得市场，因此给车行一个有吸引力的手续费一直是保险公司抢夺市场的主要手段。只要车险通过车行代理销售的销售渠道没有重大的变化，保险公司受制于车行的局面就不会改变。营销方面，两年来电话投保、网上投保、银行代理保险等新型营销方式发展迅猛，正向国际化的服务标准接轨。

利用电话预约投保的直销模式，这种模式的优点在于成本较低，不需要以大量的投入去构建网络平台。保险公司可以设立车险的热线咨询电话，加大宣传力度，争取能够达到用户主动打电话投保的目的。当然最好是建立一个免费的全国统一的热线电话。中国人民保险公司耗资几亿元人民币，设立了由 1 800 条电话线、遍布全国 36 个省市分支的 320 个呼叫中心、2 000 多专线信息员构成的人保"95518"专线服务网络，在国内保险业中首家推出了全国统一的 24 小时保险服务专线电话，极大地满足了客户的需求，促进了业务的增长。

（4）车险实行理赔社会化和专业化

综观全球，目前国外保险公司基本上不再管理车险理赔业务，一般是委托给专业车险公估公司操作。在香港，95% 以上出险车辆的查勘定损是由专职的车险公估行来做；韩国《保险法》明确规定保险公司应聘用理赔公估人员对保险事故的损失及保险金额进行公估，或者委托从事理赔公估事务的专业人才担任此项工作。这些做法不仅降低了不合理的赔款，在保证保险公司偿付能力方面成效显著，同时也给客户提供了公平、高效、优质的服务。

（5）转变经营观念，再造车险业务流程

车险公司应首先树立"重效益，轻规模"的经营理念根据管理学的"黄金理论"，公司 80% 的利润来自 20% 的业务。众所周知，传统的保险费公平定价是以大数法则为基础的，即随着同类被保险人数量的不断扩大，保险人可以将从大量被保险人处收集到的保险费，分摊到少数发生损失的被保险人。对于保险公司而言需要的是更多的优质保单，同时减少垃圾业务，从而降低赔付率，实现公司赢利能力的最大化。因此，只有首先在管理思想上真正树立起"重效益，轻规模"的理念，才能实现车险公司稳定、健康地发展。

案例:一种新型的车险销售模式——"电话车险销售"将于4月11日登陆某市。凡市区私家车主只需拨打4008-000-000电话即可投保车险,客户足不出户,便可顺利完成从咨询到投保的全部手续。

据推出这一新型车险销售模式的某保险股份有限公司介绍,该"电话车险"是经过中国保监会于2012年7月31日批准,率先在国内推出的第一个专用电话销售的车险产品。迄今,全国有50余个城市实施了一新型的车险销售模式。

该"电话车险"最大的好处在于,它省去了传统车险的中间环节,直接让利车主,使车主在体验便捷投保的同时,更可享受到比传统保险渠道更低的价格。据介绍,这种车险销售模式比传统的模式可为客户再多节省15%的保费,其保险责任与其他渠道完全一致。

5. 汽车保险营销渠道概述

(1)保险营销渠道的定义

保险营销渠道是指保险产品或服务从保险公司向终端客户转移过程中所经过的,由各个中间环节连接而成的路径。包括保险公司自设的销售机构和中介机构。

保险营销渠道的成员包括保险公司、保险中介、保险消费者。

(2)保险营销渠道的职能

保险营销渠道的职能有以下5个方面:

①提高交易效率,降低交易成本;

②使保险产品能够看得到买得到;

③各种渠道协同销售;

④分担风险;

⑤营销渠道是保险公司的无形资产。

6. 汽车保险营销渠道分类

(1)直接营销模式

直接营销模式是指通过保险业务员、电话、信件、短信、报纸、杂志、电视、网络等媒体直接向顾客提供信息,通过获得顾客的答复达成交易的销售方式。电话、网络营销虽然是车险市场中新近兴起的一种销售方式,但是最引人关注的一点是不论用网络或是电话的方式,保险公司都能直接和客户沟通而不需要通过第三方代理人或者经纪人。节约下来的手续费可部分反馈给被保险人,更能显著地改善整个车险行业的赢利情况,提高本身的抗风险能力。

1)个人营销模式

个人营销模式的发展经历了"正式聘用制"和"个人代理制"两个阶段。其中,"正式聘用制"属于直接营销模式,而"个人代理制"属于间接营销模式。

①"正式聘用制"。该制度主要存在于我国20世纪80年代的人寿保险业和90年代至今的财产保险业,是指保险公司雇用业务员作为其正式员工,按照"相对营业佣金制"领取固定薪酬,同时按照销售业绩获得奖金。保险公司和业务员之间存在雇佣关系,作为正式员工的业务员与其他员工之间没有区别,还可以凭借自己的努力获得晋升机会,同时心理状态也可以保持稳定,对所属公司有较强的归属感。但这种个人营销机制的运作要求保险企业具备完善的经营管理机制,这正是我国保险业普遍缺乏的。

②"个人代理制"。"个人代理制"是保险公司通过签订代理合同委托个人代理人从事保险产品的销售,采取"相对营业佣金制",按照个人代理人的销售业绩给予提成。这种营销机

制于1992年由美国友邦公司引入中国国内保险公司中,平安公司率先以这种方式开展寿险营销,随即原中国人民保险公司在上海分公司进行了寿险营销试点,并于1996年开始向全国各分公司予以推广。在这种营销模式下,个人代理人和保险公司之间并不存在雇佣关系,通常也不享受保险公司的福利待遇,但却接受保险公司的日常管理和考核,造成个人代理人在保险行业边缘人的地位。这种营销机制能够发挥个人代理人工作的积极性和主动性,但对企业缺乏归属感和认同感却成为今天个人代理人业务和管理中普遍存在的问题。

2)电话营销模式

电话营销是直复式营销模式中的一种。直复式营销是指营销者通过使用客户数据库、在分析客户购买行为和需求的前提下,综合利用一种或几种广告媒体,例如电话、短信、电视、报纸、广播、直邮、电邮、户外活动或优惠券等媒介,直接与顾客进行有针对性的接触,形成顾客主动向营销者咨询购买或营销者主动邀请顾客购买的营销模式。2006年中国平安保险公司率先推出电话营销这一新型营销模式,随之各大保险公司陆续推出。电话营销的车险具有省钱、便捷、可靠的三大优势。例如,中国平安财产保险股份有限公司推出的电话销售的车险产品,车主只要拨打电话就可享受到低于其他渠道15%的车险投保费率。而且,由于保险公司与车主直接交易,省去了购买车险的中间环节,兼具价格与服务的双重优势。而这一销售模式也打破了长期以来4S店等中介机构销售车险的垄断局面。

电话营销不仅符合市场多元化需求,更是市场走向有序竞争的产物。从全行业角度来看,集中式管理的电销业务,由于实行的是集中管理和统一运作,会有效促进车险业务的规范、有序发展,起到维护市场规范的作用。电话营销的缺陷主要是语境缺失和对推销商本人及他提供的情报缺乏全面的了解。在不在场条件下的沟通困境主要来自电话的另一端连接的是一个虚拟化的世界,这种虚拟化情节没有在场的语境难以消除。

3)网络营销模式

网络营销是直复式营销的最新形式,是企业营销实践与现代信息通信技术、计算机网络技术相结合的产物,是指企业以电子信息技术为基础,以计算机网络为媒介和手段而进行的各种营销活动。网络营销已逐渐被我国的企业所采用。

网上保险通过网络实现投保、核保、理赔、给付。客户在保险公司网站选定保险业务,然后由业务员上门签订正式合同。网络营销的优势在于:扩大公司知名度,提高竞争力;简化保险商品交易手续,提高效率,降低成本;方便快捷,不受时空限制;为客户创造和提供更高质量的服务。然而,网络保险在广泛发展的道路上还面临着许多劣势:一是网上支付系统不完善,这被视为网上保险发展的瓶颈;二是网上安全认证问题可靠程度不高;三是电子商务相关法律法规不健全。

真正意义上的网上保险意味着实现电子交易,即通过网络实现投保、核保、理赔、给付。但现在虽然各保险公司都推出了自己的网站,其主要内容却大都局限于介绍产品、介绍公司的背景,并与客户进行网上交流,宣传自己,用于扩大影响。近年来国内保险公司中在这一领域走在前列的是泰康人寿和平安保险。在他们看来,网上保险并不是简单地将传统保险产品嫁接到网上,而是要根据上网保险人群的需求以及在线的特点设计产品结构。保险公司的电子商务平台不是企业从传统到网络的一次简单移植,而是为客户提供产品、渠道和服务上的更多选择。

（2）间接营销模式

该渠道主要有汽车经销商修理商、银行、保险超市、保险代理人等。按照其经营性质的不同，可分为专业保险代理机构和兼业保险代理机构。

1）专业保险代理人模式

保险代理人指通过专业的中介人（个人保险代理人、保险代理公司和经纪公司）销售保险产品，是当今国际保险市场最盛行的保险营销模式。根本原因在于专业化的分工有利于保险公司集约化的经营。我国专业保险代理人和保险经纪人是20世纪90年代后逐步发展起来的，现在保险代理和保险经纪公司发展很快，但业务规模的扩展仍然停滞不前，尤其是在车险营销领域，还没有成为我国保险行业营销模式的主流。

2）保险兼业代理制度

保险兼业代理在我国目前保险销售体系中占有重要的地位。2005年前三季度，保险兼业代理全国实现保费收入890.79亿元，占总保费收入的26.67%。其中财险保费收入228.94亿元，占全国财险保费收入的28.19%。同期，全国兼业代理机构共139 313家。其中，银行兼业70 726家，邮政兼业13 270家，车商兼业8 979家，铁路兼业1 022家，航空兼业794家，其他兼业19 151家。

汽车经销商、维修商代理模式是车险营销的主要模式，主导车险市场70%的市场份额。兼业代理模式的优势在于网点众多、接触客户广泛、业务量大；缺点在于保险公司容易受制于兼业代理，手续费不断攀升，加上二者关系松散，兼业代理误导和违规行为很难控制，容易游离于监管之外。

目前，汽车保险已成为一些汽车销售商修理商主要利润来源之一。这种方式的弊端很明显。首先，从买保险到发生保险事故索赔的整个过程中，被保险人可能都不用和保险人联系，报案、索赔、领取赔款的人都不是被保险人，而是4S店和修理商，这种被称为"直赔"的方式在保险业极为普遍。直赔很大程度上方便了被保险人，免去了被保险人要先支付修车款，再向保险公司索赔的烦琐过程，因此受到客户的青睐，也是各保险公司提升服务品牌的举措之一。

此外，这种约定俗成的方式存在极大的法律缺陷，也给保险公司带来了一系列的道德风险——让保险公司受制于4S店等兼业代理机构，为兼业代理机构谋取不正当利益提供了空间。我们知道，兼业代理机构收取保险佣金是其代卖保险的利润来源。在保险产品普遍同质化、保险理赔模式雷同化的前提下，客户选择保险公司的最终决定因素就是人的主观性——选择一家与自己有私人关系的公司或者佣金回报高的公司，私人关系最终还是以利益的多少来衡量。所以在几家保险公司同时争抢同一家保险代理人时，这种竞争方式本身就逼迫保险公司采取降价的方式争取客户。

这种兼业代理的模式一方面为车险营销扩大市场份额提供了有效渠道，另一方面也为保险市场的恶性竞争埋下了伏笔。

3）银行代理及邮政代理模式

银行渠道时下拥有10万家机构网点、15万亿元储蓄，邮政渠道拥有8万家机构网点、1.5万亿元储蓄，这无疑对保险业发展壮大有重要意义。但由于当前银保合作还处于浅层次，银邮代理业务高速增长蕴藏了大量风险问题，导致这一渠道的优势没有完全发挥。问题主要有：一是资金运用风险，大量增加的保费收入如果在投资上运用得不好，就会产生和积累新的利差损；二是手续费问题，现行的高手续费造成了保险公司为银行"打工"的事实。

4）网上保险超市

网上保险超市的出现是中国保险业探索保险销售模式的一个新的尝试,是电子商务进入传统保险销售领域的先河。起初由江苏平衡保险代理有限公司与上海经代网络科技有限公司创立。这种保险销售方式得到了中国人保、太平洋寿险、太平寿险等国内数十家保险公司大力支持。

网上保险超市是一种方便快捷的销售新模式,它提供了一个中间代理人品牌,但却省去了代理人等中间转化的费用和时间,降低了自身销售成本,从而使用户可以以最低廉的价格享受到全方位的服务,例如投保咨询、24小时无盲点救援等。通常,网上保险超市拥有一支经验丰富的保险专家队伍,接受顾客的咨询,予以解答并提供各种建议。仅2006年一年,车盟通过运用互联网和大型呼叫中心联动平台销售的车险收入就达到1 200万美元。

5）其他营销方式

2006年8月2日某保险推出特殊"试驾"活动创新车险营销。除了传统的理赔服务外,还提供全面的汽车安全服务,如自助查勘服务,汽车安全驾驶模拟仪巡展体验,以及汽车安全工程师的全面讲解。通过操作模拟仪,可以发现驾驶员在驾驶过程中的不安全行为,仪器还会给出有针对性的指导意见,帮助驾驶者提高驾驶水平,掌握正确驾驶方法。太平保险指出,目前车险对交通安全体系的参与度不够,保险公司的角色应由汽车保险提供商向汽车安全服务提供商转变。

7. 汽车保险营销策略

在保险业细分市场的过程中,主要的思路就是通过建立科学的指标体系,运用科学的方法进行市场的划分,使得同一类型中的市场具有较为相似的市场特点和市场成熟度;不同类型的市场之间差别相对较大,显示出比较明显的差异。而这种市场特点和市场差异就代表着市场的不同形态和不同需求。目前应对公司的贡献或能否尽快形成竞争优势来划分重点和非重点区域。有限的资源和力量应投入到产出大的地区,扩大成果,而不是扶贫。不在于跑马圈地,而在于精耕细作,讲成功率,高端市场、中产阶层,买得起、接触得到。在激烈竞争的保险市场上,无论实力多么雄厚的保险公司也不可能占领全部市场领域,每个公司只能根据自身优势及不同的市场特点来占领其他市场。

（1）以网络营销为主的营销策略

网络营销是保险产品直销的一种形式,它利用计算机网络技术,全天为客户提供所需要的信息:各保险公司的简介、保险产品的承保范围、价格等,进而促成客户的购买行为。这不仅仅是技术上的创新,而是营销理念的进一步发展。其理念是时时把握客户需求的动态变化,在提供售前、售中和售后服务的同时预测需求的变化,从而开发出更能满足客户需求的保险产品或服务。网络的作用不仅是一种技术的革新,而且它创造了保险产品时间效用和空间效用,使产品的生产与销售快速相衔接,降低保险人与投保人的交易成本,从而促成交易。它能够更加贴近客户的需求。它不但能发布客户所需的信息,建立起巩固的客户关系,并能全天24小时为客户提供高效的服务。产品的功能可以在网页上介绍,渠道是方便快捷的网络,通过网上银行尽快达成交易、广告。公共关系也可以利用网站的视频来提供给客户。

但网络营销也存在一些问题及网络安全问题。一是客户支付的问题:客户可以通过电子签名来交易,但是我国相关电子签名法律还不完善,未能达到安全交易,二是随意调用或恶意修改内部网络资料的问题:可以在内部网和因特网之间采用加密技术、防火墙、数字签名和访问控制等技术。此外,对于风险大、技术含量高、保险金额大的保险标的不适于网络保险。因为虽然保险法规定投保人有义务如实将标的的实际情况告诉保险人,但是投保人为了自身的利益而隐瞒不利于其投保的信息:不讲家族遗传病、车辆的实际使用年限、企业防灾防损的措施等,这无疑会给保险公司带来潜在且难以控制的经营风险。

1)结合人员营销

要有专门的人才对风险大、技术含量高的保险标的进行实际考察,可以防止投保人保留不利于投保的信息。在公司中,主要由一个团队来完成,这一团队中有各方面的专业人才。另外,他们的营销对象还包括企业、事业等单位。

2)结合电话营销

通过电话营销来解决网络安全的问题。通过电话录音,可以与客户协商核实之后或者由专门的销售人员亲自去让客户亲手签字,才能进行交易。

3)结合短信营销

结合短信营销来扩展销售渠道。当客户在网上看到感兴趣的保险产品,可以依据网上所留的短信发送程序,便可以达成交易。太保寿险在北京、上海推出"世纪行"B 款之"钻石公务""出行无忧"等小额意外险产品。此外,还可以用短信来推荐险种、续缴通知等。

4)结合客户关系管理

利用网络收集的信息来进行保险产品的改进或创新。我们可以根据客户所关心的内容来设计保险产品所保障的保险责任或者保险金额。泰康人寿保险公司收集到人们关心旅游中的安全方面的信息,以及中国国旅旅行救援中心推出附加救援服务的旅游保险。

(2)以信息共享为主的金融集团营销策略

在经济全球一体化的背景下,网络、信息技术的发展促使保险公司的销售方式发生改变,使银行、邮政等拥有原先专业性很强的资产通过代理各种收费、共享信息等来获得更多的利益。某保险公司通过这种方式开辟了一个新的销售渠道。根据保险公司和银行协作程度的不同分为三个层次:第一,只是与银行签订委托代理销售合同。银行只能获得相应的代理费,对保险产品的销售情况不太关心。第二,在委托代理的关系上,进行共享客户信息,从而扩大潜在的销售收入。第三,建立有统一战略的金融集团。通常有两种方式:一种是银行(保险公司)通过兼并或收购保险公司(银行)来形成金融集团;另一种是双方共同出资建立一个新的股份公司,这个公司服从两者的战略需要。

金融集团营销的核心是围绕保险产品功能的衍生性不断增强,利用银行、证券、基金等的销售网络来扩大经营范围,为客户提供储蓄、投资等不同功能的金融产品。

①共享客户资源;

②信息渠道整合;

③加深合作。

加深合作不仅是加深渠道的合作,而且要在产品研发、投资组合等方面进行加深合作。

(3)以客户关系管理为主的关系营销策略

1)客户关系管理营销的运作方式

客户是公司利润的来源,能否获得客户,并与客户建立良好的客户关系,是公司经营成败的关键。现在的保险市场属于买方市场,这主要是由于产品的同质化,客户的个性化,寻找客户的盲目性等造成的。客户关系管理指保险公司通过收集现有客户和潜在客户的资料,以便了解客户的需求以及变化趋势,从而为客户提供适合其需求的产品或服务。客户关系管理的核心是客户,目标是积极开发新客户,并且赢得客户的忠诚度。在积极开发新客户的同时,一定要维系老客户,因为开发新客户的成本是维系老客户成本的5倍。

数据库营销是指通过电脑化的资料库系统,有计划地收集与分析顾客的需求与偏好,并且随时更新顾客资料,以便能够有效、及时地回应顾客需求或抱怨反馈的过程。在数据库中,资料要有每位客户的自然情况及年龄、职业、喜好、家庭成员等,不仅有投保的书面资料、理赔申请资料等,而且还记录了电话、传真等联系方式、人员推销时与客户接触的全过程以及客户的建议与抱怨等。这些资料可以利用计算机进行数据挖掘来管理。根据客户与公司发生业务次数、金额判定不同的服务等级。越是与公司交易数额大、次数多的客户就越会给公司带来潜在的利润价值,因为这样的客户通常对公司忠诚度很高,并且能影响周围的人到保险公司投保。只要公司能够不断地根据老客户的需求变化对多提供的服务作出相应的调整,那么就可以变其周围的潜在客户为现实客户。

在数据挖掘阶段,保险公司在掌握大量、真实信息的基础上,即数据库,进行分类整理,以便从中挖掘有价值的信息,并建立相关的模型,从而为产品创新、渠道创新提供依据。

2)客户关系管理营销的基本策略

①维持老客户策略。初步统计,开发新客户的营销成本是维持老客户营销成本的5倍。保险服务是一种长远投资,当老客户能终生购买保险产品或保险服务,那么公司的获得不仅是一种产品的利益,而是顾客的终生价值。当然,开发出的新客户也会逐渐成为老客户,这时,维持老客户显得更为重要。

②开发新客户策略。开发新客户才能获得保费新来源,从而进行公司运营。新客户的争取途径大致有三种:第一,通过对客户资料的分析,分为潜在客户、准客户、一般客户。对准客户采取电话访问、邮寄的方式来针对性推销。第二,利用已有客户的口碑宣传。这些客户有很强的说服力,因为他们亲身体会过公司的服务。第三,人员推销。保险营销人员要具备专业保险知识和敏锐的观察能力,通过询问和倾听来识别所接触的客户能否成为新客户。

③加强营销、服务渠道管理,营造忠诚、稳定、高质的客户关系。市场营销是企业对潜在的、不可控因素,在充分调研和市场细分的基础上,将已知的、可控的企业资源按照市场需求进行整合的一种管理活动。对服务业企业来讲,服务本身就是产品。因此服务的本质是向顾客售出无形产品,通过买卖双方的互动关系给顾客提供一种便利和带来精神与心理方面的享受,从而扩大销售。保险企业最重要、最本质的服务是风险保障服务,其核心是承保与理赔服务。在承保与理赔环节中逐步树立起以客户为中心的营销理念,首先,应培育良好的企业形象。企业形象给社会公众提供了一种视觉表现,体现了企业的经营理念和文化精神,是一种不可忽视的商业文明,对社会公众的消费心理也起着很重要的导向作用。树立良好企业形象,应在创新经营理念、改善营业环境、提高服务人员综合素质、交易过程诚实守信、服务人员行为举止规范、树立名牌意识等方面抓起,通过良好的企业信誉和形象赢得更多的客源。其次,应注重情感服务,加强市场消费指导。保险服务人员应加强对客户的感情投资,全过程、全方位地为他们提供便利和解决实际问题,以激发他们的投保热情。最后,应重视售后服务。承保后服务的好坏,不仅影响本期合同的效力,也在一定程度上影响合同的延续性。因此,诸如建立承保后定期回访和提醒制度,提出防灾防损及续保建议、咨询,提高理赔的及时性、准确性等措施,会进一步融洽客户关系。

(4)以持续改进服务流程的服务营销策略

1)员工(服务提供者)的满意度

介绍保单、提供理赔等服务是由员工来提供给客户的,因此没有员工的满意,就没有客户的满意。公司要将经营理念、服务流程及其标准融入对员工的培训内容中,使员工与客户的每一次接触都能够展示公司的形象,尤其要不断地进行专业知识培训。要积极地响应客户的要求,否则,就被客户认为有意推迟,从而对服务的评价大打折扣。为了使员工满意,公司应当为他们提供同行业有竞争力的薪酬。这可以使他们愿意按照公司的要求来为客户服务,并且愿意提供其他的附加价值。另外,还要营造和谐融洽的氛围,使员工具有归属感。总之,公司要采取各种方式来使员工满意,进而使他们忠诚自己的公司,从而使公司稳健地经营。

2)无形产品有形化:有形展示

由于保险产品的无形性使得保险公司必须积极地通过各种有形的方式进行展示保险产品的内在特性,从而有利于保险产品的销售。展示的载体应当反映保险的特征、引起客户的注意并促成购买。除了上文提到的员工服装、行为等,有形展示的载体还包括公司内部的装饰、周围的景象以及所在的商业区等。人们通过这些有形的物质来推测无形产品的品质。若保险公司坐落在繁华金融街、内部有宽敞的客厅、舒适的沙发,墙上挂有各部门的业绩表,并有各种宣传公司理念的标语等,都会给客户以舒适、专业的感觉,并认为所提供的产品质量也会相当不错。

3)持续改进服务流程

持续改进服务流程目的是获得客户的满意度,进而使其对人保大连公司忠诚。将服务流程分为售前、售中和售后3个阶段。

①售前服务。售前服务主要是建立合理的客户期望。客户对服务的期望主要从广告、已经享受过服务的客户,营销人员的宣传等途径来获得。如果保险的承诺超过自身理赔实力,便会引发客户的不满。但如果保险的承诺低于公司实力便会使公司的资源得不到充分的利用,流失一部分客户,从而不利于公司的发展。售前服务大多是不直接与客户接触,包括:对员工知识、技能、态度的培训,了解客户的材料,准备好要销售的保单,接触客户的具体计划,宣传标语的设计等。这些都是为了与客户直接接触做准备。从顾客的角度考虑,满足客户的需求,进而签订保单,增加公司的销售收入,增强公司的竞争实力。售前服务应当流程化,但内容应当丰富化。

②售中服务。售中服务目的是让客户感到物有所值,并且将每一次与公司员工的接触视为愉快的经历。在员工进行保险营销中,直接接触主要发生在4个方面。首先是员工的外表风貌。若销售人员穿着笔挺的西服,并配有公司的胸卡,提着黑色的提包,这传递给客户一种专业的感觉。其次是员工的开场白,一定要简洁明了地说出目的,并感谢客户在百忙之中能和自己见面。再次是正式的交谈。在此过程中,一定要多问多听多观察,并结合在售前对客户的了解,从中发现客户感兴趣的方面。在交谈中应当注意:不要以为自己知道客户的一些信息,而不去仔细观察客户的反应和询问情况;不要将不良的情绪带进交谈;要准确、简洁地回答客户的问题等。最后即交谈结束时,要感谢客户的配合。此外,在交谈过程中,要注意自己的行为举止,这些都会向客户传递公司的信息,并影响服务的质量。售中服务的好坏直接影响着客户服务质量的评价。由于客户看不到,营销之前,销售人员为与其直接接触而查看资料,或为交谈所做的计划,只能在人员营销时或在营业厅办理业务时亲身感受。通过保单、人员的服

装、胸卡、人员的态度、解决问题的能力等与原先对保险公司的期望之间的对比来决定是否满意。

③售后服务。售后服务分为两部分:一是进行回访,以便收集关于服务过程的看法,并提供补救服务,来争取那些感觉差的客户。二是要不断完善服务流程,制订服务标准。服务流程要始终如一地反映公司特定的形象:专业化的运作、诚信经营、资本雄厚等。服务流程的完善除了参考回访资料,还应借鉴竞争对手的服务流程、营销人员的建议等。此外,服务流程是一个不断发现、分析、解决问题的循环过程。现有的服务流程不是最优的,它需要随着客户偏好、产品特点的改变而发生相应的变化,因此服务流程应采用著名管理专家戴明的质量改进方法"计划—执行—检查—行动"来进行不断的改进,从而适应客户个性化的需求。服务流程的每一个环节应当标准化。服务标准应从实现承诺的能力、为客户提供服务的自发性、员工的态度和知识、提供个性化的服务4个方面来衡量。第一,兑现承诺是诚信的体现。第二,员工要乐意提供服务,重点强调处理客户的询问、投诉时的专注和快捷。尤其是员工要求理赔时,更应积极主动地提供信息,因为这是最能体现保险保障功能的时刻。第三,员工必须具备专业的保险、理财方面的知识和谦恭的态度。第四,公司要提供合适的保险产品。只有合适的,才是最好的。识别客户需求及其变化趋势是制订服务标准的基础。保险公司要通过跟踪客户的消费过程来得到目标市场的需求特点及趋势。

回答下列问题

1. 根据自己的理解,描述"汽车保险单成交的流程"。

2. 汽车投保的主要方式有哪些,目前最经济的是哪种?

3. 吴先生买了一辆上海大众2018款POLO白色新车,家用,配置为2.0 L自动挡,新车购置价为18.86万元。吴先生准备给新车投保,请你为他设计几种投保方案。

投保方案	基本险	附加险
方案1		
方案2		
方案3		
方案4		

4. 在题3中,假设吴先生选择在中国平安保险公司购买第三责任险,保险限额20万元;车辆损失险,保险金额18.86万元;全车盗抢险,保险金额18.86万元,车身划痕险,保险限额5 000元;车上人员责任险,每座保险限额1万元;以及以上所有险种的不计免赔特约险。不约定行驶区域,请帮助吴先生完成投保单的填写。投保信息如下:

被保险人:吴明

地址:北京市朝阳区白云路11号

电话:138××××567

车辆制造年份:2018年

发动机号:

牌照号码:京A12×××

某保险有限公司车险投保单

被保险人：		地址：		电话：		
车种/制造年份	发动机号		牌照号码	颜　色	用　　途	座位数/载重量
车损险	保险金额：			人民币：		
	每次事故免赔额：			人民币：		
第三者责任险	每次事故最高责任：			人民币：		
（其他险种）						
保险期限：＿＿个月　自＿＿＿＿年＿＿月＿＿日零时至＿＿＿＿年＿＿月＿＿日二十四时						
行驶区域：						
备注：						
投保人（签名盖章）：				日期：		

项目 *4*

实施汽车出险后的现场查勘和定损

项目目标

知识目标:①认识汽车出险后现场查勘和定损的相关知识。

②熟悉汽车保险现场查勘的流程和注意事项。

能力目标:①掌握汽车定损的流程和注意事项。

②能实施汽车保险现场查勘和定损。

素质目标:树立正确的工作态度,培养团队协作精神,提高学习新知识的能力。

拓展资源

有关汽车查勘和定损的资料,可查询文字或电子文档如下:

①各保险公司的网页。

②各种介绍汽车查勘和定损的书籍。

可提供学习的环境和使用的设备

①道路或模拟道路。

②保险公司或模拟保险公司查勘定损工作环境。

③汽车保险理赔实训室。

④道路交通事故车辆。

⑤查勘车、相机、录音录像机等。

⑥汽车查勘定损的必要技术文件。

任务设置

任务1　实施汽车出险后的现场查勘工作

任务2　实施汽车出险后的定损工作

任务1　实施汽车出险后的现场查勘工作

任务目标

知识目标:①知道汽车出险后现场查勘流程。

②熟练掌握现场查勘技巧。

能力目标:①能够运用现场查勘技巧。

②能够正确进行现场查勘工作。

素质目标:树立正确的工作态度,培养团队协作精神,提高学习新知识的能力。

相关知识

近年来,随着国内保险行业的持续高速发展,机动车辆保险在各财产保险公司的业务份额中所占的比重越来越大,机动车辆保险业务已经成为国内各财产保险公司的骨干险种,机动车辆保险经营和管理的好坏直接影响保险公司的效益,甚至关乎保险公司的生死存亡。由于被保险的机动车辆属于动态保险标的物,经常处于运动状态中,它的安全与否,除了受车辆本身状态及驾驶员生理状态影响外,更多是受天气、道路状况、行人和其他车辆等客观因素的影响。所以机动车辆发生各类保险事故的比例相对于其他类型的保险标的要高得多。随着我国法制环境的改善,各类立法特别是针对道路交通安全立法的不断深入,各级组织对道路交通安全事故的处理更趋向法制化,道路交通安全案件在保险公司的后期理赔中更注重现场查勘的证据,做好机动车辆保险事故现场勘查工作,准确查明事故原因,对保险公司的后期理赔工作具有十分重要的意义。

一、查勘工作概述及工作准备

1.机动车辆保险现场查勘概述

机动车辆保险现场查勘又称为机动车辆保险意外事故现场调查,机动车辆保险意外事故包括自然灾害事故、交通事故(道路交通事故、非道路交通事故)等。机动车辆保险现场查勘是指保险公司查勘人员在机动车辆保险意外事故发生以后,第一时间以事故第一现场(或者第二现场)为中心,根据事故发生的过程、围绕造成事故的原因及后果等问题所进行的一系列调查取证活动。在机动车辆保险意外事故现场查勘活动中,保险公司查勘人员用科学规范的程序、科学的方法和现代技术手段,对机动车辆保险意外事故现场进行实地勘验与查证,包括对事故现场进行拍照、摄像、测量,对在场的事故当事人和目击者进行询问,对现场内外有关情况进行了解并将得到的结果完整、真实、准确地记录下来,并进行初步保险责任判定、事故损失预估、协助当事人组织施救等工作。

查勘拍照与资料收集

机动车辆保险意外事故现场查勘,是一项时间性、技术性和政策性极强的专业工作,面对机动车辆保险意外事故,承担此项工作的保险公司领导和工作人员,必须严肃对待,自始至终高度重视、严密组织、科学合理地进行分工合作;严格要求,高速度、高质量,一丝不苟地做好每

一项工作。

2.机动车辆保险现场查勘的目的和意义

机动车辆保险现场查勘是整个机动车辆保险理赔程序中的关键一环。查勘人员在第一现场（或者第二现场）掌握的信息基本反映了机动车辆保险事故的性质、是否属于保险责任，它为以后的处理打下了基础，也是有效控制风险、降低赔付率的关键一环。为了真实、准确地掌握损失情况，查勘人员应尽可能争取到达第一现场，掌握第一手资料，把握事故处理的主动权。

机动车辆保险意外事故现场查勘，是公正、客观、严密地查明事故真相的根本措施，是准确认定事故责任，依法正确处理机动车辆保险意外事故的基础和前提。

开展机动车辆保险意外事故现场调查的主要目的在于：

①了解机动车辆保险意外事故过程中的主要情节，利用现场的证据，掌握其中关键性的细节，为进一步分析、研究、确定损失，以及进行机动车辆保险意外事故再现收集资料和提供依据。

②发现、提取和收集各种痕迹、物证，为判定机动车辆保险意外事故发生原因、认定事故责任以及确定是否保险责任提供必要的证据。

③根据查勘情况，结合发现的特殊痕迹、物证，确定损失范围（防止人为损失扩大），判断是否酒后驾驶、故意行为、伪造现场等除外责任范围或欺诈行为。及时向机动车辆保险意外事故处理机关提供肇事逃逸车辆的种类、特征和逃逸方向，为侦破交通肇事逃逸案件提供线索和证据。

④协助客户组织现场施救，防止损失进一步扩大，同时为客户提供事故处理咨询，做好客户服务工作，创造公司服务品牌。

⑤收集和积累意外事故资料，为研究和制订机动车辆保险意外事故的风险预防对策及措施提供科学依据，为机动车辆保险险种开发和费率厘定提供参考数据。

3.机动车辆保险现场查勘的工作内容、要求及工作要点

（1）查勘前的准备

1）查阅抄单

①保险期限。查验保单，确认出险时间是否在保险期限之内。对于出险时间接近保险起止时间的案件，要作出标记，重点核实。

②承保的险种。查验保单记录，重点注意以下问题：车主是否只投保了交强险或第三者责任险；对于报案称有人员伤亡的案件，注意车主是否投保了车上人员责任险，车上人员责任险是否指定座位；对于火灾车损案件，注意是否承保了自燃损失险。

③新车购置价、保险金额和责任限额。记住抄单上的新车购置价，以便现场查勘时与实际新车购置价是否一致。从抄单的新车购置价和保险金额上可以确定投保比例。注意各险种的保险金额和责任限额，以便于现场查勘时心中有数。

2）阅读报案登记表

阅读报案登记表的主要内容有：

①被保险人名称，标的车牌号。

②出险时间、地点、原因、处理机关、损失概要。

③被保险人、驾驶员及当事人联系电话。

④查勘时间、地点。

上述内容不应有缺失，如有缺失应向接报案人员了解缺失原因及相应的情况。

3）查询涉案车辆历史出险记录

查询涉案车辆历史出险记录,有利于查勘时对可能存在道德风险和重复索赔的案件进行重点跟踪。

①对报案间距较短的历史信息进行查阅,了解历史损失情况和当时照片反映的车况车貌,为查勘提供参照。

②查阅涉案车辆近期注销或拒赔案件信息,严防虚假案件。

4）携带查勘资料及工具

为了有利于准确有效地查勘,查勘人员出发前应该携带必要的相关资料和查勘工具。

①资料部分。出险报案表、保单抄件、索赔申请书、报案记录、现场查勘记录、索赔须知、询问笔录、事故车辆损失确认书等。

②工具。定损笔记本电脑、数码相机、手电筒、卷尺、砂纸、笔、记录本等。

查勘拍照与资料收集

（2）对现场查勘人员的要求

现场查勘人员的工作是上述理赔流程中的现场查勘、填写查勘报告和初步确定保险责任,是整个理赔工作的中前期工作,它关系到本次事故是否为保险事故、保险人是否应该立案,从而关系到保险人的赔款准备金等。查勘工作未做好,整个理赔工作就会很被动,后面的工作甚至无法进行,所以现场查勘工作是保险理赔工作的重中之重。由于现场查勘中包含众多保险知识和汽车知识,并且查勘人员必须外出独立工作,所以对现场查勘人员有下列要求:

1）良好的职业道德

检验工作的特点是与保险双方当事人的经济利益直接相关,而它又具有相对的独立性和技术性,从而使查勘人员具有较大的自主空间。在我国现阶段总体来说,社会诚信度还不是很高,一些不良的修理厂、被保险人会对检验人员实施各种方式的利诱,用虚构、谎报或高报损失的方式来获得不正当利益。因而要求检验人员具有较高的职业道德水平。首先,应加强思想教育工作,使检验人员树立建立在人格尊严基础上的职业道德观念。其次,应当加强内部管理,建立和完善管理制度,形成相互监督和制约的机制（如双人查勘,查勘定损分离等）。同时,应采用定期和不定期审计和检查方式,对检验人员进行验证和评价,经常走访修理厂和被保险人,对被保险人进行问卷调查以了解其工作情况。最后,应加强法制建设。加强对检验人员的法制教育,使其树立守法经营的观念。加大执法力度,对于违反法律的应予以严厉的处分,以维护法律的尊严,起到应有的震慑和教育作用。同时,实施查勘定损人员的准入制度,使查勘人员收入和劳动与技术输出相适应,是有效管控查勘人员的最有效办法。

2）娴熟的专业技术

机动车辆检验人员需要具备的专业技术主要包括:机动车辆构造和修理工艺知识、与交通事故有关的法律法规以及处理办法、机动车辆保险的相关知识。这些都是作为一个检验人员分析事故原因、分清事故责任、确定保险责任范围和确定损失所必需的知识。

3）丰富的实践经验

丰富的实践经验一方面能够有助于检验人员准确地判断损失原因,科学而合理地确定修理方案;另一方面,在事故的处理过程中,丰富的实践经验对于施救方案的确定和残值的处理也会起到重要的作用。同时,具有丰富的实践经验对于识别和防止日益突出的道德风险和保险欺诈有着十分重要的作用。

4)灵活的处理能力

尽管查勘人员是以事实为依据,以保险合同及相关法律法规为准绳的原则和立场开展工作。但是,有时各个关系方由于利益和角度的不同,往往产生意见分歧,甚至冲突。而焦点大都集中表现在查勘人员的工作上,所以,查勘人员应当在尊重事实、尊重保险合同的大前提下,灵活地处理保险纠纷,尽量使保险双方在"求大同,存小异"的基础上对保险事故形成统一的认识,使案件得到顺利的处理。

4. 保险查勘操作流程

保险查勘操作流程如图4.1所示。

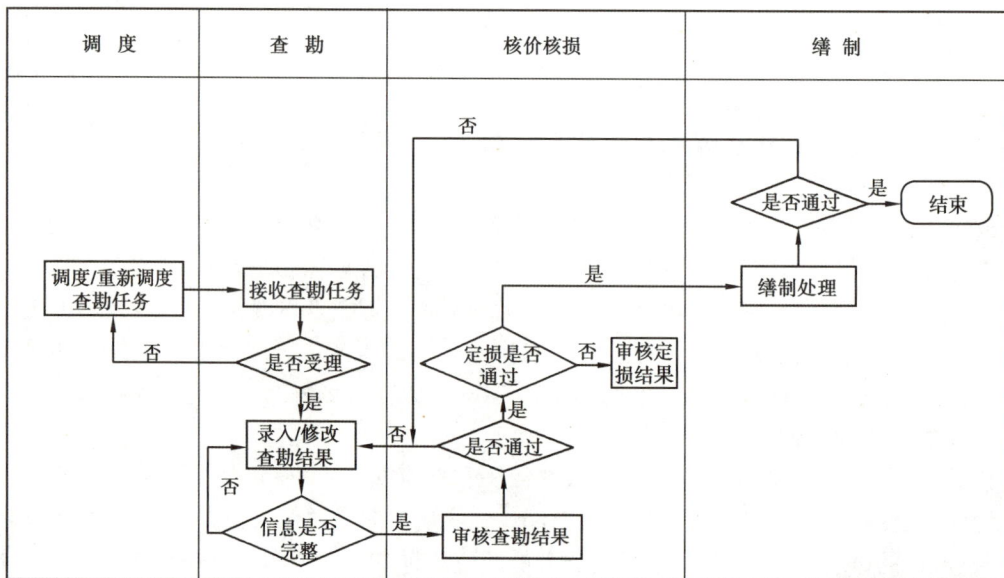

图4.1　保险查勘流程

二、查勘工作实施

1. 现场查勘

①到达查勘地点后,发现特殊情况,应及时向电话中心反馈。

②如果保险标的尚处于危险中,应立即协助客户采取有效的施救、保护措施,避免损失扩大。

③有人员伤亡的、造成道路交通设施损坏的、不符合自行协商处理范围的,应提醒客户向交通管理部门报案,并协助保护现场。

④因阻碍交通无法保护现场的,查勘员可允许驾驶员将车移至不妨碍交通的地点,在附近等候查勘;若查勘员无法在合理的约定时间赶到现场的,可商定受损车辆到指定定损点进行第二现场查勘,若有必要可约定时间回到出险地点补看复位现场。

2. 查明肇事驾驶人、报案人的情况

①查验肇事驾驶人和报案人的身份,核实报案人、驾驶人与被保险人的关系。

②注意驾驶人员是否存在饮酒、醉酒、吸食或注射毒品、被药物麻醉后使用保险车辆情况,是否存在临时找他人顶替真实驾驶人员的情况。

③驾驶证是否有效,一般指驾驶证正页上有效日期是否过期;驾驶的车辆是否与准驾车型

相符;驾驶人员是否为被保险人或其允许的驾驶人;驾驶人员是否为保险合同中约定的驾驶人;特种车驾驶人员是否具备国家有关部门核发的有效操作证;营业性客车的驾驶人员是否具有国家有关行政管理部门核发的有效资格证书。

3. 查验出险车辆情况

（1）确认保险标的车辆信息

查验事故车辆的保险情况,号牌号码、牌照底色、发动机号、VIN 码/车架号、车型、车辆颜色等信息,并与保险单、证(批单)以及行驶证所载内容进行核对,确认是否就是承保标的。

（2）查验保险车辆的行驶证

查验行驶证是否有效,一般指行驶证副页是否正常年检;行驶证车主与投保人、被保险人不同的,车辆是否已经过户;已经过户的,是否经保险人同意并通过批单对被保险人进行批改。

（3）查验第三方车辆信息

涉及第三方车辆的,应查验并记录第三方车辆的号牌号码、车型,以及第三方车辆的交强险保单号、驾驶人姓名、联系方式等信息。

（4）查验保险车辆的使用性质

车辆出险时使用性质与保单载明的是否相符(两种常见的使用性质与保单不符的情况):

①营运货车按非营运货车投保。

②非营运乘用车从事营业性客运;是否运载危险品;车辆结构有无改装或加装;是否有车辆标准配置以外的新增设备(详见交通管理部门《机动车登记规定》)。

4. 查明出险经过

（1）核实出险时间

对出险时间是否在保险有效期限内进行判断,对接近保险起讫期出险的案件,应特别慎重,认真查实。对出险时间和报案时间进行比对,是否超过 48 小时。了解车辆启程或返回的时间、行驶路线、委托运输单位的装卸货物时间、伤者住院治疗的时间等,以核实出险时间。

（2）核实出险地点

查验出险地点与保险单约定的行驶区域范围是否相符;是否为营业性修理场所;是否擅自移动现场或谎报出险地点。

（3）查明出险原因

结合车辆的损失状况,对报案人所陈述的出险经过的合理性、可能性进行分析判断,积极索取证明、收集证据;注意驾驶人员是否存在醉酒或服用违禁药物后驾驶机动车的情况(特别是节假日午后或夜间发生的严重交通事故);是否存在超载情况(主要是涉及大货车的追尾或倾覆事故,需要对货物装载情况进行清点);是否存在故意行为(一般是老旧车型利用保险事故更换部分失灵配件或者已经索赔未修理车辆通过故意事故重复索赔);对于电话中心专线提示出险时间接近的案件,须认真核查两起报案中事故车辆的损失部位、损失痕迹、事故现场、修理情况等,确定是否属于重复索赔。

（4）查明事故发生的真实性,严防虚假报案

发生碰撞的,要观察第一碰撞点的痕迹,是否符合报案人所称的与碰撞物碰撞后所留痕迹,比如因碰撞物的不同,碰撞点往往会残留一定的灰屑、砖屑、土屑、油漆等;发生运动中碰撞的,要重点考虑碰撞部位,比如追尾事故因后车在碰撞时紧急制动会导致车头下沉,受损部位往往在保险杠以上更为严重;要对路面痕迹进行仔细观察,保险车辆紧急制动时会在路面留有

轮胎摩擦的痕迹,有助于判断车辆发生碰撞前的行驶轨迹。

(5)对存在疑点的案件,应对事故真实性和出险经过进一步调查

可查找当事人和目击者进行调查取证,并作询问笔录。如被保险人未按条款规定协助保险人勘验事故各方车辆,证明事故原因,应在查勘记录中注明。

5. 估计事故损失情况

查明受损车辆、货物及其他财产的损失程度,估计事故涉及的各类损失金额,按查勘任务对应的损失标的为单位记录估损金额,记录、核定施救情况。

水淹高度判定　火灾事故查勘要点

6. 初步判断保险责任

(1)对事故是否属于保险责任进行初步判断

应结合承保情况和查勘情况,分别判断事故是否属于机动车交通事故责任强制保险或商业机动车保险的保险责任,对是否立案提出建议。对不属于保险责任或存在条款列明的责任免除的、加扣免赔情形的,应收集好相关证据,并在查勘记录中注明。暂时不能对保险责任进行判断的,应在查勘记录中写明理由。

(2)初步判断责任划分情况

交警部门介入事故处理的,依据交警部门的认定;当事人根据《交通事故处理程序规定》和当地有关交通事故处理法规自行协商处理交通事故的,应协助事故双方协商确定事故责任并填写《协议书》(对当事人自行协商处理的交通事故,如发现责任划分明显与实际情况不符,缩小或扩大责任的,应要求被保险人重新协商或由交警出具交通事故认定书)。

7. 拍摄、上传及分拣事故现场、受损标的照片

(1)对车辆和财产损失的事故现场和损失标的进行拍照

第一现场查勘的,应有反映事故现场全貌的全景照片,反映受损车辆号牌号码,车辆、财产损失部位、损失程度的近景照片;非第一现场查勘的,事故照片应重点反映受损车辆号牌号码、车辆、财产损失部位、损失程度的近景照片。对车辆牌照脱离车体、临时牌照或无牌照的车辆、全损车、火烧车及损失重大案件,要求对车架号、发动机号进行清晰的拍照。

(2)拍摄相关证件及资料

保险车辆的行驶证(客运车辆准运证)、驾驶人的驾驶证(驾驶客运车辆驾驶人准驾证,特种车辆驾驶人操作资格证);交警责任认定书、自行协商协议书、其他相关证明。查勘人员应将此环节相关证件、资料尽可能地拍照,照片汇总到车险理赔系统后,有利于核损、核赔环节从系统中进行审核。

(3)查勘现场照片拍摄的要求

拍摄第一现场的全景照片(能正确反映现场所处的位置)、痕迹照片、物证照片和特写照片;拍摄能反映车牌号码与损失部分的全景照片(为使车牌号码与损失部分在一张照片上反映出来,一般按受损部位一边的45°对全车进行拍照);拍摄能反映车辆局部损失的特写照片;拍摄内容与交通事故查勘笔录的有关记载一致;拍摄内容应客观、真实、全面地反映被摄对象,不得有艺术夸张;拍摄痕迹时,可使用比例尺对高度、长度进行参照拍摄。

(4)查勘照片上传及分拣的注意事项

①相关证件及资料照片,应该在索赔清单中勾选,在单证资料上传中上传,并分拣到相应项目中。

②主车、现场查勘、痕迹对比及财产损失照片,分拣到涉案车辆(主车)中;三者车查勘照片分检到涉案车辆(三者车)中。

8. 缮制查勘记录

①根据查勘内容填写《查勘记录》,并争取报案人签字确认。查勘员应尽量详细填写《查勘记录》,以保证入机时查勘资料的完整性。

②重大、复杂或有疑点的案件,应在询问有关当事人、证明人后,在《机动车保险车辆事故现场查勘询问笔录》中记录,并由被询问人签字确认。

③重大、出险原因较为复杂的赔案应绘制《机动车保险车辆事故现场查勘草图》。现场草图要反映出事故车方位、道路情况及外界影响因素。

④对VIP客户案件或小额赔案制订优先处理流程的,应在查勘记录中注明案件处理等级。

9. 指导报案人进行后续处理

(1)告知赔偿顺序

①发生机动车之间的碰撞事故的,应告知客户先通过交强险进行赔偿处理,超过交强险责任限额的部分,由商业保险进行赔偿。

②交强险未在我公司承保的,应指导客户向交强险承保公司报案,由交强险承保公司对第三者损失先行定损。

③符合交强险"互碰自赔"处理条件的,应向客户告知互碰处理后续流程。

(2)向报案人提供《机动车保险索赔须知》(以下简称《索赔须知》)和《机动车保险索赔申请书》(以下简称《索赔申请书》)

①在《索赔须知》中完整勾选被保险人索赔时需要提供的单证,双方确认签字后交被保险人或报案人。

②指导报案人填写《索赔申请书》,告知报案人交被保险人签名或盖章后,在提交索赔单证时一并向保险人提供。

(3)告知客户后续理赔流程

①查勘时不能当场定损的,查勘人员应与被保险人或其代理人约定定损的时间、地点;对于事故车辆损失较重,需拆检后方能定损的案件,应安排车辆到拆检定损点集中拆检定损。

②向客户推荐公司特色理赔方案,引导客户选择快速、便捷的"一站式"后续服务。

③对明显不属于保险责任或者存在条款列明除外责任的,应耐心向客户解释,争取客户同意注销案件。

10. 查勘系统平台操作

(1)查勘基本信息的录入

①注意默认信息都由保单和报案信息自动带入。有"＊"号的都是必录项,必须进行选择或录入。

②对"赔案类别"的选择将影响后续处理,不同的"赔案类别"对应不同的理赔流程。一般情况下,普通案件选择赔案类别为"一般";特殊案件选择其他特殊类别,比如"赔案类别"为"特殊互碰"的是指适用交强险"互碰自赔"办法处理的一类案件。

(2)涉案损失项的录入

①涉案损失项必须录入明细。首先,查勘员需要进入损失项明细录入界面,录入"查勘估损金额"和"施救费用"。其次,注意选择"交强险责任类型",会直接影响理算计算方式。最

后,选择"无损失"时,本损失项查勘后将不会发起定损任务。

②如在查勘处理页面中"新增车辆",标的车(即主车)只能录入一辆(如原查勘项已经有主车,不能再新增),三者车可以录入多辆。

(3)"互碰关联"和"多保单关联"

1)互碰关联

适用于多方事故中,涉案车辆都在同一公司承保的情况。如果进行了"互碰关联",在处理同一案件关联车辆的其他报案时,可以进行查勘信息的复制。

2)多保单关联

适用于标的车辆存在多张保单的情况,常见的是商业险和交强险分开承保。在查勘时进行"多保单关联",将在理算时自动发起关联保单的理算任务。

(4)查勘提交

①查勘提交时,会根据所录损失项(车、财)产生定损任务,可选择提交给调度员,由调度员来指派定损员,也可无须调度员的参与,直接提交给定损员。

②当案件第一个查勘任务提交时,会产生资料收集任务。

③如果该查勘任务中含有标的车,则提交时会对每张保单产生立案任务。

三、简单交通事故的责任判定

1.现场查勘对于车险事故现场的观察、判断与鉴别分析

(1)现场查勘的观察

①车辆刹车痕迹。据此判断肇事前车辆行驶速度及行驶路线。

②车辆碰撞所遗留残碎的物体(如塑件碎片及灯具玻璃碎片等),根据刹车痕迹及遗留的残碎物体,确认和判断车辆瞬间碰撞第一接触点。

(2)现场查勘方法

1)沿车辆行驶路线寻找现场痕迹

①刹车印迹。车辆遇情况采取紧急制动后与地面磨擦会出现炭黑拖印。

②碰撞、碾压、刮、擦、挤等痕迹。车辆与车辆、车辆与行人、车辆与牲畜、车辆与其他物体接触后双方留下的痕迹。

③现场遗留物。车辆发生碰撞后所剥落的漆皮、玻璃碎片、脱落破碎的汽车零件。

2)确定肇事接触部位

确定肇事接触点。对处理事故起关键作用。接触点是形成事故的焦点,也是判定事故责任的重要依据。接触部位是多种多样的,要经过深思熟虑、全面细致地进行分析。

(3)现场查勘的判断与分析

现场查勘人员经过现场拍照、测量以及收集物证、人证后应首先判断分析是否属于保险责任范围。其次,因交通事故责任认定的需要,还应对肇事车辆的车速、碰撞接触点,以及现场的痕迹进行分析。

1)判断肇事车辆的车速

机动车辆肇事前的行驶速度是分析事故原因的主要因素。对肇事车辆的行驶速度主要依据现场遗留痕迹作判断。

目前,现场查勘判断车速的方法,主要是利用车辆的制动拖印以及散落物抛出的距离等来

估算车速。

机动车辆肇事前,驾驶员大多会本能地采取紧急制动措施,所以事故现场上一般都留有制动时车辆抱死滑移的痕迹(但对于一些高档进口车辆有防抱死装置的则可能没有轮胎滑移痕迹),即所谓的制动拖印。

汽车制动时,当车辆制动器的制动力大于车轮与地面的附着力时,车轮将抱死不转,并在路面上沿汽车行驶方向向前滑移。

2)判断碰撞接触点

碰撞是指运动着的车辆以其运动方向的正面与对方接触的事故。碰撞接触点就是碰撞双方最初的接触部位在路面上的投影位置。

交通事故中的碰撞形式有机动车辆碰撞行人、碰撞自行车、碰撞固定物体以及机动车相互碰撞等。碰撞的形式有正面碰撞、追尾碰撞、侧面碰撞等。当车辆与相当质量的车辆或物体碰撞时,由于运动惯性瞬间受阻,运动是碰撞事故的一个特点。

由于实际碰撞事故十分复杂,很难用动力学的碰撞理论,通过计算确定碰撞点。目前,判断碰撞接触点的方法主要是根据现场况进行逻辑推理分析,或通过事故现场模拟实验确定。

判断碰撞接触点的依据:

①事故现场的物理(力和运动)现象,双方车辆损坏的部位及受力情况。当第一现场挪动后,根据双方车辆碰撞损坏位置也可以初步判定事故原因。

②事故现场的散落物。如车体下的泥土、玻璃碎片等。

③刹车印迹。

④汽车运动学和动力学理论(运动轨迹和碰撞损坏情况)。

碰撞接触点的判断通常分以下几种情况:

①汽车碰撞固定物体。汽车碰撞固定物体时,无论碰撞后固定物(包括停驶的车辆)是否产生位移,用固定物体原始位置与汽车的接触点就能确定碰撞接触点。

②汽车碰撞行人或自行车。由于决定双方碰撞冲量的质量和速度相差悬殊,因此碰撞后不会导致汽车运动速度和运动方向的明显变化。在这种情况下,碰撞位置必然在现场汽车停放位置的后方。所以碰撞接触点应在汽车前保险杠之后(汽车前行事故),根据遗留在路面上的自行车轮胎挫划痕迹或行人的鞋底挫划痕迹,被撞者身上或自行车上掉下来的物品等进行判断。

③汽车正面相撞。汽车正面相撞时,由于两车均沿同一直线运动,碰撞后两车的停驶位置一般不会偏离原先的行驶方向。通常,当两车变形相当时,冲量大的车将使冲量小的车由碰撞位置后移,故碰撞位置应在冲量大的汽车保险杠后方。由于碰撞瞬间车辆前轴负荷突变以及碰撞力可能使前轮轮胎产生横向挫滑的结果,前轮胎将在路面上留下较正常轮印宽而重的挫痕。因此,轮胎挫印的位置,可作为判断碰撞接触点的依据。另外,还可根据碰撞掉落的前灯玻璃等掉落物体判断碰撞接触点。

④追尾相撞。追尾的后车碰撞行驶的前车,前车将在碰撞力的作用下加速,碰撞后两车一起向前运动,碰撞接触点应在停驶后的后车前保险杠之后。

⑤侧面相撞。无论是侧面正交或斜交相撞,被撞车都可能程度不同地偏离原先的行驶路线,车辆偏离原行驶路线的程度虽然与两车各自的冲量对比有关,但车辆碰撞后的运动趋势又受到碰撞接触部位、车辆型式和结构、操纵系统状态(车轮制动状态、转向轮偏转角度)、附着系数诸因素影响,所以侧面碰撞的碰撞接触点很难运用运动学关系通过简单定量分析得出可

靠结果。一般依靠各种碰撞事故资料及经验进行判断。

（4）车辆变形和破损痕迹的鉴别与分析

事故发生后，无论是机动车辆之间，还是车辆与固定的物体或车辆与行人之间，甚至车辆自身的事故，都会或多或少地在车体上留下种种痕迹。

1）车体上的碰撞痕迹

车辆互撞或车辆碰撞固定物体，一般都会造成车体变形或破损。在一般碰撞事故中汽车前面的保险杠、叶子板、水箱护栅等部位，可找出凹陷的痕迹。凹陷的位置和大小对判断碰撞对象及碰撞接触部位十分有用；从凹陷的程度也可推断碰撞时相对速度的大小。对碰撞痕迹，应注意将第一次碰撞与其后的第二次碰撞区别开来。第一次碰撞与事故成因有关，而第二次碰撞则是事故的后果。

2）车体上的刮擦痕迹

车辆刮擦痕迹的位置通常在车体侧面。刮擦痕迹多为长条状，除具有凹陷或破损的特征外，还呈现车身灰土、泥土被擦掉或漆皮被刮落的现象。与碰撞事故相仿，刮擦部分可能留下对方车辆的漆皮、木质纤维或其他物体的痕迹。

3）碾压痕迹

证明碾压事故的痕迹多留在车裙下沿或底板下面。查勘车辆碾压行人或自行车事故时应注意查找碰撞痕迹，因多数碾压是碰撞以后发生的。

4）车辆机械事故痕迹

因车辆机件失灵所造成的事故，其原因主要在车辆的行驶系或操纵系。行驶系或操纵系的某个机件断裂或连接松脱，往往使行驶中的车辆突然失控。因机件失灵造成事故虽然为数甚少，但其后果一般都比较严重。机件断裂、松脱的原因有些属于设计、制造质量问题，但大多数情况下则与修理保养以及驾驶员的责任有关。为了查明这类事故的真正原因，则必须依靠对机件损坏部位痕迹进行必要的技术鉴定（包括材质的技术鉴定）。

汽车制动系以及行驶、转向机构的某些机件如前轴、转向节、钢板弹簧、转向传动杆件等松脱或断裂都有其一定的过程。连接件的松脱过程先是防松装置（开口销、锁紧螺帽等）脱落，然后在车辆行驶震动中逐渐松开；而机件的断裂也是如此，如转向节的断裂过程中由于应力集中等影响，最先在转向节轴根部出现疲劳裂纹，随着疲劳裂纹在使用过程中逐渐扩展，零件的有效断面也随着减小，当有效断面小到使其强度不足以胜任某次冲击力时，转向节才会突然折断。可见，上述松脱和断裂的痕迹也不会是截然变化的。从痕迹处的油迹、锈斑、灰尘上一般可以推断机件的损坏原因。这是鉴别事故在先还是机件损坏在先的方法。

车辆翻车等事故造成多种机件损坏时，应分析最先造成事故的原因。因为有的机件损坏是事故后造成的，与事故形成无关；有的虽是事故的原因，却不是直接原因。例如传动轴断裂本该不会引起翻车，但断裂旋转的传动轴打裂了制动贮气筒或破坏了制动管道，从而导致制动失效，车辆失去控制。这些都应在对机件破损痕迹的具体分析中，运用科学知识合理推断。

2. 简单交通事故现场的责任划分

（1）交通事故责任划分经验总结

1）交通事故责任划分包括以下 4 种情况：

①一方负全部责任，另一方无责任。

②一方负主要责任，另一方负次要责任。

③双方负同等责任。

④责任无法划分。

2）负全责的情形

一方受害人有以下情形之一的须负全部责任；如果双方都有下列情形之一的，则负同等责任。

①逃逸导致事故事实无法查明的。

②故意破坏、伪造现场、毁灭证据的。

③在交叉路口遇到红灯继续通行的。

④机动车穿越道路或者隔离设施的机动车违章进入非机动车车道。

⑤机动车在人行道刮撞行人的。

⑥机动车刮撞依法走人行横道行人的。

⑦未避让警车等执行紧急任务车辆。

⑧车辆装载物遗撒导致事故。

⑨倒车时与车后车辆发生事故。

⑩非机动车逆行发生交通事故。

3）主次责任和同等责任

两方的违章行为共同造成交通事故的，违章行为在交通事故中作用大的一方负主要责任，另一方负次要责任；违章行为在交通事故中作用基本相当的，两方负同等责任。

三方以上的违章行为共同造成交通事故的，根据各自的违章行为在交通事故中的作用大小划分责任。

各方有条件报案而均未报案或者未及时报案，使交通事故责任无法认定的，应负同等责任。但机动车与非机动车、行人发生交通事故的，机动车一方应负主要责任，非机动车、行人一方负次要责任。

4）责任无法划分

如果事故现场被破坏，各方的陈述相互矛盾；或者一方受害人昏迷，无法陈述案情；或者无法进行技术检测，则交警可以出具"交通事故证明书"，具体的责任比例只能由双方协商确定或者由法院最后判定。

（2）常见事故责任划分

1）追尾事故（见图4.2）

图4.2 追尾事故责任划分

追撞前车尾的,图中所示均为 A 车负全责。

2)并线事故(见图 4.3)

变更车道时,未让正在该车道内行驶的车先行的,图中所示为 A 车负全责。

图 4.3　并线事故责任划分

3)无红绿灯路口未按交通标识让行事故(见图 4.4)

通过没有交通信息灯控制或者交通警察指挥的交叉路口时,未让交通标志、交通标线规定优先通行的一方先行的,图中所示为 A 车负全责。

图 4.4　无红绿灯路口未按交通标识让行事故责任划分

4)无红绿灯路口未让右侧车辆事故(见图 4.5)

通过没有交通信号灯控制或者交通警察指挥的交叉路口时,在交通标志、标线未规定优先通行的路口,未让右方道路的来车先行的,图中所示为 A 车负全责。

图 4.5 　无红绿灯路口未让右侧车辆事故责任划分

5）左转弯车辆未让直行车辆事故（见图 4.6）

通过没有交通信号灯控制或者交通警察指挥的交叉路口，遇相对方向来车，左转弯车未让直行车先行的，图中所示为 A 车负全责。

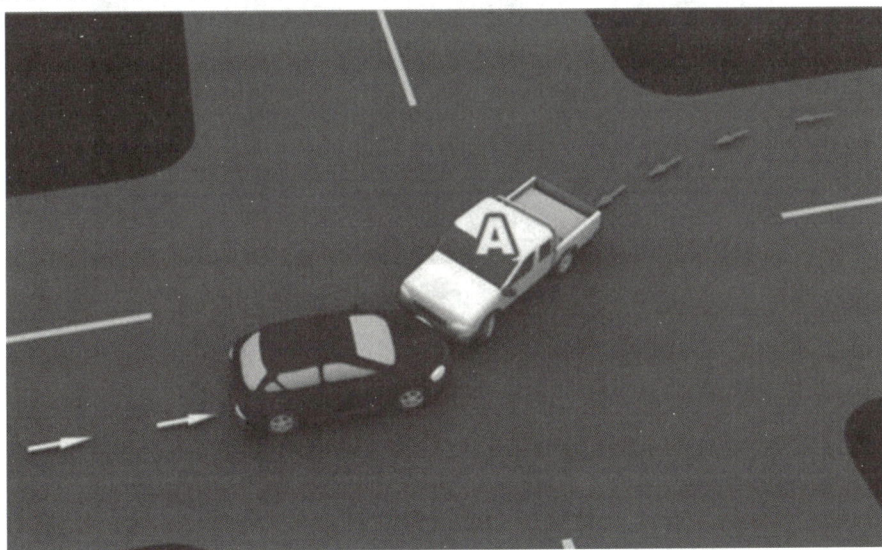

图 4.6 　左转弯车辆未让直行车辆事故责任划分

6）右转车辆未让左转车辆事故（见图 4.7）

通过没有交通信号灯控制或者交通警察指挥的交叉路口时，相对方向行驶的右转弯车未让左转弯车的，图中所示均为 A 车负全责。

7）转弯车辆未让直行车辆事故（见图 4.8）

绿灯亮时，转弯车未让被放行的直行车先行的，图中所示为 A 车负全责。

8）转弯车辆未让直行车辆事故（见图 4.9）

红灯亮时，右转弯车未让被放行的车先行的，图中所示为 A 车负全责。

图 4.7　右转车辆未让左转车辆事故的责任划分

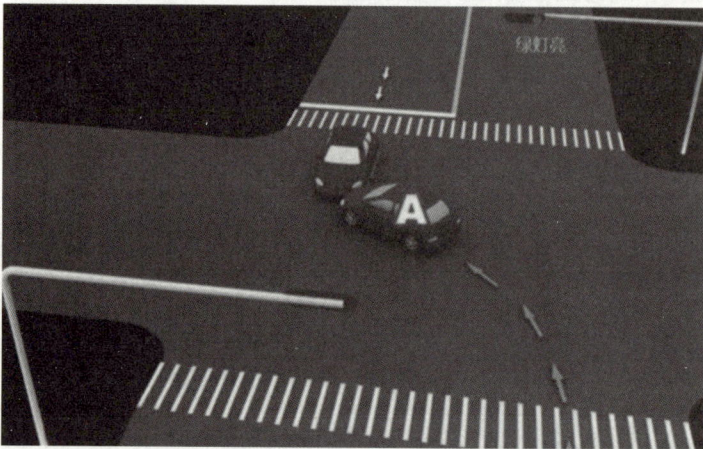

绿灯亮

图 4.8　转弯车辆未让直行车辆事故责任划分

红灯亮

图 4.9　转弯车辆未让直行车辆事故责任划分

9)有障碍时,借道车辆未让无障碍车辆事故(见图 4.10)

在没有中心隔离设施或者没有中心线的道路上会车时,有障碍的一方未让无障碍的一方先行的,图中所示为 A 车负全责。

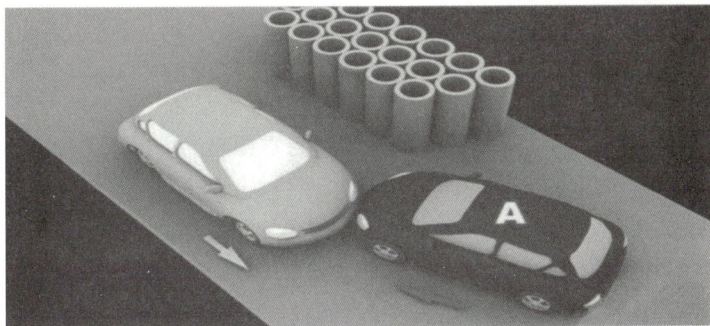

图 4.10　有障碍时,借道车辆未让无障碍车辆事故责任划分

10)有障碍时,无障碍车辆未让行已驶入占该路段的借道车辆事故(见图 4.11)

在没有中心隔离设施或者没有中心线的道路上会车时,在有障碍的一方已驶入障碍路段,无障碍的一方未驶入时,无障碍的一方未让有障碍的一方先行的,图中所示为 A 车负全责。

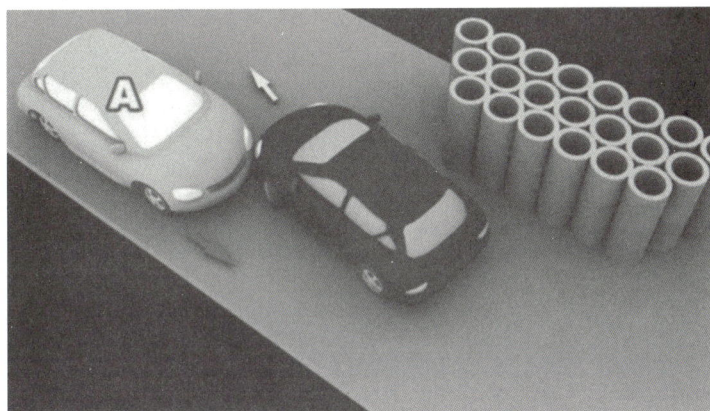

图 4.11　有障碍时,无障碍车辆未让行已驶入占该路段的借道车辆事故责任划分

11)未下坡车辆未让已上坡车辆事故(见图 4.12)

在没有中心隔离设施或者没有中心线的道路上会车时,下坡车未让上坡车先行的,图中所示为 A 车负全责。

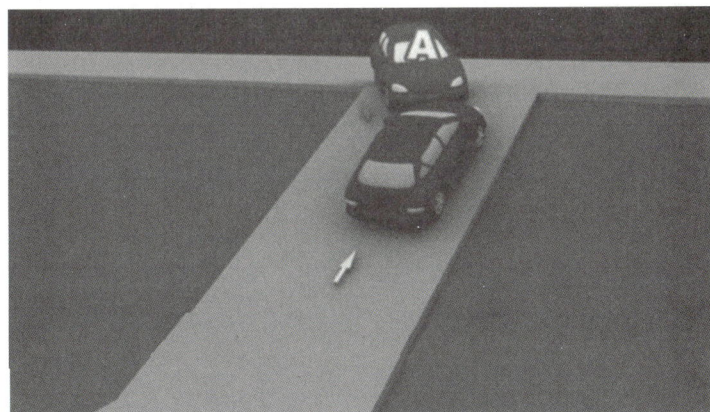

图 4.12　未下坡车辆未让已上坡车辆事故责任划分

12）未上坡车辆未让已下坡车辆事故（见图4.13）

在没有中心隔离设施或者没有中心线的道路上会车时，下坡车已行至中途而上坡车未上坡时，上坡车未让下坡车先行的，图中所示为A车负全责。

图4.13 未上坡车辆未让已下坡车辆事故责任划分

13）靠近山体车辆未让对向来车事故（见图4.14）

在没有中心隔离设施或者没有中心线的狭窄山路会车时，在两车难于同时通过的情况下，靠近山体的一方未作减速或停车等避让措施让对方先行的，图中所示为A车负全责。

图4.14 靠近山体车辆未让对向来车事故责任划分

14）进入环岛车辆未让环岛内车辆事故（见图4.15）

进入环行路口的车未让已居路口内的车先行，图中所示为A车负全责。

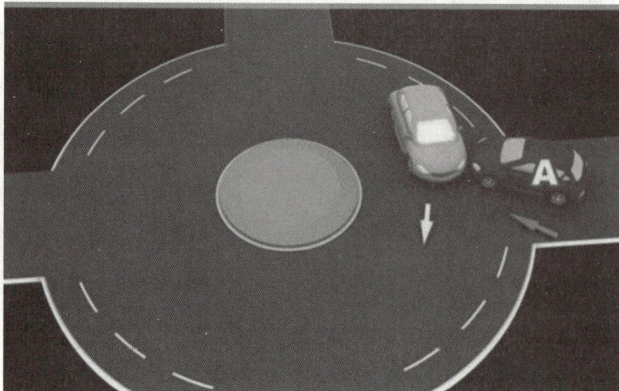

图4.15 进入环岛车辆未让环岛内车辆事故责任划分

15)逆行事故(见图 4.16)

逆向行驶的,图中所示为 A 车负全责。

图 4.16 逆行事故责任划分

16)超车事故(见图 4.17)

①超越前方正在左转弯车的,图中所示为 A 车全责(见图 4.17)。

图 4.17 超车事故责任划分

②超越前方正在掉头的车的,图中所示为 A 车负全责(见图 4.18)。

图 4.18 超车事故责任划分

③超越前方正在超车的车的,图中所示为 A 车负全责(见图 4.19)。

图 4.19　超车事故责任划分

④与对面来车有会车可能时超车的,图中所示为 A 车负全责(见图 4.20)。

图 4.20　超车事故责任划分

⑤行经交叉路口、窄桥、弯道、陡坡、隧道时超车的,图中所示为 A 车负全责(见图 4.21)。

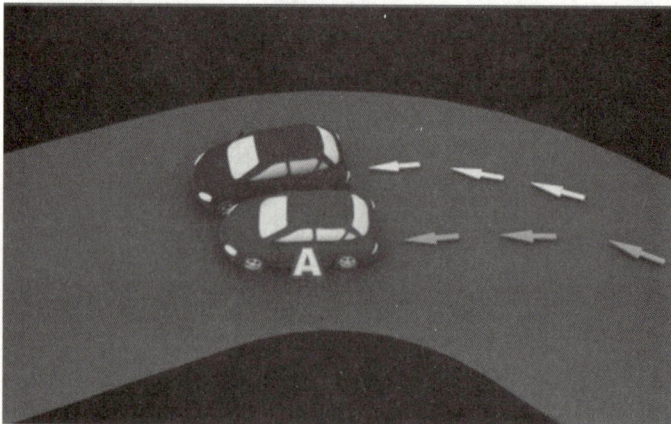

图 4.21　超车事故责任划分

⑥行经交叉路口、窄桥、弯道、陡坡、隧道时超车的,图中所示为 A 车负全责(见图 4.22)。

图 4.22   超车事故责任划分

⑦在没有中心线或者同一方向只有一条机动车道的道路上,从前车右侧超越的,图中所示为 A 车负全责(见图 4.23)。

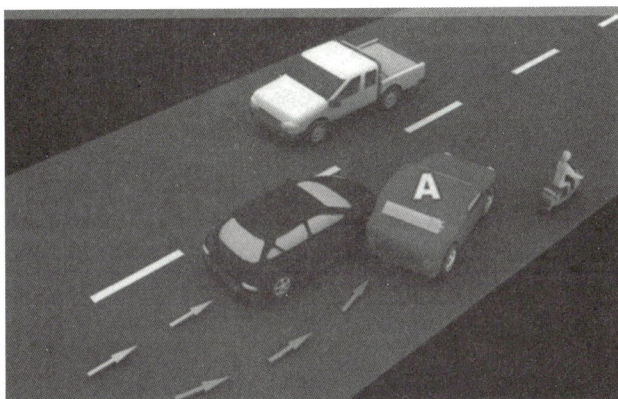

图 4.23   超车事故责任划分

17)掉头车辆未让正常行驶车辆事故(见图 4.24)

在没有禁止掉头标志、标线的地方掉头时,未让正常行驶车先行的,图中所示 A 车负全责。

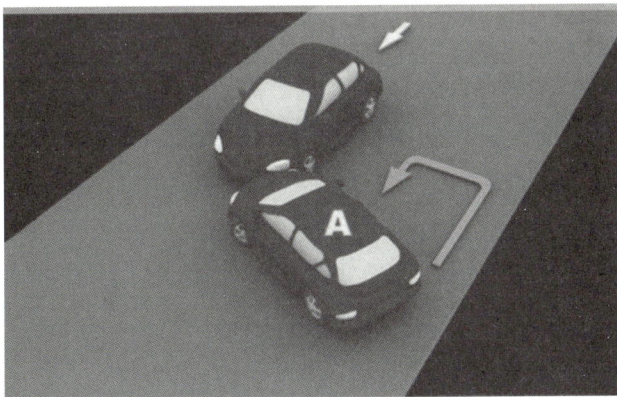

图 4.24   掉头车辆未让正常行驶车辆事故责任划分

18)违章掉头事故(见图 4.25)

在有禁止掉头标志、标线的地方以及在人行横道、桥梁、陡坡、隧道掉头的,图中所示为 A 车负全责。

图 4.25　违章掉头事故责任划分

19)倒车事故(见图 4.26)

倒车的,图中所示为 A 车负全责。

图 4.26　倒车事故责任划分

20)溜车事故(见图 4.27)

溜车的,图中所示为 A 车负全责。

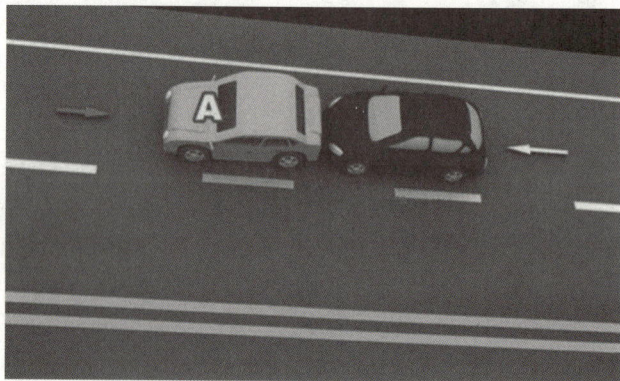

图 4.27　溜车事故责任划分

21）违规占用专用车道事故（见图 4.28）

违反规定在专用车道内行驶的，图中所示为 A 车负全责。

图 4.28 违规占用专用车道事故责任划分

22）未按照交警指挥通行事故（见图 4.29）

未按照交警指挥通行的，图中所示为 A 车负全责。

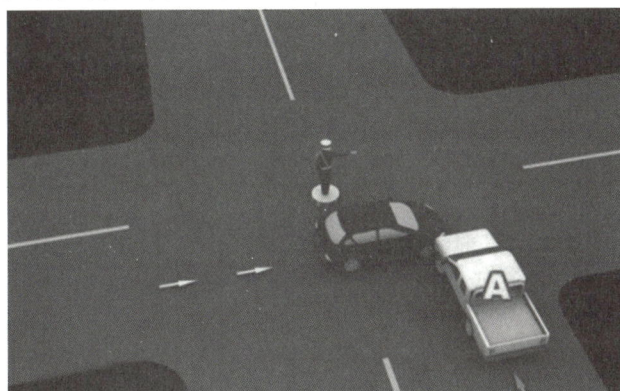

图 4.29 未按照交警指挥通行事故责任划分

23）闯入禁行路段事故（见图 4.30）

驶入禁行线的，图中所示为 A 车负全责。

图 4.30 闯入禁行路段事故责任划分

24）闯红灯事故（见图4.31）

红灯亮时，继续通行的，图中所示为 A 车负全责。

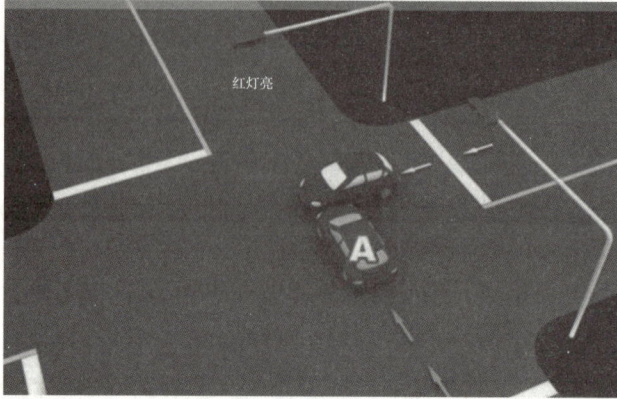

图4.31　闯红灯事故责任划分

25）机动车道违法停车事故（见图4.32）

在机动车道上违法停车的，图中所示为 A 车负全责。

图4.32　机动车道违法停车事故责任划分

26）违规的超长、超宽、超高车辆事故（见图4.33）

违反装载规定，致使货物超长、超宽、超高部分造成交通事故的，图中所示为 A 车负全责。

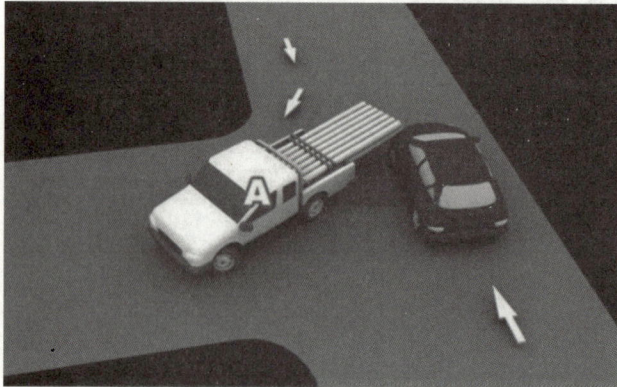

图4.33　违规的超长、超宽、超高车辆事故责任划分

27）违规的超长、超宽、超高车辆事故（见图4.34）

违反装载规定,致使货物超长、超宽、超高部分造成交通事故的,图中所示为 A 车负全责。

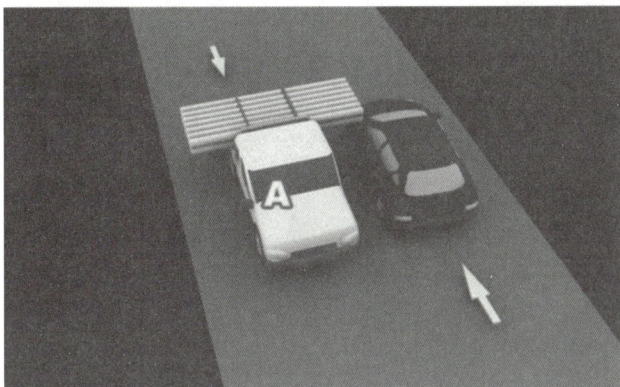

图4.34 违规的超长、超宽、超高车辆事故责任划分

28）货物遗撒、飘散事故（见图4.35）

装载的货物在遗撒、飘散过程中导致交通事故的,图中所示为 A 车负全责。

图4.35 货物遗撒、飘散事故责任划分

29）未按导向标识行驶事故一（见图4.36）

违反导向标志指示行驶的,图中所示为 A 车负全责。

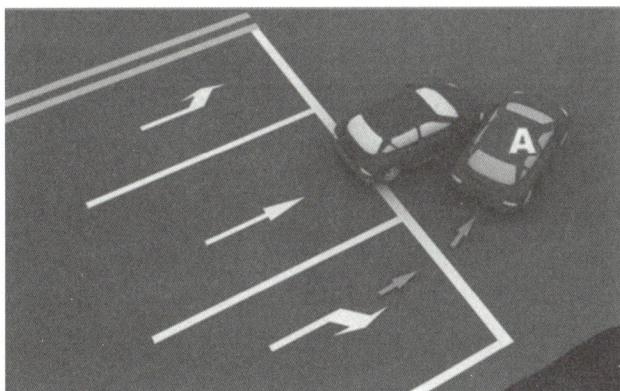

图4.36 未按导向标识行驶事故一的责任划分

30）未按导向标识行驶事故二（见图 4.37）

未按导向车道指示方向行驶的,图中所示为 A 车负全责。

图 4.37　未按导向标识行驶事故二的责任划分

31）未按导向标识行驶事故三（见图 4.38）

未按导向车道指示方向行驶的,图中所示为 A 车负全责。

图 4.38　未按导向标识行驶事故三的责任划分

32）开车门造成事故（见图 4.39）

开车门造成交通事故的,图中所示为 A 车负全责。

图 4.39　开车门造成事故责任划分

回答下列问题

1. 根据自己的理解,描述汽车保险现场查勘工作各个步骤的具体流程:

(1) _____

(2) _____

(3) _____

(4) _____

(5) _____

(6) _____

2. 事故现场车辆行驶轨迹和痕迹判断应包含哪些内容? 对于汽车保险现场查勘而言,这些内容分别有何作用?

完成下列任务

汽车出险后现场查勘,按照标准工作流程进行模拟演练,并根据模拟情况填写相关单证。

> 学习活动形式——角色扮演

学生在模拟场景中扮演查勘员的角色:按照标准流程进行全过程的模拟练习。

场景一:某先生驾驶一辆大众车,在高速路上因操作不当追尾前车,如何对该起事故进行接待现场查勘?

场景二:某女士在行驶过程中与同向行驶的三辆车发生刮擦事故,双方因责任不清而纠缠,请对该起事故进行现场查勘?

学生学习目标检查表

你是否能在教师的帮助下成功地完成单元学习目标所设计学习活动?	肯定回答
专业能力	
说出汽车保险查勘的定义和特点	
知道汽车出险后的现场查勘流程	
能够运用现场查勘的技巧	
能够正确进行现场查勘工作	
认识现场查勘的重要性	
关键能力	
你是否能根据已有的学习步骤、标准完成资料的收集、分析、组织?	
你是否能通过标准,有效和正确地进行交流?	
你是否能按计划有组织地活动? 是否沿着学习目标努力?	
你是否能尽量利用学习资源完成学习目标?	
完成情况 　　所有上述表格必须是肯定回答。如果不是,应咨询教师是否需要增加学习活动,以达到要求的技能。 　　　　　　　　　教师签字_____ 　　　　　　　　　学生签字_____ 　　　　　　　　　完成时间和日期_____	

任务2　实施汽车出险后的定损工作

任务目标

知识目标:①知道汽车出险后的定损流程。
　　　　②熟练掌握定损技巧。
能力目标:①能够运用定损技巧。
　　　　②能够正确进行定损工作。
素质目标:树立正确的工作态度,培养团队协作精神,提高学习新知识的能力。

相关知识

案例导入

2017 年 5 月 5 日,王某驾驶的单位交通车停放在路边后就回家了,第二天早上发现该车尾部被撞,无法找到肇事车。该车损失比较严重。本车在中国人保财险公司投保了车损险及不计免赔险。请按照图 4.40 所示,分析事故原因,结合你所在当地维修标准编写定损单,理算出本车定损总金额是多少?(忽略折旧和残值)

图 4.40　车辆受损情况

一、事故汽车保险定损与费用评估概述

保险车辆因发生保险事故,需要确定损坏程度和定价方案,习惯上称为"定损",按被保险人和保险公司的约定,定损应依照机动车辆保险条款办理,即保险车辆因保险事故受损或致使第三者财产损坏,保险人应会同被保险人一起进行车辆损失检验,确定修理项目、方式和费用。否则,保险人有权重新核定或拒绝赔偿。

1. 事故汽车保险定损原则

出险车辆经现场查勘后,已明确属于保险责任而需要修理时,维修服务顾问应会同保险公司定损员和车主共同对出险车辆的修复费用进行准确、合理的确定。事故车辆以修复为主,在对车辆进行估价时,特别是确定更换零配件时,既要考虑本公司经济效益,同时还要考虑事故车辆修复后的技术性能。

定损原则

定损基本原则为以下7条:

①严格执行理赔制度,区别属于车主自付范畴。维修服务顾问和定损人员应正确区分:哪些是车辆本身故障所造成的损失;哪些是车辆正常使用过程中零件自然磨损、老化造成的损失;哪些是使用、维护不当造成的损失;哪些是损伤产生后没有及时进行维护修理致使损伤扩大造成的损失;哪些是撞击直接造成的损失。不属于保险范畴的将由车主自行承担。

②修理范围仅限于本次事故中所造成的车辆损失(包括车身损失、车辆的机械损失)。

③能修理的零部件,尽量修复,不要随意更换新的零部件。

④能局部修复的不能扩大到整体修理(主要是对车身表面油漆的处理)。

⑤能更换零部件的坚决不能更换总成件。

⑥根据修复工艺的难易程度,参照当地工时费用水平,准确确定工时费用。

维修服务顾问人员在事故车辆的定损、估价过程中,在保证被保险人的权益不受侵害、不影响车辆性能的前提下,应遵循"公平公正""能修不换"的保险补偿原则,参照当地交通运输管理部门和本公司规定的修理工时及单价对事故车辆的损伤部位逐项进行审定,做到合理准确地定损。

⑦准确掌握汽车零配件价格(综合本企业配件价格,当地市场价格和保险公司核价共同协商)。

2. 维修服务保险顾问和定损人员应具备的要求

1)良好的职业道德

良好的职业道德是维修服务保险顾问和定损人员应具备的首要条件。

2)娴熟的专业技术

①加强了解客户各项需求(包括承保、理赔、配件价格、推荐留修、个别特殊案件等),以及随时发现维修业务动态以作出应对调整。

②利用空余时间虚心向维修师傅请教车辆维修技术,加强自身定损能力的积累。

3)灵活的沟通处理能力

加强向客户和保险公司介绍和解释本公司维修相关流程的工作,处理有争议的定损项目,有效提升定损准确性和工作效率。

二、事故汽车保险损失与费用确定

1. 汽车 4S 店定损流程（见图 4.41）

①起立接待客户，主动了解事故情况。

②耐心指导客户填写相关基本信息。

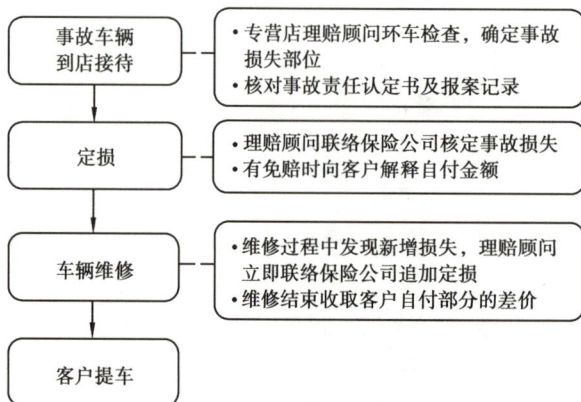

图 4.41　汽车 4S 店定损流程图

如保险单、快速处理协议书、行驶证、车牌号、驾驶证等。

③会同保险公司定损员、车主一起观察损失痕迹，确定损失部位。

a. 定损时，根据现场勘察记录，认真检查受损车辆，弄清本次事故直接造成的损伤部位，并由此判断和确定因肇事部位的撞击、震动可能间接引起其他部位的损伤。

b. 具体鉴定、登记方法：由前到后，由左到右，首先登记外附件（即钣金覆盖件、外装饰件），其次按机器、底盘、电器、仪表等分类进行。

④对事故车拍照。

a. 拍照前核对照片显示日期，不得随意更改。

b. 拍照时照片应体现车辆损失部位。

c. 调整照片适当大小及顺序，删除不必要、不清楚的照片。

d. 面向事故车 45° 拍摄外观。

e. 本着由远到近、由外到内的原则按层次拍照。

f. 对金额较高的配件拍摄具体损伤部位和落地件照片。

⑤确定损失项目及维修金额。

a. 确定出损失部位、损失项目、损失程度，并对损坏的零部件由表及里进行逐项登记，同时进行修复与更换的分类。

b. 三方协商确定修理方案，包括确定修理项目和换件项目。修理项目需列明各项目工时费，换件项目需明确零件价格，零件价格需通过询价、报价程序确定。

c. 协商一致后，三方共同签订《汽车保险车辆损失情况确认书》（见表 4.1）。

⑥系统录入，出具机打定损单。

⑦定损单签字确认，交车间修车。

⑧车辆维修后质量检验。

⑨出具修理明细及发票(见表4.1)。

表4.1 ×××汽车服务有限公司机动车辆定损明细表

车 主					车牌号			
厂牌型号					VIN 代码			
联系电话					进厂日期			
序号	更换配件名称	数量	单价	金额	序号	维修项目		工时
1					1			
2					2			
…					…			
更换配件金额合计					维修项目合计			
总损失金额(小写)					大写			

保险公司 (签字):　　　　　　　　车主(签字):

维修服务顾问(签字):　　　　　　日期:

2. 保险公司定损流程

1)接定损案件调度

①查勘员接到查勘定损通知后记录如下信息:报案号、修理厂名称地址或定损地点(物损)、事故的大致情况、车牌号码、联系电话,如图4.42所示。

②应在10 min 内与客户或修理厂取得联系并约定到达时间,如不能在约定时间到达的,应及时电话联系并做好解释工作。

定损案件记录单

时间	定损员	案件号	任务	是否完成	未完成原因	快赔/一袋式	未推快赔/一袋式原因	是否/IPAD 发送	未使用 IPAD 发送原因
2014 年 2 月 6 日 星期四	李孟江	92100002700022103410	三者车定损	是					
	李孟江	92100002700022111562	标的定损	是		快赔			
	李孟江	92100002700022135184	标的定损	是		快赔			
	李孟江	92100002700022141529	三者车定损	是					
	李孟江	92100002700020959684	标的定损	是		快赔			
	李孟江	92100002700022064299	三者车定损	是					
	李孟江	92100002700022163524	标的定损	是		快赔			
	李孟江	92100002700022164293	标的定损	是		快赔			
	李孟江	92100002700022232076	标的定损	是		快赔			
	李孟江	92100002700022090232	标的定损	否	需作业过程照片	未推	有人伤		
	李孟江	92100002700022198267	三者车定损	是					
	李孟江	92100002700022278289	标的定损	是	快赔				
	李孟江	92100002700022279034	标的定损	否	需核实损失范围	快赔			
	李孟江	92100002700022310556	标的定损	是	一袋式	公司车			

图4.42 定损案件记录单

2)到达定损地点

①到厂后应先确认被保险人或司机是否在厂,作自我介绍并递上名片(应使用礼貌用语)。询问出险经过并指导客户填写《索赔申请书》。

②如客户不在场,需联系车主,尽量争取车主到场,并提醒车主有关委托理赔注意事项。

③定损前认真核对现场照片、现场勘查报告、交警责任认定书、投保情况、车架号、发动机号及相关资料。

3)对事故车辆定损(见图4.43、图4.44)

图4.43　到店定损场景

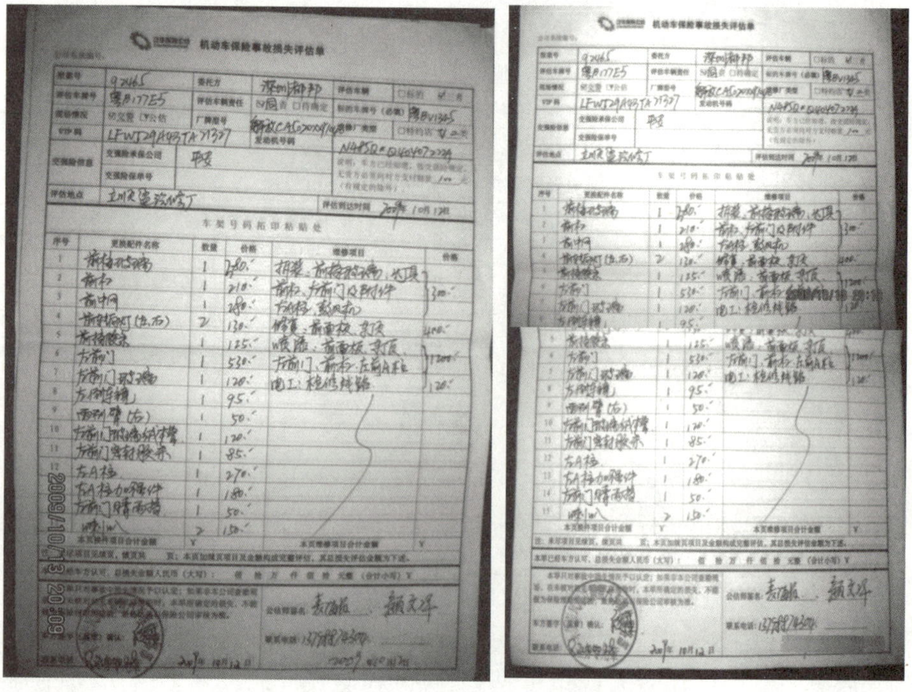

图4.44　定损单

①对整车外观及损失部位拍照,并最大可能地对内部部件拍照,拍照车架号码,已损坏的部件拆检前必须拍照,拆件后连同车牌一同拍照并指明受损点,拓印车架号、发动机号,对价值超过500元的配件,需贴标签拍照。

②对事故的真实性作出初步判别。对在查勘中发现有扩大损失、损失部位或碰撞痕迹不符等疑问的应做好记录、取证等工作。

③与被保险人、修理厂共同确定修理项目、工时及更换配件项目。

④在规定时效内完成定损工作、定损结果并通知车主或修理厂。

⑤指引客户索赔:将索赔申请书、索赔所需相关资料交给车方。

4)录入系统(见图4.45)

①更换配件、维修工时录入,核对相关配件金额。

②描述事故经过、事故责任及车辆受损部位。对于特殊情况须备注说明。

③编辑车损相片,并做好文字说明。

④上传车损相片及车损资料,上传时须严格按照保险公司规定执行,尤其是证件类。

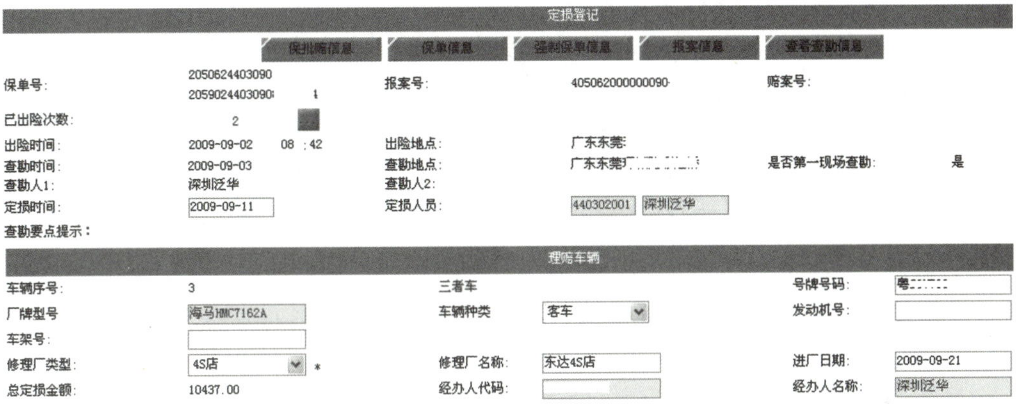

图4.45　录入系统

三、事故汽车的损伤分析

1.碰撞事故分类及特征

汽车碰撞事故可分为单车事故和多车事故,如图4.46所示,其中单车事故又可细分为翻车事故和与障碍物碰撞事故。

图4.46　单车事故和多车事故

翻车事故,如图4.47所示,一般是驶离路面或高速转弯造成的,其严重程度主要与事故车辆的车速和翻车路况有关,既可能是人车均无大恙的局面,也可能造成车毁人亡的严重后果。与障碍物碰撞的事故主要可分为前撞、尾撞和侧撞,其中前撞和尾撞较常见,而侧撞较少发生。与障碍物碰撞的前撞和尾撞又可根据障碍物的特征和碰撞方向的不同再分类。尽管在单车事故中,侧撞较少发生,但当障碍物具有一定速度时也有可能发生。

图4.47 翻车事故

单车事故中汽车可受到前、后、左、右、上、下的冲击载荷,且对汽车施加冲击载荷的障碍物可以是有生命的人体或动物体,也可以是无生命的物体。显然障碍物的特性和运动状态对汽车事故的后果影响较大。这些特性包括质量、形状、尺寸和刚性等。这些特性参数的实际变化范围很大,如人体的质量远比牛这类动物体的质量小,而路面和混凝土墙的刚性远比护栏和松土的刚性大。障碍物特性和状态的千变万化导致的结果是对事故车辆及乘员造成不同类型和不同程度的伤害。

多车事故为两辆以上的汽车在同一事故中发生碰撞。尽管多车事故中,可能有两辆以上的汽车同时相撞,但讨论其特征时可只考虑两辆车相撞的情形,正面相撞和侧面相撞都是具有极大危险性的典型事故状态,且占事故的70%以上。追尾事故在市内交通中发生时,一般相对碰撞速度较低。但由于追尾可造成被撞车辆中乘员颈部的严重损伤和致残,其后果仍然十分严重。在多车事故中,不同车辆所受的碰撞类型是不一样的,在正面碰撞中,两辆车均受前撞;在追尾事故中,前面车辆受到尾撞,而后面车辆却受到前撞;在侧撞事故中,一辆汽车受侧碰,而另一辆汽车却受前撞。在多车事故中,汽车的变形模式也是千变万化的,但与单车事故比,有两个明显的特征:

①在多车事故中一般没有来自上、下方向的冲击载荷。

②给事故汽车施加冲击力的均为其他车辆,尽管不同车辆的刚性不一样,但没有单车事故中障碍物的刚性变化大。

在实际生活中,除了以上描述的典型单车事故和典型多车事故外,还有这两类典型事故的综合性事故,如在多车事故中,一辆或多辆车与行人或其他障碍物发生碰撞。对这类综合性事故的分析,可结合典型单车事故和典型多车事故的分析方法来讨论。

在实际生活中,汽车事故发生的状态和结果千差万别,很难用有限的篇幅描述全部可能出现的情况。同时,从上述分析可以看出,尽管单车事故看上去只涉及单一车辆,似乎情况相对简单,但车辆本身可能造成的损伤比多车事故更复杂,因为单车事故包括了上、下受冲击载荷的情形,而多车事故中一般不包括这一情形。

2. 汽车碰撞机理分析

（1）碰撞冲击力

在汽车碰撞过程中,碰撞冲击力的方向总是同某点冲击力的特定角度相关。因此,冲击合力可以分成分力,通过汽车向不同方向分散。

例如,某汽车在碰撞过程中,冲击力以垂直和侧向角度撞击汽车的右前翼子板,冲击合力可以分解成为3个分力:垂直分力、水平分力和侧向分力。这三个分力都被汽车零部件所吸收。水平分力使汽车右前翼子板变形方向指向发动机罩中心。侧向分力使汽车的右前翼子板向后变形。这些分力的大小及对汽车造成的损坏取决于碰撞角度。

冲击力造成大面积的损坏也同样取决于冲击力与汽车质心相对应的方向。假设冲击力的方向并不是沿着汽车的质心方向,一部分冲击力将形成使汽车绕着质心旋转的力矩,该力矩使汽车旋转,从而减少冲击力对汽车零部件的损坏。

另一种情况是,冲击力指向汽车的质心,汽车不会旋转,大部分能量将被汽车零件所吸收,这种情况造成的损坏是非常严重的。

驾驶员的反应经常会影响冲击力的方向。尤其对于正面碰撞,驾驶员意识到碰撞不可避免时,其第一反应就是旋转转向盘以避免正面碰撞。这种反应所导致的汽车碰撞被称为侧面损坏。在众多的碰撞类型中,应首先了解这种碰撞类型损坏。

驾驶员的第二反应就是试图踩制动踏板,汽车进入制动状态,使汽车从前沿向下俯冲。这种类型的碰撞一般发生在汽车的前沿,比正常接触位置低。由这种反应所导致的类型称为凹陷,经常在侧向损坏后立即发生。正面碰撞中的凹陷能导致碰撞点高于汽车的前沿。这将引起前罩板件和车顶盖向后移动及汽车尾部向下移动。如果碰撞点的位置低于汽车的前沿,汽车的本身质量将引起汽车的尾部向上变形,迫使车顶盖向前移动,这就是为什么在车门的前上部和车顶盖之间形成一个大缝隙的原因。

（2）碰撞接触面积

假设汽车以相同的速度和相近的载货量行驶,碰撞的类型不同,损坏的程度也就不同。例如,撞击电线杆和一面墙,如果撞击的面积较大,损坏程度就较小。

从另一个角度来说,接触面积越小,损坏就越严重。保险杠、发动机罩、散热器等都发生严重的变形。发动机向后移动,碰撞所带来的影响甚至扩展到后悬架。

另一种情况是,一辆汽车撞击另一辆正在运动的汽车。假设汽车A向正在运动的汽车B侧面撞击。汽车A的运动使汽车前端向后运动,然而汽车B的运动将汽车A向侧面"拖动"。尽管这仅是一次碰撞,但是碰撞损失却是两个方向。此外,在一个方向也可能出现二次碰撞,在高速公路连环相撞是一种普遍存在的现象。一辆轿车撞击另一辆轿车,然后冲向路边的立柱或栏杆,这是两种完全不同类型的碰撞。

还有许多其他类型的碰撞和混合碰撞的类型,要作出精确的损失评估,弄清楚汽车碰撞是如何发生的是非常重要的。获取大量的交通事故资料,并将它们同物理测量相结合,判定出汽车碰撞的类型及车身和哪些零件扭曲或折断。

（3）汽车碰撞损伤类型

按汽车碰撞行为分，汽车碰撞损伤可分为直接损伤（或一次损伤）和间接损伤（或二次损伤），如图 4.48 所示。

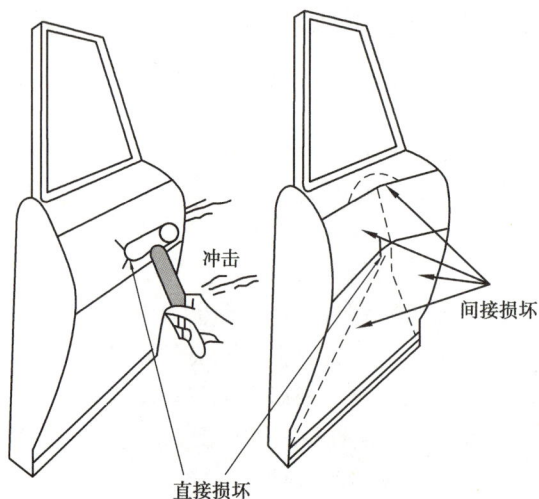

冲击

间接损坏

直接损坏

图 4.48　汽车碰撞损伤类型

1）直接损伤

直接损伤是指车辆直接碰撞部位出现的损伤。直接碰撞点为车辆左前方，推压前保险杠车辆左前翼子板、散热器护栅、发动机罩、左车灯等导致其变形，称为直接损伤。

2）间接损伤

间接损伤是指二次损伤，损伤离碰撞点有一段距离。这是因碰撞力传递而导致的弯曲变形和各种钣金件的扭曲变形等，如车架横梁、行李箱底板、护板和车轮外壳等。

按汽车碰撞后导致的损伤现象不同，汽车碰撞损伤可归纳为五大类，即侧弯、凹陷、折皱或压溃、菱形损伤、扭曲等。

①侧弯。汽车前部、汽车中部或汽车后部在冲击力的作用下，偏离原来的行驶方向发生的碰撞损坏称为侧弯。汽车的前部侧弯，冲击力使"汽车"的一边伸长，一边缩短。侧弯也有可能在汽车中部和后部发生。侧弯可以通过视觉观察和对汽车侧面的检查判别出来，在汽车的伸长侧面留下一条刮痕，而在另一缩短侧面会有折皱。发动机罩不能正常开启等情况都是侧面损坏的明显特征。对于非承载式车身汽车，折皱式侧面损坏一般发生在汽车车架横梁的内部和相反方向的外部。承载式车身的汽车车身也能够发生侧面损坏。

②凹陷。凹陷就是出现汽车的前罩区域比正常的规定低的情况，如图 4.49 所示。损坏的车身或车架背部呈现凹陷形状。凹陷一般是由于正面碰撞或追尾碰撞造成的。有可能发生在汽车的一侧或两侧。当发生凹陷时，可以看到在汽车翼子板和车门之间顶部变窄，底部变宽，也可以看到车门闩眼处过低。凹陷是一种普通碰撞损坏类型，大量存在于交通事故中。尽管折皱或扭结在汽车车架本身并不明显，但是一定的凹陷将破坏汽车车身的钣金件的结合。

③折皱或压溃。折皱就是在车架上（非承载式车身汽车）或侧梁（承载式车身汽车）微小的弯曲。如果仅仅考虑车架或侧梁上的折皱位置，常常是另一种类型损坏。

例如，在车架或在车架边纵梁内侧有折皱，表明有向内的侧面损坏；折皱在车架或在车架

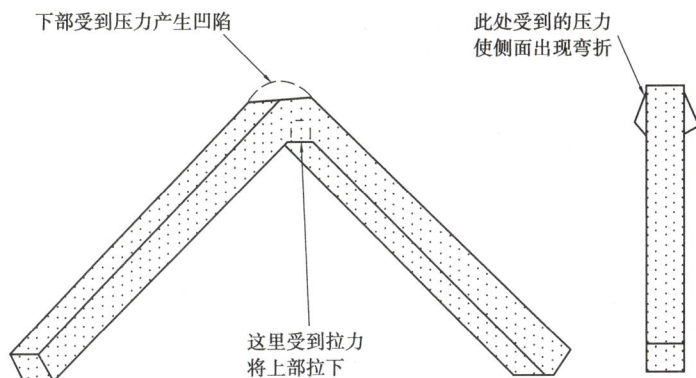

图 4.49　凹陷

边梁外侧,表明有向外的侧面损坏;在车架或在车架边梁的上表面有折皱,一般表明是向上凹陷类型;如果折皱在相反的方向即位于车架的下表面,则一般为向下凹陷类型。

压溃是一种简单、具有广泛性的折皱损坏。这种损坏使得汽车框架的任何部分都比规定要短。压溃损坏一般发生在前罩板之前或后窗之后。车门没有明显的损坏痕迹。然而在前翼子板、发动机罩和车架棱角等处会有折皱和变形。在轮罩上部车身框架常向上升,引起弹簧座损坏。伴随压溃损坏,保险杠的垂直位移很小。发生正面碰撞或追尾碰撞,会引起这种损坏。

在决定严重压溃损坏的修理方法时,必须记住一点:在承载式车身上,高强度钢加热后易于拉伸,但这种方法要严格限制,因为这些钢材加热处理不当,会使其强度、刚度降低。

另一方面,对弯曲横梁冷却拉直可能导致板件撕裂或拉断。然而对小的撕裂,可用焊接的方法修复,但必须合理地考虑零件是修理还是换新件。如果结构部件纽绞,即弯曲超过90°,该零件应该换新件;如果弯曲小于90°,可能拉直并且能够满足设计强度,该零件可以修理。用简单的方法拉直纽绞零部件可能会使汽车结构性能下降。当这种未达到设计标准的汽车再发生事故时,气囊将有可能不能正常打开,这样就会危及乘客的生命。

④菱形损坏。菱形损坏就是一辆汽车的一侧向前或向后发生位移,使车架或车身不再是方形。汽车的形状类似一个平行四边形,这是由于汽车碰撞发生在前部或尾部的一角或偏离质心方向所造成的。明显的迹象就是发动机罩和车尾行李箱盖发生了位移。在后驾驶室后侧围板的后轮罩附近或在后侧围板与车顶盖交接处可能会出现折皱。折皱也可能出现在乘客室或行李箱地板上。通常,压溃和凹陷会带有菱形损坏。

菱形损坏经常发生在非承载式车身汽车上。车架的一边梁相对于另一边梁向前或向后运动。可以通过量规交差测量方法来验证菱形损坏。

⑤扭曲。扭曲即汽车的一角比正常的要高,而另一角要比正常的低。当一辆汽车以高速撞击到路边或高速公路中间分界之安全岛时,有可能发生扭曲型损坏。后侧车角发生碰撞也常发生扭曲损坏,仔细检查能发现板件不明显的损坏,然而真正的损坏一般隐藏在下部。由于碰撞,车辆的一角向上扭曲,同样,相应的另一角向下扭曲。由于弹簧弹性弱,所以如果汽车的一角凹陷到接近地面的程度,应该检查是否有扭曲损坏。当汽车发生滚翻时,也会有扭曲。

只有非承载式车身汽车才能真正发生扭曲。车架的一端垂直向上变形,而另一端垂直向下变形。从一侧观察,看到两侧纵梁在中间处交叉。

承载式车身汽车前后横梁并没有连接,因此并不存在真正意义上的"扭曲"。承载式车身损坏相似的扭曲是,前部和后部元件发生相反的凹陷。例如:右前侧向上凹陷,左后侧向下凹陷,左前侧向下凹陷而右后侧向上凹陷。

对于承载式车身汽车而言,在校正每一端的凹陷时应对汽车的拉伸修理进行评估;对于非承载式车身汽车而言,需要两方面的拉伸修理,汽车前沿的拉伸修理和汽车后端的拉伸修理。

四、事故汽车碰撞损伤的诊断与测量

要准确地评估一辆事故汽车,就要对其碰撞受损情况作出准确的诊断。也就是说,要确切地评估出汽车受损的严重程度、范围及受损部件。确定完这些之后,才能制订维修工艺,确定维修方案。一辆没有经过准确诊断的汽车会在修理过程中发现新的损伤情况,这样,必然会造成修理工艺及方案的改变,从而造成修理成本的改变,由于需要控制修理成本,往往会造成修理质量的不尽如人意,甚至留下质量隐患,对碰撞作出准确的诊断是衡量一名汽车评估人员水平的重要标志。

通常,一般的汽车评估人员对碰撞部位直接造成的零部件损伤都能作出诊断,但是这些损伤对于与其相关联零部件的影响以及发生在碰撞部位附近的损伤常常可能会被疏忽。因此对于现代汽车,较大的碰撞损伤只用目测来鉴定是不够的,还必须借助相应的工具及仪器设备来鉴定汽车的损伤。

1. 在进行碰撞损伤鉴定评估之前应当注意以下安全事项

①在查勘碰撞受损的汽车之前,先要查看汽车上是否有破碎玻璃棱边,以及是否有锋利的刀状和锯齿状金属边角,为安全起见,最好对危险的部位做上安全警示,或进行处理。

②如果汽油泄漏气味,切忌使用明火和开关电器设备。对于事故较大时,为保证汽车的安全可考虑切断蓄电池电源。

③如果有机油或齿轮油泄漏,注意别滑倒。

④在检验电器设备状态时,注意不要造成新的设备和零部件的损伤。如车窗玻璃升降器,在车门变形的情况下,检验电动车窗玻璃升降功能时,切忌盲目升降车窗玻璃。

⑤应在光线良好的场所进行碰撞诊断,如果损伤涉及底盘件或需在车身下进行细致检查时,务必使用汽车升降机,以提高评估人员的安全性。

2. 基本的汽车碰撞损伤鉴定步骤

①了解车身结构的类型。

②以目测确定碰撞部位。

③以目测确定碰撞的方向及碰撞力大小,并检查可能有的损伤。

④确定损伤是否限制在车身范围内,是否还包含功能部件或零配件(如车轮、悬架、发动机及附件等)。

⑤沿着碰撞路线系统地检查部件的损伤,直到没有任何损伤痕迹的位置。例如立柱的损伤可以通过检查门的配合状况来确定。

⑥测量汽车的主要零部件,通过比较维修手册车身尺寸图表上的标定尺寸和实际汽车上的尺寸来检查汽车车身是否产生变形。

⑦用适当的工具或仪器检查悬架和整个车身的损伤情况。

3. 以目测确定碰撞损伤的程度

在大多数情况下,碰撞部位能够显示出结构变形或者断裂的迹象。用肉眼进行检查时,先

要后退离开汽车对其进行总体观察。从碰撞的位置估计受撞范围的大小及方向,并判断碰撞如何扩散。同样先从总体上查看汽车上是否有扭转、弯曲变形,再查看整辆汽车,设法确定出损伤的位置以及所有的损伤是否都是由同一起事故引起的。

碰撞力沿着车身扩散,并使汽车的许多部位发生变形,碰撞力具有穿过车身坚固部位抵达并损坏薄弱部件,最终扩散并深入至车身部件内的特性。因此,为了查找出汽车损伤,必须沿着碰撞力扩散的路径查找车身薄弱部位(碰撞力在此形成应力集中)。沿着碰撞力的扩散方向一处一处地进行检查,确认是否有损伤及其程度。具体可从以下5个方面来加以识别:

(1)钣金件的截面突然变形

碰撞所造成的钣金件的截面变形与钣金件本身设计的结构变形不一样,钣金件本身设计的结构变形处表面油漆完好无损,而碰撞所造成的钣金件的截面变形处油漆起皮、开裂。车身设计时,要使碰撞产生的能量能够按照一条既定的路径传递、指定的地方吸收。

(2)零部件支架断裂、脱落及遗失

发动机支架、变速器支架、发动机各附件支架是碰撞应力吸收处,发动机支架、变速器支架、发动机各附件支架在汽车设计时就有保护重要零部件免受损伤的功能。在碰撞事故中常有各种支架断裂、脱落及遗失现象出现。

(3)检查车身每一部位的间隙和配合

车门是以铰链装在车身立柱上的,通常立柱变形就会造成车门与车门、车门与立柱的间隙不均匀。另外,还可通过简单地开关车门,查看车门锁机与锁扣的配合,从锁机与锁扣的配合可以判断车门是否下沉,从而判断立柱是否变形,查看铰链的灵活程度可以判断主柱及车门铰链处是否变形。

(4)检查汽车本身的惯性损伤

当汽车受到碰撞时,一些质量较大的部件(如装配在橡胶支座上的发动机附离合器总成)在惯性力的作用下会造成固定件(橡胶垫、支架等)及周围部件及钢板的移位、断裂,应对其进行检查,对于承载式车身结构的汽车还需检查车身与发动机及底盘结合部是否变形。

(5)检查来自乘员及行李的损伤

乘客和行李在碰撞中由于惯性力作用还能引起车身的二次损伤,损伤的程度因乘员的位置及碰撞的力度而异,其中较常见的损伤有转向盘、仪表工作台、转向柱护板及座椅等。行李箱中的行李是造成行李箱中如 CD 机、音频功率放大器等设施常见损伤的主要原因。

4. 车身变形的测量

测量碰撞损伤汽车车身尺寸是做好碰撞损失评估的一项重要工作,就承载式车身结构的汽车来说,准确的车身尺寸测量对于损伤鉴定更为重要。转向系和悬架大都装配在车身上。齿轮齿条式转向器通常装配在车身或副梁上,形成与转向臂固定的联系,车身的变形直接影响转向系中横拉杆的定位尺寸。绝大多数汽车的主销后倾角和车轮外倾角是不可调整的,它们是通过与车身的固定装配来实现的,车身悬架座的变形直接影响汽车的主销后倾角和车轮外倾角。发动机、变速器及差速器等也被直接装配在车身或车身构件支承的支架上。车身的变形还会使转向器和悬架变形,或使零部件错位,从而导致车身操作失灵,传动系的振动和噪声,拉杆接头、轮胎、齿轮齿条的过度磨损和疲劳损伤。为保证汽车正确的转向及操纵性能,关键定位尺寸的公差必须不超过 3 mm。

碰撞损伤的汽车最常见部位测量方法如下:

（1）车身的扭曲变形测量

要修复碰撞产生的变形，撞伤部位的整形应按撞击的相反方向进行，修复顺序也应与变形的形成顺序相反。因此，检测也应按相反的顺序进行。

测量车身变形时，应记住车身的基础是它的中段，所以应首先测量车身中段的扭曲和方正状况，这两项测量将告诉汽车评估人员车身的基础是否周正，然后才能以此为基准对其他部位进行测量。

扭曲变形是最后出现的变形，因此应首先进行检测。扭曲是车身的一种总体变形。当车身一侧的前端或后端受到向下或向上的撞击时，另一辆车变形就以相反的方向变形。这时就会呈现扭曲变形。

扭曲变形只能在车身中段测量，否则，在前段或后段的其他变形导致扭曲变形的测量数据不准确。为了检测扭曲变形，必须悬挂两个基准自定心规，它们也称作前中和后中规。前中规应尽量靠近车体中段前端，而后中规则尽量靠近车体中段的后端。然后相对于后中规观测前中规：如果两规平行，则说明没有扭曲变形，否则说明可能有扭曲变形。通过测量车辆受损位置的尺寸和出厂车身尺寸来判断碰撞产生的变形量。最常用的方法是上部测量两悬架座至另一侧散热器框架上控制点的距离是否一致；下部测量前横梁两定位控制点至另一侧副梁后控制点的距离是否一致。通常检查的尺寸越长，测量就越准确。如果利用每个基准点进行两个或更多个位置尺寸的测量，就能保证所得到的结果更为准确，同时还有助于判断车身损伤的范围和方向。

（2）车身侧围的测量

通常汽车左右都是对称的，利用车身的左右对称性，通过测量可以进行车身挠曲变形的检测。这种测量方法不适用于车身的扭曲变形和左右两侧车身对称受损的情况。

通过左侧、右侧长度的测量和比较，可对损伤情况作出很好的判断，这一方法适用于左侧和右侧对称的部位，它还应与对角线测量法联合使用。

（3）车身后段的测量

后部车身的变形大致上可通过行李箱盖开关的灵活程度，以及与行李箱结合的密封性来判断。后风窗玻璃是否完好，后风窗玻璃与风窗玻璃框的配合间隙左右、上下是否合适也是评估判断车身后部是否变形的常用手段。

五、事故汽车常损零件维修与更换的方法

在损失评估中受损零件的修与换是困扰汽车评估人员的一个难题，同时也是汽车评估人员必须要掌握的一项技术，是衡量汽车评估人员水平的一个重要标志。在保证汽车修理质量的前提下，用最小的成本，完成受损部位修复是评估人员评估受损汽车的原则。碰撞中常损零件有承载式车身结构钣金件、非结构钣金件、塑料件、机械类零件及电器件等。

定损的修与换界定

1. 承载式车身结构钣金件修与换

碰撞受损的承载式车身结构件是更换还是修复？这是汽车评估人员几乎每天都必须面对的问题。实际上，作出这种决定的过程就是一个寻找判断理由的过程。为了帮助汽车评估人员作出正确的判断，美国汽车撞伤修理业协会经过大量的研究，终于得出关于损伤结构件的修复与更换的一个简单的判断原则，即"弯曲变形就修，折曲变形就换"。

为了更加准确地了解折曲和弯曲这两个概念,必须记住下面的内容。

(1)弯曲变形的特点

零件发生弯曲变形,其特点是:

①损伤部位与非损伤部位的过瘦平滑、连续。

②通过拉拔矫正可使它恢复到事故前的形状,而不会留下永久的塑性变形。

(2)折曲变形的特点

①弯曲变形剧烈,曲率半径小于 3 mm,通常在很短的长度上弯曲 90°以上。

②矫正后,零件上仍有明显的裂纹或开裂,或者出现永久变形带,不经过调温加热处理不能恢复到事故前的形状。

(3)汽车评估人员的注意事项

虽然美国汽车撞伤修理业协会的"弯曲与折曲"原则是判断承载式车身结构件是更换还是修复的依据,但撞伤评估人员必须懂得:

①在折曲和随后的矫正过程中钢板内部发生了什么变化?

②为什么那些仅有一些小的折曲变形或有裂纹的大结构件也必须裁切或更换?

③当承载式车身决定采用更换结构钣金件时,应完全遵照制造厂的建议。当需要切割或分割钣金件时,厂方的工艺要求必须遵守,一些制造厂不允许反复分割结构钣金件。另一些制造厂规定只有在遵循厂定工艺时,才同意分割。所有制造厂家都强调,不要割断可能降低乘客安全性的区域、降低汽车性能的区域或者影响关键尺寸的地方。在我国应采用"弯曲变形就修,折曲变形就可以换,而不是必须更换",从而避免可能产生更大的车身损伤。

④高强度钢在任何条件下,都不能用加热来矫正。

2. 非结构钣金件修与换

非结构钣金件又称覆盖钣金件,承载式车身的覆盖钣金件通常包括可拆卸的前翼子板、车门、发动机盖、行李箱盖和不可拆卸的后翼子板、车顶等。

(1)可拆卸件修与换

1)前翼子板修与换

①损伤程度没有达到必须将其从车上拆下来才能修复,如整体形状还在,只是中部的局部凹陷,一般不考虑更换。

②损伤程度达到必须将其从车上拆下来才能修复,并且前翼子板的材料价格低廉、供应流畅,材料价格达到或接近整形修复工费,则应考虑更换。

③如果每米长度超过 3 个折曲、破裂变形,或已无基准形状,应考虑更换(一般来说,当每米折曲、破裂变形超过 3 个时,由于整形和热处理后很难恢复其尺寸)。

④如果每米长度不足 3 个折曲、破裂变形,且基准形状还在,应考虑整形修复。

⑤如果修复工费明显小于更换费用应考虑以修理为主。

2)车门修与换

①如果车门门框产生塑性变形,一般来说是无法修复的,应考虑以更换为主。

②许多汽车的车门面板是可以作为单独零件供应的(如奥迪 100 型),面板的损坏可以单独更换,不必更换门壳总成。

3)发动机盖和行李箱盖修与换

绝大多数汽车的发动机盖和行李箱盖,是用两个冲压成形的冷轧钢板经翻边胶粘制成的。

①判断碰撞损伤变形的发动机盖或行李箱盖,是否要将两层分开进行修理,如果不需将两层分开,则不应考虑更换。

②需要将两层分开整形修理,应首先考虑工费加辅料与其价值的关系,如果工费加辅料接近或超过其价值,则不应考虑修理;反之,应考虑整形修复。其他同车门。

(2)不可拆卸件修与换

碰撞损伤的汽车中最常见的不可拆卸件就是三厢车的后翼子板(美国教科书称作 1/4 车身面板),由于更换需从车身上将其切割下来,而国内绝大多数汽车修理厂在切割和焊接上,满足不了制造厂提出的工艺要求,从而造成车身结构新的修理损伤。因此,在国内现有的修理行业设备和工艺水平下,后翼子板只要有修理的可能性都应采取修理的方法修复。

3. 塑料件修与换

塑料件修与换的掌握,应从以下 6 个方面来考虑:

①对于燃油箱及要求严格的安全结构件,必须考虑更换。

②整体破碎应考虑以更换为主。

③价值较低、更换方便的零件应考虑以更换为主。

④应力集中部位,如富康车尾门铰链、撑杆锁机处,应考虑以更换为主。

⑤基础零件,并且尺寸较大,受损以划痕、撕裂、擦伤或穿孔为主,这些零件拆装麻烦、更换成本高或无现货供应,应考虑以修理为主。

⑥表面无漆面的、不能使用氰基丙烯酸酯黏结法修理的且表面美观要求较高的塑料零件。一般来说,由于修理处会留下明显的痕迹,应考虑更换。

4. 机械类零件修与换

(1)悬架系统、转向系统零件修与换

在阐述悬架系统中零件修与换的掌握之前,必须说明悬架系统与车轮定位的关系。非承载式车身,正确的车轮定位的前提是正确的车架形状和尺寸;承载式车身,正确的车轮定位的前提是正确的车身定位尺寸。车身定位尺寸的允许偏差一般在 1 ~ 3 mm,可见要求比较高。

我们知道,汽车悬架系统中的任何零件是不允许用校正的方法进行修理的,当车轮定位仪器(前轮定位或四轮定位仪器)检测出车轮定位不合格时,用肉眼和一般量具又无法判断出具体的损伤和变形的零部件,不要轻易作出更换悬架系统中某个零件的决定。

车轮外倾、主销内倾、主销后倾,它们都与车身定位尺寸密切相关。车轮外倾、主销内倾、主销后倾不对时,首先分析是否是碰撞造成的,由于碰撞事故不可能造成轮胎的不均匀磨损,可通过检查轮胎的磨损是否均匀,初步判断事故前的车轮定位情况。

例如桑塔纳车的车轮外倾角,下摆臂橡胶套的磨损、锁板固定螺栓的松动,都会造成车轮外倾角的增大。再检查车身定位尺寸,在消除了诸如摆臂橡胶套的磨损等原因,校正好车身,使得相关定位尺寸正确后,再做车轮定位检测。如果此时车轮定位检测仍不合格,再根据其结构、维修手册判断具体的损伤部件,逐一更换、检测,直至损伤部件确认为止。上述过程通常是一个非常复杂而烦琐的过程,又是一个技术含量较高的工作,由于悬架系统中的零件都是安全部件,而零件的价格又较高,鉴定评估工作切不可轻率马虎。

(2)铸造基础件修与换

汽车的发动机缸体、变速器、主减速和差速器的壳体往往用球墨铸铁或铝合金铸造而成。在遭受冲击载荷时,常常会造成固定支脚的断裂。我们知道球墨铸铁或铝合金铸件都是可以焊接的。

一般情况,对发动机缸体、变速器、主减速和差速器的壳体的断裂是可以进行焊接修理的。如桑塔纳普通型轿车在遭受正面或左侧正面碰撞时,气缸盖发电机固定处常见的碰撞断裂,这种断裂通过焊接其强度、刚度和使用性能都可以得到满足。桑塔纳普通型轿车的气缸体的空调压缩机固定处,同样会遭受类似的碰撞损伤,也可以用类似方法修复。

但不论是球墨铸铁或铝合金铸件,焊接都会造成其变形,这种变形通常肉眼看不出来,但由于焊接部位的附近对形状尺寸要求较高(如发动机气缸壁,变速器、主减速和差速器的轴承座)。也就是说,如果发动机气缸壁、变速器、主减速和差速器的轴承座这些部位附近产生断裂,则采用焊接的方法修复常常是不行的;如果这些部位产生断裂,一般来说应考虑更换。

5. 电器件修与换

有些电器件在遭受碰撞后,它的外观没有损伤,然而其"症状"是"坏了",但是它是否真的"坏了",还是系统中的电路保护装置工作了呢? 这一定要认真检查。

如果电路过载或短路就会出现大电流、导线发热、绝缘损伤,结果会酿成火灾。因此,电路中必须设置保护装置。熔断器、熔丝链、大限流熔断器和断路器都是过流保护装置,它们可以单独使用,也可以配合使用。碰撞会造成系统过载,相应的熔断器、熔丝链、大限流熔断器和断路器会因过载而工作,出现断路,"症状"就是"坏了"。各种电路保护装置如下:

(1)熔断器

现代汽车使用较多的是熔片式熔断器。

检查时将熔断器从熔断器板(俗称熔丝盒)上拉出来,透过透明塑料壳查看里边的熔丝有没有烧断和塑料壳有没有变色。如果烧断,更换应使用同一规格(电流量)的熔断器。

许多欧洲产汽车采用陶瓷熔断器,它的中间是一个陶瓷绝缘体,一侧绕着一根金属丝。检查时可查看绕在陶瓷绝缘体外的金属丝有没有烧断。

无论哪种类型的熔断器都可以用万用表进行断路检测。

(2)熔丝链

熔丝链用在最大电流限制要求不十分严格的电路中,通常装在点火开关电路和其他拔出点火钥匙后仍在工作的电路的蓄电池正极一侧,位置一般在发动机舱内的蓄电池附近,也用在不便于将导线从蓄电池引至熔断器板再引回负载的场合。

熔丝链是装在一个导体里的一小段细金属丝,通常靠近电源。由于熔丝链比主导线细,所以能在电路中其他部分损坏之前熔断并形成断路。熔断器表面有一层特殊的绝缘层,过热时会冒泡,表明熔丝已经熔化。如果绝缘表面看起来没问题,轻轻往两边拉拉电线,这时若能拉长,则说明熔丝链已经熔化。如果拿不准它是否熔化,可以用测试灯或万用表进行断路检测。

(3)大限流熔丝

有些新的电器系统用大限流熔丝取代了常规的熔丝链。大限流熔丝的外观和用法有些像双熔片式熔断器,但外形比较大,电流的额定值也更高(一般要高4~5倍)。大限流熔丝装在单独的熔丝盒内,位于发动机罩下。

大限流熔丝的丝比一般熔丝链便于检查和更换。检查时透过彩色塑料壳可以看到熔丝,如果熔丝断了,将熔丝从熔丝盒里抽出来即可更换。

大限流熔丝的另一个优点是可以将汽车的电器系统分成几个较小的电路,方便诊断和检查。例如,有些汽车上用一个熔丝链控制大半个整机电路,如果这个熔丝链断了,许多电器装置都不能工作,换成若干个大限流熔丝,则因一个熔丝烧断而停机的电器装置的数目显著减少,这样可准确地找到故障源。

(4)断路器

有的电路用断路器保护。它可以集中装在熔丝盒上,也可以分散串在电路中。跟熔断器一样,它也是以电流值来定等级的。

断路器分为循环式和非循环式两种。

1)循环式断路器

循环式断路器常用一个由两面金属膨胀率相差较大的金属薄片制成(俗称双金属熔丝),当流过双金属臂的电流过大时,金属臂就发热,由于两种金属的膨胀率相差较大,金属臂产生弯曲变形而打开触点,切断电流。电流停止后,金属冷却,恢复到原形状触点闭合,恢复供电。如果电流仍过大,电路又切断,如此反复。

2)非循环式断路器

非循环式断路器有两种:一种是停止给电路供电即可复位的,这种断路器的双金属臂上绕有线圈,过流时触点打开,有小电流流过线圈。小电流不能驱动负载,但可以加热双金属臂,使金属臂保持断路状态,直到停止供电。另一种要按下复位按钮才能复位,其金属臂由一弹簧顶住,保持触点接通。电流过大时,双金属臂发热,弯曲到一定程度,克服弹簧阻力而打开触点,直到按下复位按钮才能重新闭合(如 EQ1091 前照灯线路采用)。

六、事故汽车保险定损

1.事故汽车车身的定损

(1)前保险杠及附件

前保险杠及附件,如图 4.50 所示,由前保险杠、前保险杠饰条、前保险杠内衬、前保险杠骨架、前保险杠支架、前保险杠灯等组成。

图 4.50　前保险杠

现代轿车的保险杠绝大多数用塑料制成,对于用热塑性塑料制成、价格昂贵的保险杠,如果其破损处不多,并且要为表面做漆的,可用塑料焊机焊接。

保险杠饰条破损后基本以换为主。

保险杠使用内衬的多为中高档轿车,常为泡沫制成,一般可重复使用。

现代轿车的保险杠骨架多数用金属制成,使用较多的是用冷轧板冲压成形,少数高档轿车采用铝合金制成。对于铁质保险杠骨架,轻度碰撞常采用钣金修理的方法修复,价值较低的中度以上的碰撞常采用更换的方法修复。铝合金的保险杠骨架修复难度较大,中度以上的碰撞多以更换修复为主。

保险杠支架多为铁质,一般价格较低,轻度碰撞常采用钣金修复,中度以上的碰撞多为更换修复。

(2)前护栅及附件

前护栅及附件由前护栅饰条、前护栅铭牌等组成。

前护栅及附件的破损多数以更换修复为主。

(3)散热器框架

散热器框架又称前裙,如图4.51所示。

现代轿车的散热器框架在承载式车身中属于结构件,多为高强度钢板,结构形状复杂,轻度的变形通常可用钣金修复,而中度以上的变形往往不宜用钣金修复,高强度低合金钢更是不宜用钣金修复。

图4.51 散热器框架

图4.52 散热器及附件

(4)散热器及附件

散热器及附件,如图4.52所示,包括散热器、进水管、出水管、副散热器等。

现代汽车散热器基本上是铝合金的,铜质散热器由于造价较高,基本已不再使用。判断散热器的修与换基本与冷凝器相似。所不同的是散热器常有两个塑料水管,水管破损后,一般需更换,而水管在遭受撞击后最易破损。水管的破损一般以更换的方法修复。

水泵传动带轮是水泵中最易损坏的零件,通常变形后以更换为主,较严重的会造成水泵前段(俗称水泵头子)中水泵轴承处损坏,一般更换水泵前段即可,而不必更换水泵总成。

轻度风扇护罩变形一般以整形校正为主,严重的变形常常采取更换的方法修复。

主动风扇与从动风扇常为风扇叶破碎,由于生产时将风扇叶做成了不可拆卸式,也无风扇叶购买,所以风扇叶破碎后都要更换总成。

风扇传动带在碰撞后一般不会损伤,由于其正常使用的磨损也会造成损坏。拆下后如果需更换应确定是否为碰撞原因。

(5)发动机盖及附件

轿车发动机盖(见图4.53)绝大多数采用冷轧钢板冲压而成,少数高档轿车采用铝板冲压而成。冷轧钢板在遭受撞击后常见的损伤有变形、破损。铁质发动机盖是否需更换主要根据变形的冷作硬化程度,基本几何形状变形程度。冷作硬化程度较少、几何形状较好的发动机盖常采用钣金修理法修复;反之,则更换。铝质发动机盖通常产生较大的塑性变形就需更换。

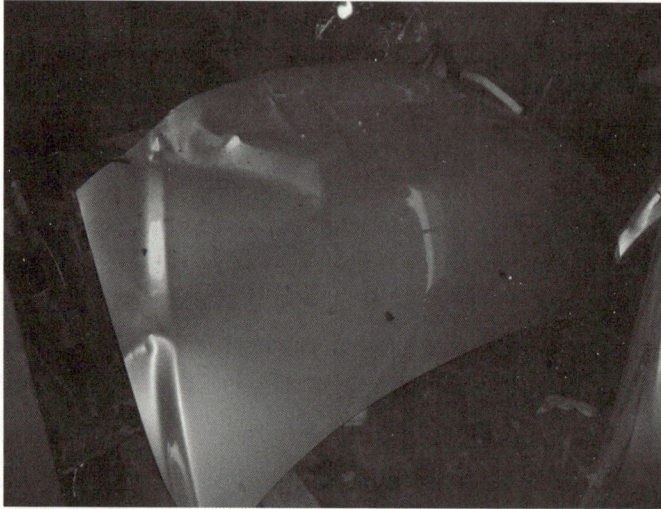

图 4.53　轿车发动机盖

发动机盖锁遭受碰撞变形、破损多以更换为主。

发动机盖铰链遭受碰撞后多以变形为主,由于铰链的刚度要求较高,变形后多以更换为主。

发动机盖撑杆常有铁质撑杆和液压撑杆两种,铁质撑杆基本上都可以通过校正修复,液压撑杆撞击变形后多以更换修复为主。

发动机盖拉索在轻度碰撞后一般不会损坏,碰撞严重会造成折断,折断后应更换。

(6)前翼子板及附件

前翼子板及附件如图 4.54 所示,前翼子板遭受撞击后其修理与发动机基本相同。

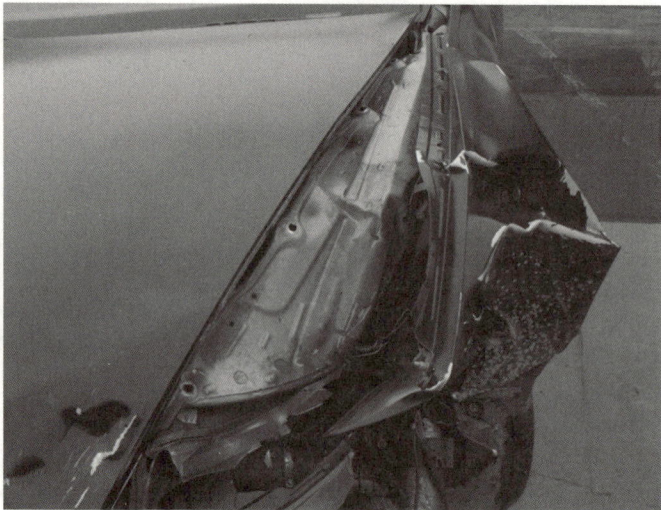

图 4.54　前翼子板及附件

　　前翼子板的附件常有饰条、砾石板等,饰条损伤后多以更换为主,即使饰条未遭受撞击,而常因钣金整形翼子板需拆卸饰条,许多汽车的饰条下后就必须更换。砾石板因价格较低撞击破损后一般做更换处理。

　　(7)前纵梁及挡泥板

　　1)前纵梁定损分析

　　鉴定方法:若前纵梁弯曲变形,则前纵梁上的漆皮将会脱落,铁皮起皱,左右前翼子板的缝隙大小不一,发动机盖向两边偏移等。

　　定损处理:在一般情况下,大多采取校正处理。对于纵梁变形程度较大的,一般情况下可采取更换处理。

　　2)挡泥板定损分析

　　正面碰撞,一般会造成前纵梁支撑及挡泥板前部变形,如果从侧面碰撞或者严重正面碰撞则可能造成平行包变形。当汽车发生正面碰撞,挡泥板前部变形,一般都采取整形修复处理。若碰撞严重,造成前纵梁弯折,挡泥板破损,在决定更换前纵梁的同时,连挡泥板一同更换。若从侧面碰撞,使平行包变形严重或破损,可更换挡泥板。

　　(8)前风窗玻璃及附件(前风窗玻璃、前风窗玻璃密封条及饰条、内视镜等)(见图4.55)

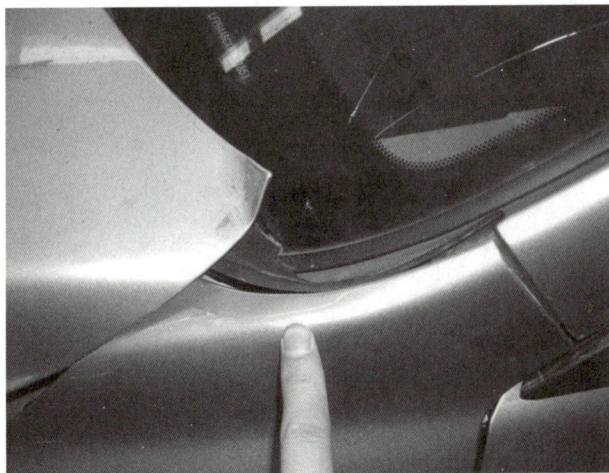

图4.55　前风挡玻璃及附件

　　前风窗玻璃及附件因撞击损坏基本上以更换为主。

　　前风窗玻璃胶条密封式和粘贴式,桑塔纳普通型为胶条密封式,更换风窗玻璃不用更换密封胶条;对于粘贴式的风窗玻璃,更换风窗玻璃时可能还要更换风窗玻璃饰条(如一汽马自达车型)。

　　因为许多车将内视镜粘贴在前风窗玻璃上,所以将其与风窗玻璃归在一起。内视镜多为二次碰撞致损,破损后一般以更换为主。

　　(9)雨刮系统(雨刮片、雨刮臂、喷水壶、雨刮联动杆、雨刮电动机、喷水管等)

　　雨刮系统中雨刮片、雨刮臂、雨刮电动机因撞击损坏的,主要以更换修复为主。

　　雨刮固定支架、联动杆中度以下的变形损伤以整形修复为主,严重变形的一般需更换。

　　一般雨刮喷水壶只在较严重的碰撞中才会损坏,损坏后以更换为主。

　　雨刮喷水电动机、喷水管和喷水嘴因撞坏的情况较少出现,若撞坏以更换为主。

（10）A 柱及饰件、前围、暖风系统、集雨栅等

A 柱因碰撞产生的损伤多以整形修复为主，由于 A 柱为结构钢，当产生折弯变形以更换外片为主要修复方式。

A 柱有上下内饰板，破损后一般以更换为主。

前围多为结构件，整修与更换按结构件的整修与更换原则执行，A 柱内饰板因撞击破损以更换修复为主。

前围上板上安装有暖风系统。较严重的碰撞常会造成暖风机壳体、进气罩的破碎，以更换为主，暖风散热器、鼓风机一般在碰撞中不会损坏。

集雨栅为塑料件，通常价格较低，因撞击常造成破损，以更换修复为主。

（11）车门及饰件[前门（后视镜）、后门及饰件等]

门防擦饰条碰撞变形应更换，由于门变形需将门防擦饰条拆下整形，多数防擦饰条为自干胶式，拆下后重新粘贴上不牢固，用其他胶粘影响美观，应考虑更换，如图 4.56 所示。

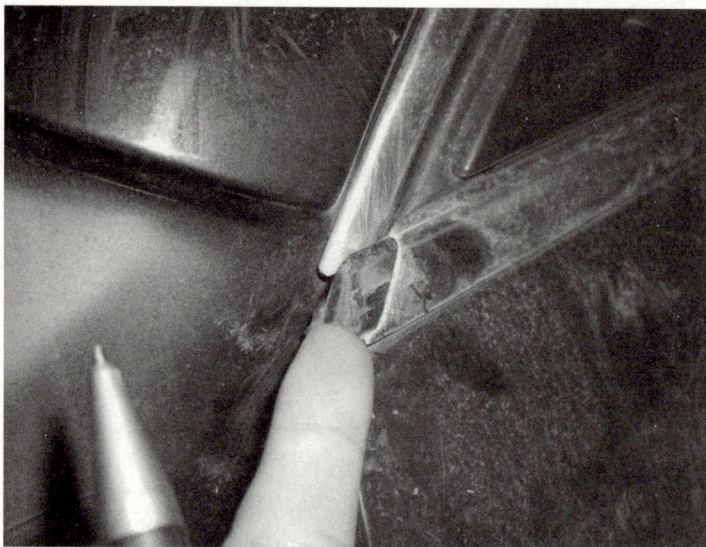

图 4.56　门防擦饰条碰撞变形

门框产生塑性变形后，一般不好整修，应考虑更换。门下部的修理同发动机盖。

门锁及锁芯在严重撞击后会产生损坏，一般以更换为主。

后视镜镜体破损以更换为主，对于镜片破损，有些高档轿车的镜片可单独供应，可以通过更换镜片修复。

玻璃升降机是碰撞经常损坏的部件，玻璃导轨、玻璃托架也是经常损坏的部件，碰撞变形后一般都要更换，但玻璃导轨、玻璃托架常在评估中被遗漏。

车门内饰修理同 A 柱内饰。

后门与前门结构与修理方法基本相同。

（12）前座椅及附件、安全带（见图 4.57、图 4.58）

座椅及附件因撞击造成的损伤常为骨架、导轨变形和棘轮、齿轮根切现象，骨架、导轨变形常可以校正，棘轮、齿轮根切通常必须更换棘轮、齿轮机构，许多车型因购买不到棘轮、齿轮机构常会更换座椅总成。

现在,我国已强制使用被动安全带,绝大多数中低档车为主动安全带,大多数安全带在中度以下碰撞后还能使用,但必须严格检验,前部严重碰撞的安全带,收紧器处会变形,从安全角度考虑,建议更换。中高档轿车上安装有安全带自动收紧装置,收紧器上拉力传感器感应到严重的正面撞击后,电控自动收紧装置会点火,引爆收紧装置,从而达到快速收紧安全带的作用。但安全带自动收紧装置工作后必须更换。

(13)侧车身、B柱及饰件、门槛及饰件等

有的汽车车身侧面设计成一个整块,如富康车。但桑塔纳普通型车没有这样设计。

B柱的整修与更换同A柱。车身侧面内饰的破损以更换为主。

一般的碰撞边梁的变形以整形修复为主,边梁保护膜是评估中经常遗漏的项目,只要边梁需要整形,边梁保护膜就要更换。门槛饰条破损后一般以更换为主。

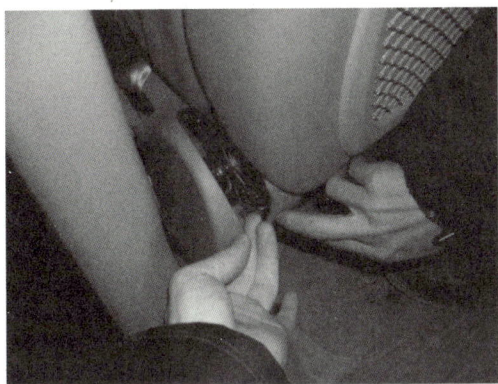

图4.57　座椅骨架损坏

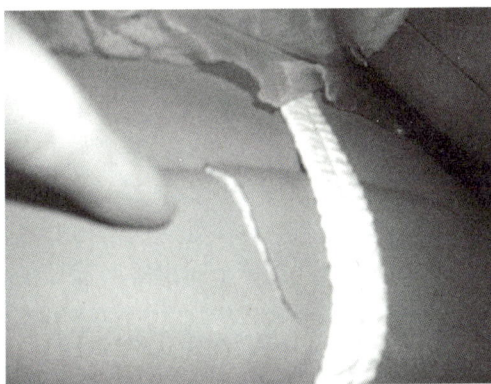

图4.58　前座椅损坏

(14)车身地板

车身地板因撞击常造成变形,常以整修方式修复,对于整修无法修复的车身地板,在现有的国内修理能力下,应考虑更换车身总成。

(15)车顶及内外饰件[落水槽及饰条、车顶(指外金属件)、顶棚(指内饰)、天窗等]

车顶的凹陷变形的原因如下:

①汽车发生正面碰撞,其碰撞力通过前纵梁、前立柱促使车顶前部、侧中部轻度弯折凹陷变形。

②汽车发生后部碰撞,碰撞力通过后翼子板促使车顶后部或侧中部轻度弯折凹陷变形。

③汽车发生中部碰撞,碰撞力通过前柱、中柱、后翼子板促使车顶中部弯折凹陷变形。

④车顶与物体发生直接碰撞,容易使车顶发生严重变形或破裂。

⑤汽车发生倾覆,会使车顶发生严重的凹陷变形,甚至破裂。车顶的轻度变形或局部凹陷,通过简单的整形就能恢复到原来的形状,不会影响相关的附件,工时费用较低,如变形面积大,局部破裂,遇到这种情况,整修工艺就比较复杂。车顶的重度变形、破裂一般都采用修复整形的方法进行处理。在整形修复时,多采取将轿顶蒙皮剥离,修复后再重新焊接。

车顶的修复同发动机盖,只要能修复,原则上不予更换。内饰同车门内饰。落水槽饰条为铝合金外表做漆,损伤后一般应予更换。

(16)后风窗玻璃及附件(后风窗玻璃、后风窗玻璃饰条等)

后风窗玻璃及附件的结构同前风窗玻璃。区别在于,前风窗玻璃为夹胶玻璃,后风窗为带

加热除霜的钢化玻璃。修理方法同前风窗玻璃。

（17）后翼子板及饰件（后三角窗、后悬架座等）

后翼子板与前翼子板不同，后翼子板为结构件，按结构件方法处理。

行李箱落水槽板、三角窗内板、挡泥板外板及挡泥内板一般不予更换。

后三角窗按风窗玻璃方法处理。

后悬架座按结构件方法处理。

（18）后搁板及饰件［后搁板（二三箱上隔板）及饰件、高位制动灯等］

后搁板因碰撞基本上都能整形修复，此处如果达到不能整形修复的情况，一般要求车身达到更换的程度。

后搁板面板用毛毡制成，一般不用更换。后墙盖板也很少破损，如果损坏以更换为主。

现代汽车都安装高位制动灯，高位制动灯按前照灯方法处理。

（19）后部地板、后纵梁及附件

后纵梁按前纵梁方法处理，其他同车身底板处理方法相似。备胎盖在严重的追尾碰撞中会破损，以更换为主。

（20）行李箱盖及附件

按发动机盖及附件方法处理。

行李箱工具盒在碰撞中时常破损，评估时注意不要遗漏。后轮罩内饰、左侧内饰板、右侧内饰板碰撞一般不会损坏。

（21）后围及铭牌

后围碰撞的原因如下：

①开车人在倒车时未发现后面的障碍，盲目倒车，致使后围遭受碰撞造成损坏变形。

②其他车辆的追尾碰撞造成后围的凹变。

按发动机盖方法处理。

铭牌损伤后以更换为主。

（22）后保险杠及附件

按前保险杠方法处理。

对于汽车标准配置以外的新增设备应单独注明。如果作为保险标的进行评估，对未投保新增设备损失附加险的汽车，评估中应予以剔除。

2. 事故汽车发动机与底盘的定损

（1）发动机附件（凸轮轴传动机构及附件、油底壳及垫、发动机支架及胶垫、进气系统、排气系统等）

发动机附件（见图4.59）中凸轮轴传动机构及附件因撞击破损和变形以更换修复为主。

油底壳轻度的变形一般无须修理，放油螺塞处碰伤及中度以上的变形以更换为主。

发动机支架及胶垫因撞击变形、破损以更换修复为主。

进气系统因撞击破损和变形以更换修复为主。

排气系统中最常见的撞击损伤为发动机移位造成的排气管变形，由于排气管长期在高温下工作，氧化现象较严重，通常无法整修。消声器吊耳因变形超过弹性极限破损，也是常见的损坏现象，以更换的方法修复。

图 4.59　发动机附件

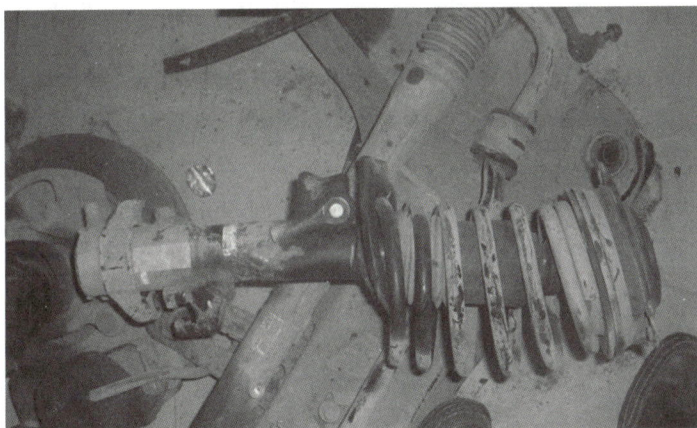

图 4.60　前悬架系统

（2）前悬架系统及相关部件

前悬架系统及相关部件（见图 4.60）主要包括悬架臂、转向节、减振器、稳定杆、发动机托架、制动盘等。

前悬架系统及相关部件中制动盘、悬架臂、转向节、稳定杆、发动机托架均为安全部件，发现有撞出变形均应更换。

减振器主要鉴定其是否在碰撞前已损坏。减振器是易损件，正常使用到一定程度后会漏油，如果减振器外表已有油泥，说明在碰撞前已损坏。如果外表无油迹，碰撞造成弯曲变形，应更换。

（3）转向操纵系统（转向盘、转向传动杆、转向机、横拉杆、转向助力泵等）

操纵系统中转向操纵系统如图 4.61 所示，与制动系统遭撞击损伤后从安全的角度出发多以更换修复。

安装有安全气囊系统的汽车，驾驶员气囊都安装在转向盘上，当气囊因碰撞引爆后，不仅要更换气囊，通常还要更换气囊传感器与控制模块等。

图 4.61　转向操纵系统

变速操纵系统遭撞击变形后,轻度变形的常以整修修复为主,中度以上变形的以更换修复为主。

(4)制动系统

对于普通制动系统,在碰撞事故中,由于撞击力的波及和诱发作用。往往会造成车轮制动器的元器件及制动管路损坏。这些元器件的损伤程度需要进一步的拆解检验。

对于装用 ABS 系统的制动系统,如图 4.62 所示,在进行车辆损失鉴定时,应对有些元件进行性能检验,如 ABS 轮速传感器、ABS 制动压力调节器。管路及连接部分的损伤可以直观检查。

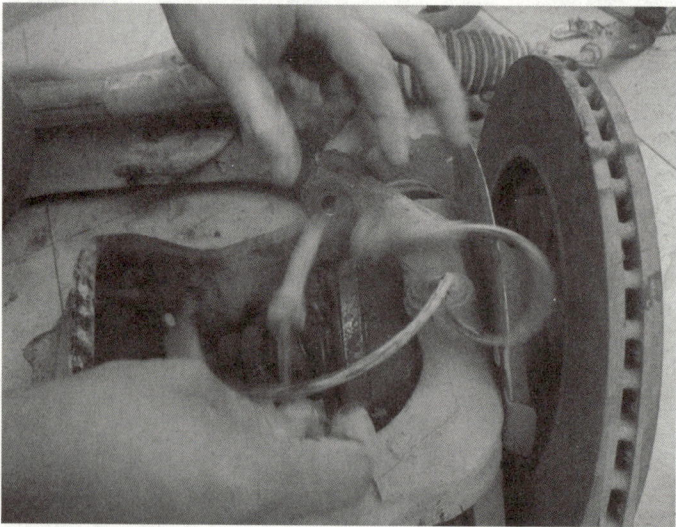

图 4.62　制动系统

(5)车轮由轮辋、轮胎、轮罩等组成(见图 4.63)

轮辋遭撞击后以变形损伤为主,多以更换的方式修复;轮胎遭撞击后会出现爆胎现象,以更换方式修复;轮罩遭撞击后常会产生破损现象,以更换方式修复。

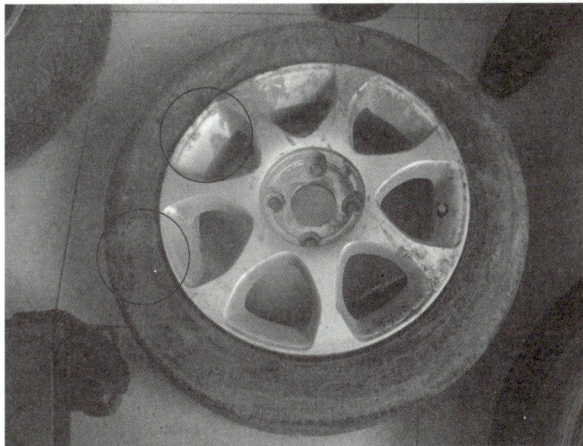

图 4.63　车轮

（6）变速器及离合器

当车辆发生严重碰撞事故时，由于波及和诱发等原因，会造成变速器及离合器的操纵机构受损，变速器支撑部位壳体损坏，飞轮壳断裂损坏。这些损伤程度的鉴定，需要将发动机拆下进行检查鉴定。

变速器总成如图 4.64 所示；变换器损坏部位如图 4.65 所示。

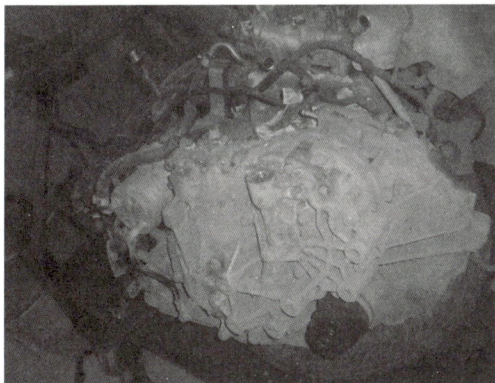

图 4.64　变速器总成

图 4.65　变速器损坏部位

（7）传动轴及附件

中低档轿车多为前轮驱动，碰撞常会造成外侧等角速万向节（俗称外球笼）破损，常以更换的方法修复，有时还会造成半轴弯曲变形，也以更换的方法修复为主。如图 4.66 所示为受损半轴。

（8）后桥及后悬架

后悬架按前悬架方法处理。后桥按副梁方法处理。

3. 事故汽车电器设备与空调系统的定损

（1）发电机及蓄电池

发电机最常见的撞击损伤为传动带轮、散热叶轮变形，壳体破损，转子轴弯曲变形等。传动带轮变形以更换方法修复。散热叶轮变形以校正修复为主。壳体破损、转子轴弯曲变形以更换发电机总成修复为主。

图 4.66　受损半轴

汽车用蓄电池的损坏多以壳体 4 个侧面破裂为主。汽车蓄电池多为铅酸蓄电池,由 6 格(汽油车)或 12 格(柴油车)组成。碰撞会造成 1 格或多格破裂,电液外流。如一时检查,看不到破裂处,可通过打开加液盖观察电液量来判断。如果只是 1 格或几格严重缺液,原因多为蓄电池破裂;如果每格都缺液,原因多为充电电流过大所致,而不是破裂。

(2)起动机

起动机安装在发动机后侧飞轮壳上,一般事故不会使其受损,只有当车辆严重碰撞造成飞轮壳受损或起动机本身遭直接撞击时,才可能使起动机部分零件造成以下损坏:

①驱动机构的驱动齿轮变形、牙齿断裂,更换驱动齿轮。

②后端盖因碰撞断裂,应更换。

③电枢轴弯曲,可进行校正处理。

④起动开关变形损坏。可根据损坏程度确定是否需要更换总成,电磁式起动机开关若碰撞凹陷,可导致内部线圈短路,一般应更换开关总成。

⑤推动离合机构的传动叉因碰撞变形,可拆下校正,但校正后应摆动灵活,工作可靠。

(3)照明装置

照明装置 (灯具)在碰撞中极易损坏。

保险杠灯多为转向信号灯和雾灯,表面破损后多采用更换修复,对于价格较高的雾灯,且损坏为少数支撑部位的,常用焊接和黏结修理的方法修复。

前照灯及角灯由前照灯、前角灯等组成。图 4.67 为受损的前照灯。

现代汽车灯具表面多为聚碳酸酯(PC)或玻璃制成,支撑部位常用丙烯腈-丁二烯-苯乙烯共聚物(ABS)制成。最常见的损坏为调节螺钉损坏,只需更换调节螺钉,重新校光即可。ABS塑料属热塑性塑料,可用塑料焊接。表面由玻璃制成的,如果破损,且有玻璃灯片供应可考虑更换玻璃灯片。对于价格较昂贵的前照灯,并且只是支撑部位局部破损的,可采用塑料焊接的

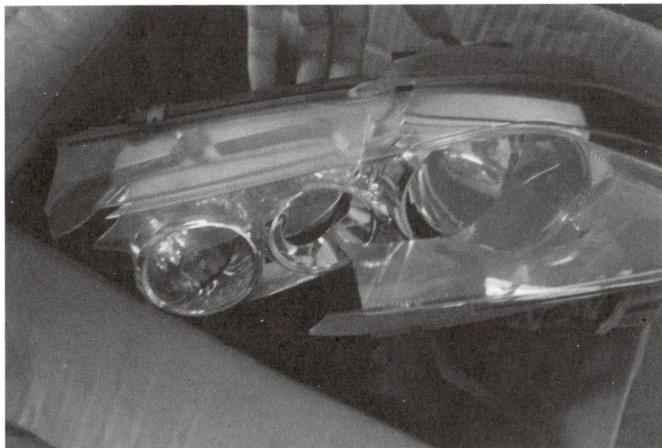

图 4.67　受损的前照灯

方法修复。

尾灯按前照灯方法处理。

(4)仪表台及中央操纵饰件

仪表台因正面的严重撞击,或侧面撞击常造成整体变形、皱折和固定饰件破损,如图 4.68 所示。整体变形在弹性限度内,待骨架校正好后重新装回即可。皱折影响美观,对美观要求较高的新车或高级车,主张更换。因仪表台价格一般较贵,老旧车更换意义不大,少数固定饰件破损常以焊修修复为主,多数固定饰件破损以更换修复为主。

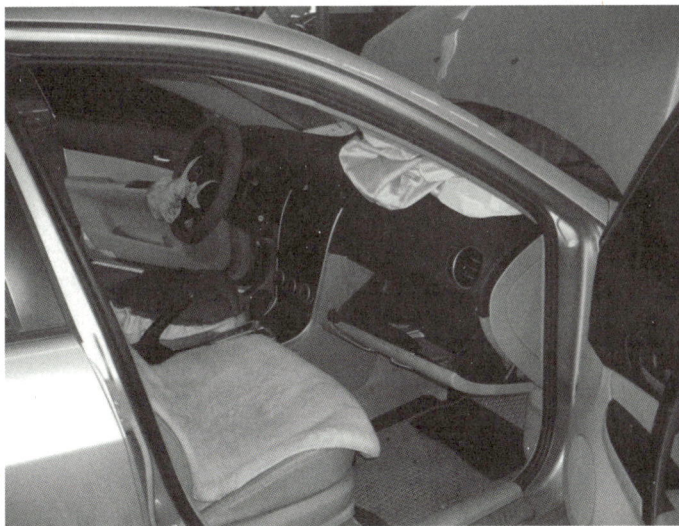

图 4.68　撞击后的仪表台总成

左右出风口常在侧面撞击时破碎,右出风口也常因二次碰撞被副驾驶员右手支承时压坏。

左右饰框常在侧面碰撞时破损,严重的正面碰撞也会造成饰框断裂,均以更换修复为主。杂物箱常因二次碰撞被副驾驶员膝盖撞破裂,一般以更换修复为主。

(5)冷凝器及制冷系统

空调系统由压缩机、冷凝器、干燥瓶、膨胀阀、蒸发箱、管道及电控元件等组成。

现代汽车空调冷凝器均采用铝合金制成,中低档车的冷凝器一般价格较低,中度以上的损伤一般采用更换的方法处理;高档轿车的冷凝器一般价格较贵,中度以下的损伤常采用氩弧焊进行修复。注意冷凝器因碰撞变形后虽然未漏制冷剂,但拆下后重新安装时不一定就不漏制冷剂。

如图4.69所示为受损的冷凝器及管子。

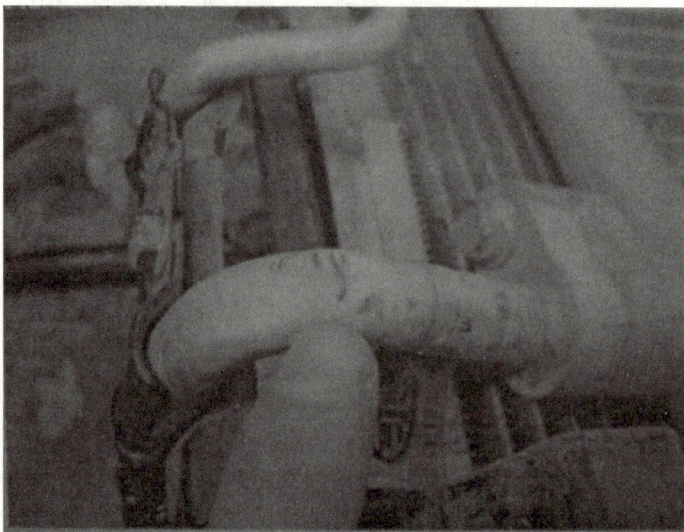

图4.69　受损的冷凝器及管子

储液罐(干燥器)因碰撞变形一般以更换为主。如果系统在碰撞中以开口状态暴露于潮湿空气中时间较长(具体时间由空气湿度决定),则应更换干燥器,否则会造成空调系统工作时"冰堵"。

压缩机因碰撞常见的损伤有壳体破裂,带轮、离合器变形等。壳体破裂一般采用更换的方法修复。带轮变形、离合器变形一般采用更换带轮、离合器的方法修复。

汽车的空调管有多根,损伤的空调管一定要注明是哪一根,常用"×××—×××"加以说明。图4.70是受损的制冷系统管路。

汽车空调管有铝管和胶管两种,铝管因碰撞常见的损伤有变形、折弯、断裂等。变形一般采取校正的方法修复;价格较低的空调管折弯、断裂一般采取更换的方法修复;价格较高的空调管折弯、断裂一般采取截去折弯、断裂处,再接一节用亚弧焊接的方法修复。胶管的破损一般采用更换的方法修复。

汽车空调蒸发箱通常包括蒸发箱壳体、蒸发器和膨胀阀等。最常见的损伤多为蒸发箱壳体破损。蒸发箱壳体大多用热塑性塑料制成,局部的破损可用塑料焊接修复,严重的破损一般需更换,决定更换时一定要考虑有无壳体单独更换。蒸发器的换与修基本同冷凝器。膨胀阀因碰撞损坏的可能性极小。

空调系统中的压缩机是由发动机通过一个电动离合器驱动的。在离合器接通和断开的过程中,由于磁场的产生和消失,产生了1个脉冲电压。该脉冲电压会损坏车上精密的电脑模块。为了防止出现这种情况,在空调电路中接入1个分流二极管,该二极管阻止电流沿有害的方向流过。当空调系统发生故障时,分流二极管有可能被击穿。如果不把被击穿的二极管换掉,可能会造成空调离合器不触发,甚至损坏电脑模块。

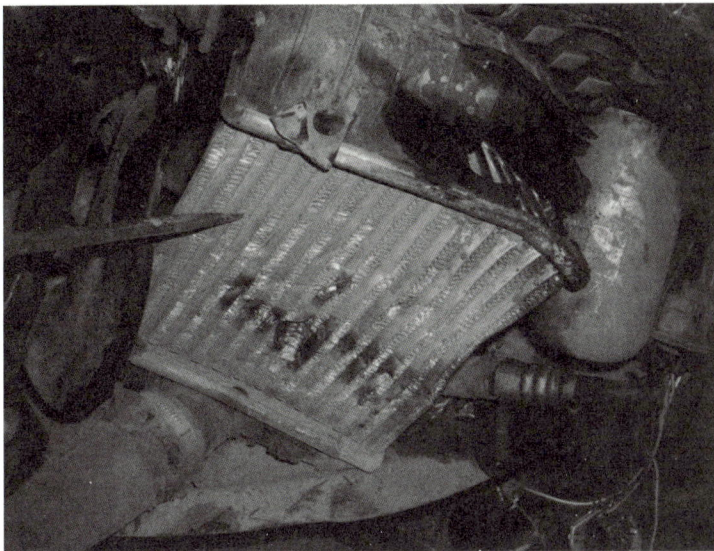

图4.70　受损的制冷系统管路

七、事故汽车维修费用的评估

1.判断零部件更换维修的技术标准

国标《机动车安全运行技术条件》（GB 7258—2017）规定了机动车辆（含挂车）的整车及其发动机、转向系统、传动系统、行驶系统、照明和信号装置等有关运行安全的技术要求。事故车辆由于碰撞、翻车等导致转向、制动等部件的机件受损，修复后的转向、制动系统的机件必须达到《机动车安全运行技术条件》的要求。

（1）更换项目的确定原则与方法

一般地，需要更换的零部件归纳为以下4种：

1）无法修复的零部件

无法修复的零部件，如灯具的严重损毁，玻璃的破碎等。

2）工艺上不可修复使用的零部件

工艺上不可修复使用的零部件主要有胶贴的各种饰条，如胶贴的风窗玻璃饰条、胶贴的门饰条、翼子板饰条等。这往往在保险汽车损失评估中产生争议。

3）安全上不允许修理的零部件

安全上不允许修理的零部件是指那些对汽车安全起重要作用的零部件。如行驶系统中的车桥、悬架，转向系统中的所有零部件，如方向横拉杆的弯曲变形等。

制动系统中的所有零部件。这些零部件在受到明显的机械性损伤后，从安全的角度出发，基本上都不允许再使用。

4）无修复价值的零部件

无修复价值的零部件是指从经济上讲无修复价值，即那些修复价值接近或超过零部件原价值的零部件。

（2）拆装项目的确定原则与方法

有些零部件或总成并没有损伤，但是更换、修复、检验其他部件需要拆下该零部件或总成后重新装回。

拆装项目的确定要求汽车评估人员对被评估汽车的结构非常清楚,对汽车修理工艺了如指掌。在对被评估汽车拆装项目的确定有疑问时,可查阅相关的维修手册和零部件目录。

(3)修理项目的确定原则与方法

在现行的汽车损失评估(各地的价格认证中心)以及绝大多数机动车保险条款中,受损汽车在零部件的修理方式上仍以修复为主。所以在工艺上、安全上允许的,且具有修复价值的零部件应尽量修复。

(4)待查项目的确定原则与方法

在事故汽车保险定损工作中,经常会遇到一些零件,用肉眼和经验一时无法判断其是否受损、是否达到需要更换的程度,甚至在车辆未修复前,就单独某零件用仪器都无法检测(除制造厂外)。例如转向节、悬架臂、副梁等,这些零件在我们的定损工作中时常被列为"待查项目"。

①认真检验车辆上可能受损的零部件,尽量减少"待查项目"。例如,汽车发电机在受碰撞后经常会造成散热叶轮、传动带轮变形,散热叶轮、传动带轮变形后在旋转时,很容易产生发电机轴弯的错觉,轴到底弯没弯,径向跳动量是多少,只要做一个小小的试验即可,用一根细金属丝,一端固定在发电机机身上,另一端弯曲后指向发电机前端轴心,旋转发电机,注意观察金属丝一端与轴心的间隙变化,即发电机轴的径向跳动量,轴的弯曲程度便一目了然。用这种方法,可以解决空调压缩机、方向助力泵、水泵等类似问题。

②在确定需要待查的零件上做上记号,拍照备查,并告知保险公司。

③车辆初步修理后,会同保险公司的理赔定损人员共同参与对"待查项目"进行检验、调试、确认全过程。例如,转向节待查,汽车初步的车身修理后,安装上悬架等零部件后做四轮定位检验,四轮定位检验不合格,并且超过调整极限,提出要求更换转向节,保险公司的理赔定损人员也会同意更换转向节。

2. 维修费用的确定

(1)车辆维修费用的组成

1)工时费

工时费=工时费率×工时定额。工时费率即维修工作中每工时所需的费用价格,一般因维修作业的项目和工种的不同而有所差异。

2)材料费

材料费是维修工作中所需要更换的零件费用和使用的材料,如涂料及其配套固化剂、稀释剂等及需要添加的运行材料费用。

3)外协加工费

外协加工费是维修过程中因厂家条件所限或某些必须专项修理的项目(也包含为降低修理成本而需要的专项修理),需要外协加工和专项修理的实际费用。

4)税费

税费应按照国家规定执行。

(2)工时费的确定

汽车修理工时包括更换、拆装项目工时、修理项目工时和辅助作业工时。工时费的确定是根据损失项目的确定而确定的,可以从评估基准地的《汽车维修工时定额与收费标准》中查到相应的工时数量或工时费标准。

1）更换、拆装、修理项目工时费

汽车修理中更换项目与拆装项目的工时绝大多数是相似的，有时更是相同的。所以通常将更换与拆装作为同类型处理。

汽车碰撞损失的更换、拆装项目工时的确定可以从评估基准地的《汽车维修工时定额与收费标准》中查找，然而在我国绝大多数地区没有相应的工时定额与收费标准。通常根据当地的工时单价计算相应的工时费。

2）辅助工时费

（3）汽车油漆涂装费用的确定

按喷、烤漆工时定额和收费标准，其费用为：汽车油漆涂装费＝工时费＋喷、烤漆材料费。

汽车修理涂漆收费标准全国各地不尽相同，有的以每平方米多少元来计算，有的以每幅多少元来计算，基本上是按面积乘以漆种单价作为计价基础。

1）面积的计算方法

根据全国大多数地区的业内计价方法，得出这样一个计算方式，以每 m^2 计价单位（不足 1 m^2 按 1 m^2 计价），第 2 m^2 按 0.9 m^2 计算，第 3 m^2 按 0.8 m^2 计算，第 4 m^2 按 0.7 m^2 计算，第 5 m^2 按 0.6 m^2 计算，第 6 m^2 以后，每 m^2 按 0.5 m^2 计算。

2）漆种单价

①确定漆种。根据汽车修复中使用的面漆的价格差异，可以将汽车面漆分为 4 类：

a. 硝基喷漆；

b. 单涂层烤漆（常为色漆）；

c. 双涂层烤漆（常为银粉漆或珠光漆）；

d. 变色烤漆。

现场用蘸有硝基漆稀释剂（香蕉水）的白布摩擦漆膜，观察漆膜的溶解程度，如果漆膜溶解，并在白布上留下印记，则是喷漆；反之为瓷漆。如果是瓷漆，再用砂纸在损伤部位的漆面上轻轻打磨几下，鉴别是否漆了透明漆层；如果砂纸磨出白灰，则是透明漆层；如果砂纸磨出颜色，则是单级有色漆层，最后借光线的变化，用肉眼观察颜色有无变化，如果有变化为变色漆。通过上述方法，可以对汽车面漆加以区分。

②确定漆种的单价。市场上所能购买的面漆大多为进口和合资品牌，世界主要汽车面漆的生产厂家，如美国的杜邦和PPG、英国的ICI、荷兰的新劲等，每升单价都不一样，估价时常采用市场公众都能够接受的价格。

（4）材料价格

在汽配市场中，同一种零配件有多种价格，如何采价也是困扰机动车辆保险评估业的一大难题。在事故汽车保险定损中，应结合当地配件市场价格，维修企业价格和保险公司核价三方协商定价。

（5）车辆损失残值

在保险车辆损失评估时，经常要确定更换件的残值。当处理损失较大的事故，更换件也较多，残值的确定通常有以下 4 步：

①列出更换项目清单。

②将更换的旧件分类。

③估定各类旧件的重量。

④根据旧材料价格行情确定残值。

至此,可以确定事故汽车保险定损金额,即

$$定损金额＝(总工时费＋总材料费)－残值$$

八、事故汽车损伤修复质量检验及申诉、仲裁

1. 事故汽车损伤修复质量的检验

(1)汽车维修质量检查评定标准

汽车修理质量的检查评定技术要求可按国家关于汽车修理质量检查评定标准进行,主要有以下3项:

①《汽车修理质量检查评定方法》(GB/T 15746—2011),包括汽车整车大修基本检验技术文件评定,汽车整车大修竣工质量评定。

②《汽车修理质量检查评定方法》(GB/T 15746—2011)。

③《汽车修理质量检查评定方法》(GB/T 15746—2011)。

(2)质量检验的基本内容

①事故汽车进厂检验单。

②事故汽车维修工艺过程。

③事故汽车维修竣工检验单。

④事故汽车维修合格记录。

2. 事故汽车保险定损复议,申诉及仲裁

目前,随着中国汽车保有量的不断增加,保险车辆发生道路交通事故在所难免。但是发生道路交通事故后,道路交通事故车、物损失价格鉴定,原则上在事故发生后7日内作出鉴定结论。如情况特殊,经批准可延长7日。

如果当事人对经确认后的鉴定结论不服或有异议的,可以在接到《道路交通事故车、物损失价格鉴定书》后5日内,向交警支队交管处事故科申请重新鉴定;并在10日内作出重新鉴定结论。道路交通事故车物损失价格鉴定结论经公安交通管理部门确认后生效。

但是因各有关方面的利益、立场不同,会发生一些争议。修理价格过高,对于保险人来说当然是损失。一般而言,不同的修理厂对同一损失的鉴定结论和修理费用也会有差异。因此,选定一个专业、中立、权威鉴定机构是解决这类纠纷的关键。

目前有3种途径可供选择:

①近年来,先后由保险监督管理委员会批准设立的专门从事保险标的估损、鉴定等的保险评估机构。

②由公安交通管理部门委托组建的道路交通事故物损评估中心。

③直接向当地法院提起诉讼。

回答下列问题

1. 根据自己的理解,描述汽车保险定损工作各个步骤的具体流程:

(1)＿＿＿＿＿＿＿＿＿＿＿＿＿＿＿＿＿＿＿＿＿＿＿＿＿＿＿＿＿＿＿＿＿

(2)＿＿＿＿＿＿＿＿＿＿＿＿＿＿＿＿＿＿＿＿＿＿＿＿＿＿＿＿＿＿＿＿＿

(3)＿＿＿＿＿＿＿＿＿＿＿＿＿＿＿＿＿＿＿＿＿＿＿＿＿＿＿＿＿＿

(4)＿＿＿＿＿＿＿＿＿＿＿＿＿＿＿＿＿＿＿＿＿＿＿＿＿＿＿＿＿＿

(5)＿＿＿＿＿＿＿＿＿＿＿＿＿＿＿＿＿＿＿＿＿＿＿＿＿＿＿＿＿＿

(6)＿＿＿＿＿＿＿＿＿＿＿＿＿＿＿＿＿＿＿＿＿＿＿＿＿＿＿＿＿＿

2.事故车辆定损项目包含哪些内容? 对于汽车保险定损而言,这些内容对定损金额的准确性有何作用?

完成下列任务

汽车出险后定损工作,按照标准流程进行模拟演练,并根据模拟情况填写定损单。

学习活动形式——角色扮演

学生在模拟场景中扮演定损员的角色:按照标准流程进行全过程的模拟练习。

场景一:某先生驾驶一辆别克车,行驶中因操作不当撞到电线杆,车辆前部受损,应如何对该起事故进行定损?

场景二:某女士驾驶东风标致车在行驶过程中与左道的三者车发生刮擦事故,本车左侧中部车身受损,请对该起事故进行定损?

学生学习目标检查表

你是否能在教师的帮助下成功地完成单元学习目标所设计学习活动?	肯定回答
专业能力	
说出汽车保险定损的定义和特点	
知道汽车出险后的定损流程	
能够运用定损的技巧	
能够正确进行定损工作	
认识定损的重要性	
关键能力	
你是否能根据已有的学习步骤、标准完成资料的收集、分析、组织?	
你是否能通过标准,有效和正确地进行交流?	
你是否能按计划有组织地活动? 是否沿着学习目标努力?	
你是否能尽量利用学习资源完成学习目标?	
完成情况 　　所有上述表格必须是肯定回答。如果不是,应咨询教师是否需要增加学习活动,以达到要求的技能。 　　　　　　　　　教师签字＿＿＿＿＿＿＿＿＿＿＿＿＿＿＿＿＿＿ 　　　　　　　　　学生签字＿＿＿＿＿＿＿＿＿＿＿＿＿＿＿＿＿＿ 　　　　　　　　　完成时间和日期＿＿＿＿＿＿＿＿＿＿＿＿＿＿	

项目 **5**

实施汽车出险后的保险理赔及案卷整理

项目目标

知识目标：①认识汽车出险后保险理赔的相关知识。

②熟悉汽车保险理赔的流程和注意事项。

能力目标：掌握汽车保险理赔结案后的案卷整理流程和注意事项。

素质目标：树立正确的工作态度，遵守职业道德，培养团队协作精神，提高学习新知识的能力。

拓展资源

有关汽车查勘和定损的资料，可查询文字或电子文档如下：

①各保险公司的网页。

②各种介绍汽车保险理赔的书籍。

可提供学习的环境和使用的设备

①保险公司或模拟保险公司保险理赔工作环境。

②汽车保险营销实训室。

③道路交通事故车辆保险理赔卷宗。

④汽车保险理赔的必要单证、资料。

任务设置

任务1　实施汽车出险后的保险理赔流程

任务2　实施汽车保险理赔结案后的案卷整理工作

任务1　实施汽车出险后的保险理赔流程

任务目标

知识目标:了解汽车出险后的保险理赔流程。

能力目标:①能够运用保险理赔技巧。

　　　　　②能够正确进行保险理赔工作。

素质目标:认识保险理赔的重要性,遵守职业道德,培养团队协作精神,提高学习新知识的能力。

相关知识

案例导入

2019年4月4日中午14:59,刘先生驾驶牌照为湘AN××××的私家车在长沙岳麓区岳麓大道由北往南行驶,准备变道停车时,未注意后方直行车辆,不慎与驾驶牌照为湘AP××××的私家车碰撞。两车都有损伤,但无人伤。刘先生在某保险公司购买了交强险以及足额投保的车损险和保险金额为30万元的第三者责任险,于是他想要通过保险保单来获得损失补偿。接下来刘先生开始了索赔的过程。

那么,刘先生应如何索赔呢? 需要注意什么?

一、汽车保险理赔概述

1.汽车保险理赔的含义

汽车保险理赔是指被保险机动车辆在发生保险责任范围内的损失后,保险人依据汽车保险合同的约定,验证事故事实,确定事故损失,审核赔偿范围,最终给付赔款的过程。

2.汽车保险理赔的特点

(1)被保险人的广泛性

随着我国汽车保有量的大幅增加以及交强险的出台,私家车越来越多,随之以公民作为汽车保险的被保险人的比例也越来越大。这种被保险人的共同特征为他们在购买保险时,并不了解保险,甚至不认同保险,多因法律的强制作用,或者其他的因素,被迫购买车险。除此之外,大部分车主对交通事故处理、车辆维修知识等也比较陌生,注定了在与保险公司沟通进行理赔工作时有较大障碍。

(2)事故损失率高且幅度小

汽车保险的另一个特点是保险事故频发,但是单个事故的损失金额一般不大。

(3)保险标的流动性大

由于车辆本身的特性,所以保险标的发生保险事故的地点和时间具有不确定性,这要求保险公司必须拥有庞大的并且衔接紧密的理赔服务体系来支撑整个理赔环节。

（4）受制于汽车修理环节

在整个理赔环节中，修理是整个理赔的基础，被保险人为了将标的车辆修理好，保险人承担修理车辆的费用。那么去哪里修，怎么修，成为保险人、被保险人以及修理方三方最关注的问题，也是最容易发生争执的问题。

（5）道德风险普遍

由于承保信息的不完善，保险条款的不严密和相关人员职业道德问题，车险是财险范畴中道德风险的高发险种。

3. 汽车理赔工作应遵循的原则

汽车理赔工作涉及面广，情况比较复杂，在赔偿处理过程中，特别是在对汽车事故进行查勘过程中，必须提出应有的要求和坚持的原则。

（1）坚持实事求是的原则和良好的服务意识

当发生保险事故时，保险人必须尽全力避免扩大损失，尽量减轻因事故造成的影响，及时安排事故车辆修复，并保证基本恢复车辆的使用、安全性能。及时处理赔案件，按实际损失支付赔款，从而将被保险人的损失降到最低。

（2）坚决贯彻"八字"原则

1）主动

即要求保险理赔人员对于事故案件，要积极主动地进行查勘，以准确地进行案件分析确定保险责任。

2）迅速

即要求保险理赔人员处理案件时快速，不拖沓。每个环节时效控制紧密，使被保险人尽快拿到赔款。

3）准确

即要求从接到报案开始直到最后的赔款理算，都要做到准确无误。

4）合理

即要求整个理赔过程中本着实事求是的精神，坚持按条款办事。

理赔工作的"八字"原则是辩证统一的整体，不可偏废。如果片面追求速度，不深入调查，则会影响到准确性；如果只追求准确合理，忽视了速度，便没有效率可言，赔款迟迟不能到达被保险人手中，对于保险公司形象有极大打击。总的来说，应该从实际出发，为被保险人着想，既要讲求速度，又要追求质量。

二、客户进行索赔的基本流程

1. 单方事故

（1）报案

客户在发生了保险事故后，可直接向保险公司报案，如损失较大的可以先通知保险公司，由保险公司决定是否应该通知交警或者其他公安部门。

全部车损赔款
理算

（2）定损

报案后，客户需在第一现场等待保险公司的查勘人员进行现场查勘以及其后的损失金额确定工作。定损工作结束后，客户需从查勘人员处获得：出险通知书、现场查勘报告副本以及定损清单。

（3）索赔

客户在修理好汽车后,需要收集好出险通知书上标明的各类资料。所需的单证如下:出险通知书;交通事故仲裁机关出具的调解书、责任认定书或者有关政府职能部门的证明;保险公司的定损单;车辆修理发票及维修清单、施救费发票;肇事车辆的行驶证正副本及司机驾照正、副本复印件(私家车需要提供被保险人的身份证复印件);保单复印件;赔款通知书上写上公司账号并加盖公章(私家车需被保险人签字)。

（4）转账

赔款一般由保险公司以转账的方式,在案件处理完成后转入被保险人提供的账号内,原则上不允许领取现金。

2. 多方事故

（1）报案

及时向交警报案,并同时向保险公司报案,做好现场维护工作,尽量减少损失。

（2）定损

配合交警厘清事故发生情况,以尽快确认被保险车辆所承担的事故责任比例。由当事人配合保险公司的查勘定损人员进行现场查勘以及其后的损失金额确定工作,定损工作结束后,被保险人需从查勘人员处获得:出险通知书,现场查勘报告副本以及定损清单。

（3）索赔

被保险人在修理好汽车后,需要收集好出险通知书上标明的各类资料。所需的单证如下:出险通知书;交通事故仲裁机关出具的调解书、责任认定书或者有关政府职能部门的证明;保险公司的定损单;车辆修理发票及维修清单、施救费发票;第三者车损修理发票及维修清单、施救费、物损发票;肇事车辆的行驶证正副本及司机驾照正、副本复印件(私家车需要提供被保险人的身份证复印件);保单复印件;赔款通知书上写上公司账号加盖公章(私家车需被保险人签字)。

（4）转账

赔款一般由保险公司以转账的方式,在案件处理完成后转入被保险人提供的账号内,原则上不允许领取现金。

3. 牵涉人伤案件

（1）报案

立即向交警报案,并同时向保险公司报案,及时抢救伤者,做好现场维护工作,尽量减少损失。

（2）定损

向保险公司咨询有关第三者或车上人员的伤残或死亡赔偿标准,如有必要可与保险公司调查员到医院了解伤者情况。到事故处理部门进行责任认定和事故调解。

（3）索赔

相关人员治疗完毕出院后,需要收集好出险通知书上标明的各类资料。所需的单证如下:出险通知书;交通事故仲裁机关出具的调解书、责任认定书或者有关政府职能部门的证明;对于伤残事故需要伤者诊断证明、伤残鉴定报告、出院证明、医疗比例;对于死亡事故需要死亡证明、被抚养人的户籍证明(仅限直系亲属);医疗费、家属的交通费、住宿费发票;肇事车辆的行驶证正副本及司机驾照正、副本复印件(私家车需要提供被保险人的身份证复印件);保单复印件;赔款通知书上写上公司账号加盖公章(私家车需被保险人签字)。

(4)转账

赔款一般由保险公司以转账的方式,在案件处理完成后转入被保险人提供的账号内,原则上不允许领取现金。

4.盗抢案件

(1)报案

立即向当地公安刑侦部门报案,并同时向保险公司报案,做好现场维护工作。

(2)定损

尽快在当地市级以上的报社发布失车启示,索取并保存该期报刊以备索赔用;3 个月后到当地公安刑侦部门开具丢失证明,同时到车辆所属的车管部门办理失窃车辆牌证注销手续。

(3)索赔

收集好出险通知书上标明的各类资料。所需的单证如下:出险通知书;车钥匙 2 把;购车发票;登报寻车启事、公安报案受理单、公安刑侦部门 3 个月未破案证明;行驶证正副本原件及司机驾照正、副本复印件(私家车需要提供被保险人的身份证复印件;权益转让书;失窃车辆牌证注销登记表;保单复印件;赔款通知书上写上公司账号加盖公章(私家车需被保险人签字)。

(4)转账

赔款一般由保险公司以转账的方式,在案件处理完成后转入被保险人提供的账号内,原则上不允许领取现金。

三、保险公司的理赔程序

1.流程图

机动车辆保险理赔的流程,如图 5.1 所示,可分为以下 7 个步骤:客户报案→报案与调度→现场查勘、立案→定损→核损→理算、核赔→结案。

接报案及服务流程

2.接报案

受理报案工作主要是进行报案记录。报案记录工作主要有以下 5 项内容:询问案情、查询出险车辆承保、理赔情况(包括商业机动车保险和机动车交通事故责任强制保险)、生成对应的报案记录、确定案件类型(本地自赔案、本代案件和外代案件),如图 5.2 所示。

(1)询问案情

询问案情主要询问以下 4 点信息:

①保险车辆的有关信息:保单号码、被保险人姓名、号牌号码、牌照底色和厂牌型号等。非车险、人身意外保险主要询问保险单号码、被保险人名称等。

②出险信息:出险时间、出险地点、出险原因、驾驶人姓名、事故经过和事故涉及的损失等。其中,事故涉及的损失按"本车车损""本车车上财产损失""本车车上人员伤亡""第三者车辆损失""第三者人员伤亡""第三者车上财产损失""第三者其他财产损失"和"其他"的分类方式进行询问。

③报案人信息:报案人姓名、联系电话等(为防止修理厂瞒着客户制造现场,查勘时必须核实报案人身份,同时与客户联系,通报情况)。

④第三方车辆信息：对于涉及第三方车辆的事故，应询问第三方车辆车型、号牌号码、牌照底色以及保险情况（提醒报案人查看第三方车辆是否投保了交强险）等信息。如果第三方车辆也是本公司承保且在事故中负有一定责任，则一并登记，进行报案处理。

（2）查询承保信息

根据报案人提供的保单号码、号牌号码、牌照底色、车型、发动机号等关键信息，查询出险车辆的承保情况和批改情况。特别注意承保险别、保险期间以及是否通过可选免赔额特约条款约定免赔额。

无承保记录的，按无保单报案处理。

（3）查询历史出险、赔付信息

查询出险车辆的历史出险、报案信息（包括作为第三者车辆的出险信息），核实是否存在重复报案。

对两次事故出险时间相近的案件，应认真进行核查，并将有关情况通知查勘人员进行进一步调查。

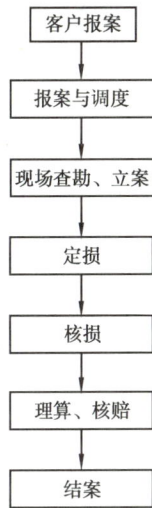

图5.1　保险理赔流程图

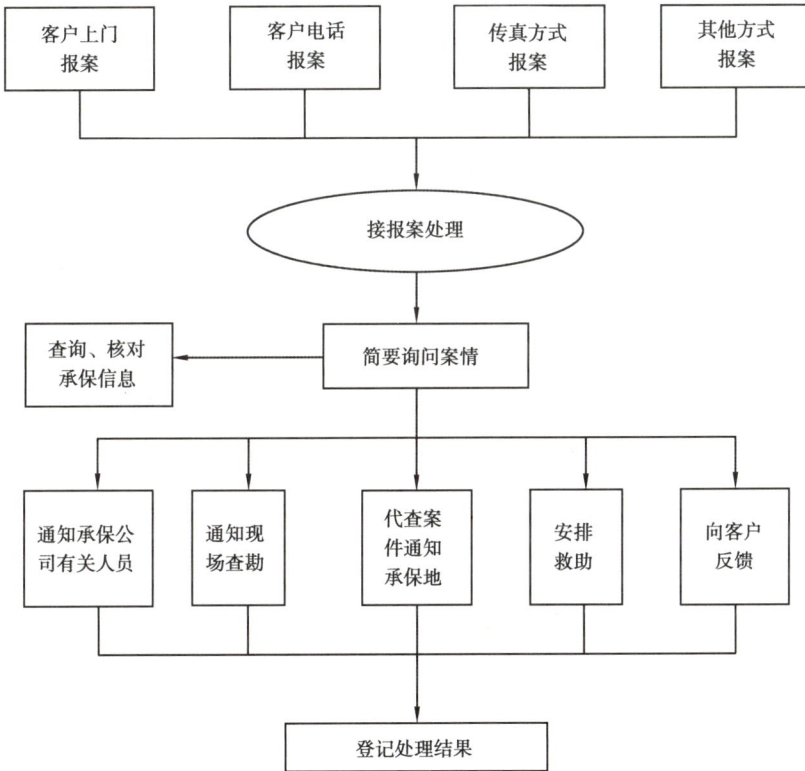

图5.2　受理报案流程

（4）生成案件受理记录

根据出险车辆的承保情况生成案件受理记录，报案记录与保单号一一对应，如图5.3所示。

①出险车辆的交强险和商业机动车保险在一个保单号下承保的，生成一条案件受理记录。

②出险车辆的交强险和商业机动车保险在多个保单号下承保的，在各保单项下生成对应的案件受理记录，并在各个案件受理记录之间建立关联关系。

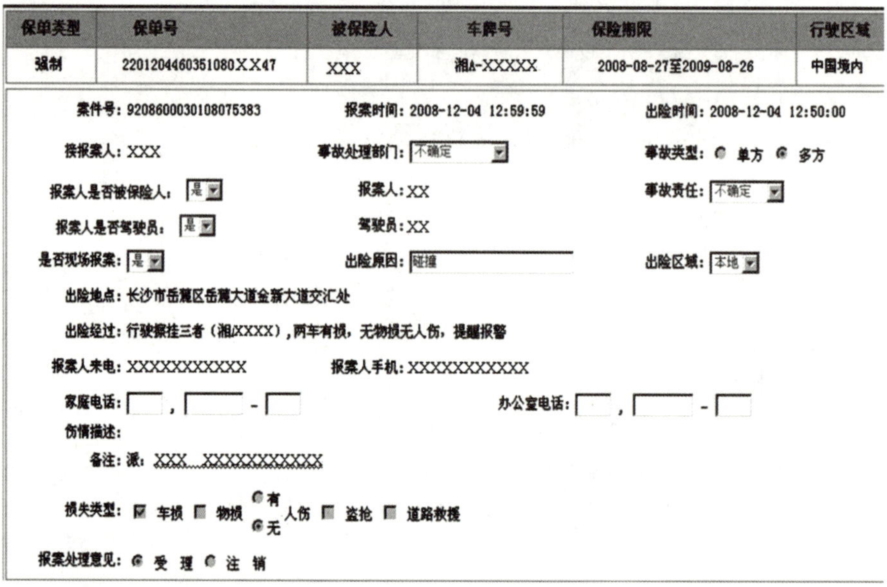

保单类型	保单号	被保险人	车牌号	保险期限	行驶区域
强制	2201204460351080ＸＸ47	ＸＸＸ	湘A-ＸＸＸＸＸ	2008-08-27至2009-08-26	中国境内

案件号:9208600030108075383　　　报案时间:2008-12-04 12:59:59　　　出险时间:2008-12-04 12:50:00

接报案人:ＸＸＸ　　　事故处理部门:不确定　　　事故类型:○单方 ⊙多方

报案人是否被保险人:是　　　报案人:ＸＸ　　　事故责任:不确定

报案人是否驾驶员:是　　　驾驶员:ＸＸ

是否现场报案:是　　　出险原因:碰撞　　　出险区域:本地

出险地点:长沙市岳麓区岳麓大道金新大道交汇处

出险经过:行驶擦挂三者(湘ＸＸＸＸ),两车有损,无物损无人伤,提醒报警

报案人来电:ＸＸＸＸＸＸＸＸＸＸ　　　报案人手机:ＸＸＸＸＸＸＸＸＸＸ

家庭电话:□,□-□　　　办公室电话:□,□-□

伤情描述:

备注:派ＸＸＸ......ＸＸＸＸＸＸＸＸＸＸ

损失类型:☑车损 □物损 ○有 人伤 □盗抢 □道路救援
　　　　　　　　　　　⊙无

报案处理意见:⊙受理 ○注销

图5.3　案件受理记录

(5)指导填写有关单证,说明后续理赔安排

保附单号:　　　　　　　　　　　　　　　　　　　　　　　报案编号:

重要提示:请您如实填写以下内容,任何虚假、欺诈行为,均可能成为保险人拒绝赔偿的依据。		
被保险人:	号牌号码:	号牌底色:
厂牌型号:	发动机号:	车架号(VIN):
报案人:	报案时间:	是否第一现场报案:□是 □否

　　_____年_____月_____日_____时,驾驶人_____(姓名),驾驶证号:□□□□□□□□□□□□□□□□□□□□,初次领证日期_____年_____月_____日,驾驶机动车_____(号牌号码),行至_____(出险地点),因(出险原因),发生_____

_____

_____

的事故,造成_____损失。

你公司已将有关索赔的注意事项对我进行了告知。现按照保险合同的约定,向你公司提出索赔申请。

本被保险人声明:以上所填写的内容和向你公司提交的索赔材料真实、可靠,没有任何虚假和隐瞒,如有虚假欺诈行为,愿意承担由此产生的所有法律责任。

被保险人(法人)签章:
年　　月　　日

身份证号:□□□□□□□□□□□□□□□□□□

联系电话:	地址:	邮政编码:

图5.4　机动车辆保险索赔申请书

接报案人员在登记报案信息后,应向报案人员说明索赔程序以及注意事项;现场报案的,应向被保险人提供"索赔申请书",如图5.4所示。并指导其据实详细填写。若被保险人非现场报案,应在查勘现场时请被保险人及时填写。

3. 查勘调度(见图5.5)

①及时调度查勘人员进行现场查勘。对属于保险责任范围内的事故和不能明确确定拒赔的案件,应立即调度查勘人员进行查勘。

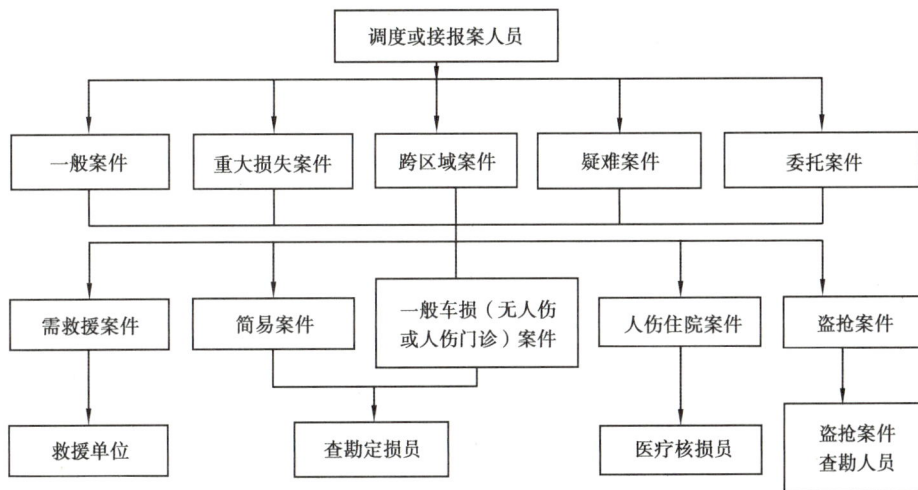

图5.5　查勘调度工作流程图

a. 调度原则:就近调度、一次调度。同一保险车辆的一起事故,不论生成几条报案记录,只生成一项查勘任务,进行一次查勘调度。

b. 打印或传送《机动车保险报案记录(代抄单)》或非车险报案记录(代抄单)给查勘人员(可采用邮件传输,但须电话通知)。

同一保险车辆的一起事故存在多个报案记录的,应将所有报案记录和承保信息完整告知查勘人员。

②事故涉及人员伤亡的,应及时通知医疗跟踪人员(可通过网络,但也须电话告知)。

③需要通知承保公司的,应及时通知承保公司有关人员(可通过网络,但也须电话告知)。

④需要提供救助服务的案件,应立即安排救助(电话中心根据情况安排,但不论是否安排救助,都需要及时通知客户服务部)。

对于客户需要提供救助服务的案件,确认其加保了相应救助服务特约条款的,应立即实施救助调度,并记入《机动车特约救助书》,按救助案件处理。

对于未加保相应救助服务特约条款的客户,可协助其与救助单位取得联系。在客户同意支付相关费用的前提下,可以调度救助协助单位赶赴现场实施救助。但须在"机动车特约救助书"付费方式一栏选择"现场收费救助"项目。

4. 现场查勘

现场查勘是了解出险情况、掌握第一现场材料和处理赔案的重要依据。现场查勘的主要任务包括查明出险地点、出险时间、出险原因与经过。现场查勘的其他任务为:施救整理受损财产、妥善处理余损物资、索取出险证明、核实损失数额。现场查勘总的要求是:准备充分,及时深入事故现场,按照保险合同规定和尊重事实的原则,依靠地方政府和企业主管部门及广大人民群众的支持和协助,认真调查分析,做到"现场情况明了,原因清楚,责任明确、损失切实"。

5.定损

保险理赔人员确定保险责任后,对属于保险赔偿范围内的损失进行核定,核定的内容包括下述内容。

（1）车辆损失的核定

车辆损失的核定包括车辆的直接损失和车辆的施救费用。保险事故造成被保险车辆的其他间接损失不在保险赔偿范围内。

1）车辆修理费的核定

车辆修理费由配件费、维修工时费、管理费组成。损失确认时应在明确当次事故损失部位或范围的基础上贯彻"以修复为主"的原则,确定车辆的修复价格。第三者车辆的修理费金额以被保险车辆的第三者责任限额为限。

2）车辆施救费用的核定

车辆施救费用是指保险事故发生后,被保险人为了避免或减少损失程度的扩大,采取保护措施而支出的合理费用。在对施救费用进行核定时,要遵循"必要、合理、限额"的原则。在施救次数的认定上,一般以事故发生时实际施救认定;特殊原因需要移送外地或其他地方的,费用在施救费用认定的赔偿金额内。但施救费用不得超过车辆的保险金额;第三者车辆的施救费用和三者其他损失的总额以被保险车辆的第三者责任限额为限。

（2）财产损失的核定

第三者责任险的财产和附加车上货物责任险承运货物的损失,应会同被保险人和有关人员逐项清理,确定损失数量、损失程度和金额。同时,要求被保险人提供有关货物、财产的原始发票。定损人员审核后,制作"机动车辆保险财产损失确认书",由被保险人签字认可。

1）货物损失的核定

货物损失包括本车货物和第三者车货物。在对货物损失进行核定时,要逐项清理,确定损失数量、损失程度、损失金额。损失金额的确定应以货物的实际成本价核定。保险车辆的车上货物赔偿限额以保险金额为限;第三者货物损失和第三者其他损失的总和以第三者责任限额为限。

2）其他财产损失的核定

其他财产包括第三者随身的衣物和携带及使用的有现金价值的其他物品。可以根据实际情况,通过协商,采取修复、更换、现金赔偿的方式处理。

（3）人员伤亡损失的核定

人员伤亡费用包括被保险车辆和第三者人员伤亡费用,两者的认定都按照《道路交通事故处理办法》的有关规定确认医疗费用及其相关费用、残疾补助费、死亡补偿费、抚养费和其他有关的费用。医疗费用的认定按医疗期间发生的实际医疗费（限公费医疗的药品范围）为准;被保险人应承担的其他人员伤亡赔偿费用按国家和事故发生地有关标准和规定核定。

人伤案件损失确定

（4）余损物资的处理

余损物资即残值。通常的处理办法是折价归被保险人所有。如与被保险人协商不成的,可以将余损物资收回,通过其他方式处理。处理所得款项冲减赔款。

6. 核损

核损工作流程如图5.6所示。

（1）核损的含义

顾名思义，对于"核损"而言，"核"即审核、核实、核定，"损"即损失大小、额度、金额。就车险理赔预估核损而言，即就事故的性质、事故中车辆、物件损失及人员伤亡的情况进行审核，一方面确认事故是否属于保险责任，另一方面确认保险责任范围内事故造成损失的金额大小。

（2）建立核损的重要性及其意义

核损岗是保险公司赔案处理质量管控的重要环节，对于提升理赔品质，提高业务人员专业技能，加强保险公司理赔专业化建设都具有极为重要的意义。

图5.6　核损工作流程图

（3）核损岗的工作职责

①负责审核查勘报告、调查报告及相关资料，按需参与查勘工作，对事故的真实性和保险责任负责。

②负责审核定损报告，按需参与定损工作，对事故损失的正确性和准确性负责。

③负责维护定损配件报价信息系统、物损定损参考标准、车险定损工时参考标准、配件更换参考标准、医疗核损标准等，为查勘定损人员提供定损依据。

④参与当地查勘定损人员的指导、监督、培训工作。

⑤负责疑难案件、重大案件、人伤案件转交调查处理的工作。

⑥负责医疗、人伤资料及人伤调查信息的审核，对资料的真实性负责。

⑦负责核定医疗、人伤损失，对医疗、人伤赔偿项目、赔偿金额的正确性进行核实。

常见骗保方式

⑧负责处理医疗、人伤的咨询与核损争议的解决。

⑨负责核损情况的统计和分析工作，及时掌握查勘定损人员处理赔案的质量和时效以及工作技能，为制订合理的管控制度、流程及培训方案提供依据。

（4）单证审核

单证审核是核损岗位工作流程的第一步，单证审核的具体内容包括审核被保险人提供的单证照片是否齐全、真实；审核查勘定损照片是否符合现场查勘拍摄规范与要求；审核查勘定损报告的填写是否符合规范与要求，审核完成后对资料不齐、存在疑难问题的案件应及时反馈给查勘定损岗位。

（5）定责审核

定责审核主要根据保险条款、相关法规、现场资料、被保险人、三者等相关资料，对案件进行全面、系统的保险责任审核。对资料不完善、不准确的应及时通知相关人员补充，对疑难、复杂案件应及时与相关部门沟通并向上级汇报。

（6）定损审核

定损审核是结合本地区汽车维修行业维修工时标准、配件价格、品牌及系统提供的资料等情况，对经定责审核确认属于保险责任范围内的事故损失进行损失金额核损的工作。

①重大案件的审核应报送上级主管部门审批。

②有物损、人伤的案件应及时与相关部门联系，协同做好审核工作。

7. 理算

（1）交强险赔款理算

①保险人在交强险各分项赔偿限额内，对受害人人身伤亡、财产损失分别计算赔偿。基本计算公式为：

总赔款=受害人死亡伤残赔款+受害人医疗费用赔款+受害人财产损失赔款

各分项损失赔款=各分项核定损失金额

各分项核定损失金额超过各分项赔偿限额的，按各分项赔偿限额计算赔偿。

②下列情况下，保险人按以下方式计算赔偿：

a. 两辆及两辆以上机动车交通事故的赔偿。

$$各分项核定损失金额 = \frac{\sum 被保险机动车以外的所有受害人的各分项损失金额}{N - 1}$$

式中，N——交通事故肇事机动车的数量。

例5.1　A、B两车在甲、乙两公司分别投保了交强险。

一次事故：

	A（有责）	B（有责）
车损费	2 400 元	5 600 元
医疗费	5 000 元	15 000 元

请问甲、乙两公司分别应该赔付多少钱？

甲公司所赔付的对象应该是B车。所以甲公司应该赔付：

2 000 元（有责任的财产最高限额）+10 000 元（有责任的医疗费用限额）= 12 000 元

乙公司所赔付的对象应该是A车。所以乙公司应该赔付：

2 000 元+5 000 元=7 000 元

例5.2　A、B两车在甲、乙两公司分别投保了交强险。

一次事故：

	A（无责）	B（有责）
车损费	2 400 元	5 600 元
医疗费	5 000 元	15 000 元

请问甲、乙两公司分别应该赔付多少钱？

甲公司所赔付的对象应该是B车。所以甲公司应该赔付：

100 元（无责任的财产最高限额）+1 000 元（无责任的医疗费用限额）= 1 100 元

乙公司所赔付的对象应该是A车。所以乙公司应该赔付：

2 000 元（有责任的财产最高限额）+5 000 元=7 000 元

例5.3　A、B、C三车在甲、乙、丙三公司分别投保了交强险。

一次事故：

	A（有）	B（有）	C（有）
车损费	1 200 元	2 600 元	1 400 元

请问甲、乙、丙三公司分别应该如何赔付

甲公司：$\dfrac{应赔付 B、C 两车损失即（2\ 600\ 元+1\ 400\ 元）}{3-1}=2\ 000\ 元$

乙公司：$\dfrac{应赔付\ A、C\ 两车损失即（1\ 200\ 元+1\ 400\ 元）}{3-1}=1\ 300\ 元$

丙公司：$\dfrac{应赔付\ A、B\ 两车损失即（1\ 200\ 元+2\ 600\ 元）}{3-1}=1\ 900\ 元$

具体分配情况：

	A（有）	B（有）	C（有）
车损费	1 200 元	2 600 元	1 400 元
甲	—	1 300 元	700 元
乙	600 元	—	700 元
丙	600 元	1 300 元	

b. 机动车辆与非机动车、行人的交通事故的赔偿。

多辆被保险机动车碰撞非机动车或行人的,各个被保险机动车的保险人分别在交强险的责任限额内承担赔偿责任。各个被保险机动车的保险人对各受害者的各分项损失平均分摊,并在对应的分项赔偿限额内计算赔偿。

（2）车辆损失险的赔款计算

1）全部损失的赔款计算

保险车辆在保险事故中发生整体损毁,或受损严重失去修复价值,即形成实际全损或推定全损。当施救费用和修理费用之和大于或等于被保险机动车出险时的实际价值即可推定全损。

车损险理算赔款

① 未计算免赔率的车辆损失赔款计算公式为：

未计算免赔率的车辆损失赔款=（实际价值-残值-交强险对车辆损失赔偿金额）×事故责任比例

公式说明：

a. "实际价值"即保险车辆出险时的实际价值,按保险事故发生时保险合同签订地同种类型车辆市场新车购置价（含车辆购置附加费/税）减去该车已使用累计月数折旧后确定。即：

实际价值 = 出险时新车购置价 ×（1-已使用月数×月折旧率）

折旧率按月计算,不足一月的,不计折旧。折旧率按条款规定的比例计算。

b. 如果保险金额低于出险时的实际价值,因总残余价值里有一部分是被保险人自保的,所以这时残值应计算为：

残值=总残余价值×（保险金额/实际价值）

c. 交强险对车辆损失赔偿金额的计算公式为：

车损赔款=（修理费-残值-交强险对车辆损失赔偿金额）×（保险金额/新车购置价）×责任比例

② 未计算免赔率的施救费用赔款计算公式为：

赔款=（核定施救费用-交强险对施救费赔偿金额）×事故责任比例×（保险金额/投保时保险车辆的新车购置价）

公式说明：

a. 核定施救费用=施救费用×（保险财产价值/实际被施救财产总价值）

b. 交强险对施救费赔偿金额=交强险赔偿金额×核定施救费用/（核定施救费用+核定修

理费用)

2）车辆损失保险赔款计算公式

赔款=（未计算免赔率的车辆损失赔款+未计算免赔率的施救费用赔款）×（1-免赔率之和）

公式说明：

a. 当未计算免赔率的车辆损失赔款≥保险金额时，代入保险金额进行计算。

b. 当未计算免赔率的施救费用赔款≥保险金额时，代入保险金额进行计算。

c. "免赔率之和"是指根据条款规定适用的各项免赔率之和。

3）部分损失的赔款计算公式

①未计算免赔率的车辆损失赔款=（核定修理费用-残值-交强险对车辆损失赔偿金额）×事故责任比例×（保险金额/投保时保险车辆的新车购置价）

②未计算免赔率的施救费用赔款=（核定施救费用-交强险对施救费赔偿金额）×事故责任比例×（保险金额/投保时保险车辆的新车购置价）

③车辆损失保险赔款=（未计算免赔率的车辆损失赔款+未计算免赔率的施救费用赔款）×（1-免赔率之和）

此时仍有：

a. 当未计算免赔率的车辆损失赔款≥保险金额时，代入保险金额进行计算；

b. 当未计算免赔率的施救费用赔款≥保险金额时，代入保险金额进行计算。

（3）第三者责任险的赔款理算

1）基本计算公式

①第三者责任险赔款=（死亡伤残费用赔款+医疗费用赔款+财产损失赔款）×事故责任比例×（1-免赔率之和）

公式说明：

a. 死亡伤残费用赔款=受害人死亡伤残费用核定金额 － $\sum$ 各肇事机动车交强险对受害人的死亡伤残赔偿总金额。

b. 医疗费用赔款=受害人医疗费用核定金额 － $\sum$ 各肇事机动车交强险对受害人的医疗费赔偿总金额。

c. 财产损失赔款=受害人财产损失核定金额 － $\sum$ 各肇事机动车交强险对受害人的财产损失赔偿总金额。

d. 当被保险人按事故责任比例承担的死亡伤残费用赔款、医疗费用赔款、财产损失赔款之和超过责任限额时。

②第三者责任险赔款=责任限额×（1-免赔率之和）

2）涉及挂车的赔款计算（公式同第三者责任险的赔款计算）

①主车与挂车连接时发生保险事故，在主车的责任限额内承担赔偿责任。

主车和挂车连接使用时视为一体，发生保险事故时，由主车保险人和挂车保险人按保险单上载明的第三者责任险责任限额的比例，在各自的责任限额内承担赔偿责任，但赔偿金额总和以主车责任限额为限。

②挂车未与主车连接时发生保险事故，在挂车的责任限额内承担赔偿责任。

3）第三者责任险赔款计算的注意事项

①对不属于保险合同中规定的赔偿项目但被保险人已自行承诺或支付的费用,保险人不予承担。

②法院判决被保险人应当赔偿第三者的金额,但不属于保险合同中规定的赔偿项目,如精神损害抚慰金等保险人不予承担。

③保险人对第三者责任事故赔偿后,对受害第三者的任何赔偿费用的增加不再负责。

（4）车上人员责任险赔款理算

车上人员责任险赔款 $= \sum$ 每人赔款

公式说明：

a. 赔款人数以投保座位数为限。

b. 当被保险人扣除交强险已赔付车上人员人身伤亡费用后按事故责任比例应承担的每座车上人员伤亡赔偿金额未超过保险合同载明的责任限额时

每人赔款=应当承担的赔偿金额。

c. 当被保险人扣除交强险已赔付车上人员人身伤亡费用后按事故责任比例应承担的每座车上人员伤亡赔偿金额超过保险合同载明的责任限额时

每人赔款=责任限额。

（5）全车盗抢险赔款理算

1）全部损失

赔款=保险金额×（1−免赔率之和）

实际价值不得超过保险金额,若超过保险金额,代入保险金额进行计算。

2）部分损失

赔款=实际修理费用−残值

赔款金额不得超过此险种保险金额。

盗抢事故理算
赔款

（6）玻璃单独破碎险

计算公式如下：

赔款=实际修理费用。

（7）车辆停驶损失险

①全部报失的投保本附加险时,由保险双方在保险单上约定日赔偿金额和赔偿天数,本保险的最高赔偿天数为 90 天。即：

赔款=保险合同约定的日赔偿金×约定赔偿天数。

②部分损失。保险人在双方约定的修复时间内按保险单约定的日赔偿金额乘以从送修之日起至修复竣工之日止的实际天数计算赔偿,即：

赔款=保险合同约定的日赔偿金额×实际修理天数

在一个保险期限内,上述赔款累计计算,最高以保险单约定的赔偿天数为限。

（8）自燃损失险

由投保人与保险人在保险车辆的实际价值内协商确定,保险人在保险单该项目所载明的保险金额内,按保险车辆的实际损失赔偿;本保险每次赔偿均实行 20% 的绝对免赔率。

1）全部损失的赔款

赔款=（保险金额−残值）×（1−20%）

2）部分损失的赔款

赔款=（实际修理费用-残值）×（1-20%）

3）施救费用不超过保险金额为限，其计算方式为：

赔款=实际施救费用×（保险财产价值/实际施救财产总价值）×（1-20%）

（9）车上货物责任险

被保险人或其允许的合格驾驶员在使用保险车辆过程中，发生意外事故，致使保险车辆所载货物遭受直接损毁，依法应由被保险人承担的经济赔偿责任，以及被保险人为减少损失而支付的必要合理施救、保护费用，保险人在保险单所载明的赔偿限额内负责赔偿。车上承运货物的赔偿限额由投保人在投保时与保险人协商确定。

①承运的货物发生保险责任范围内的、损失，保险人按起运地价格在赔偿限额内负责赔偿。

a. 当被保险人按保险事故责任比例应承担的车上货物损失赔偿金额未超过保险合同载明的每人责任限额时，即应承担赔偿金额小于责任限额，那么：

赔款=应承担赔偿金额×（1-免赔率）

b. 当被保险人按保险事故责任比例应承担的车上货物损失赔偿金额超过保险合同载明的每人责任限额时，即应承担赔偿金额大于责任限额，那么：

赔款=责任限额。

②每次赔偿均实行相应的免赔率，根据被保险人在事故中应负的责任比例及应承担的费用计算，计算公式为：

赔款=应承担费用×（1-免赔率）。

③施救费用，计算公式为：

赔款=实际施救费用×（保险财产价值/实际施救财产总价值）×（1-免赔率）免赔率

例5.4 若两个不同公司的甲车和乙车在行驶中发生相撞。甲车车辆损失5 000元，医疗费用10 000元；乙车车辆损失4 000元，医疗费用5 000元。交通管理部门裁定甲车负主要责任，乙车负次要责任。设甲车在平安保险投保交强险、10万元三责险，全额投保车损险；乙车在太平洋保险投保交强险、50万元三责险，全额投保车损险。

问：平安保险与太平洋保险分别须赔付多少钱？

解：平安保险

交强险：乙车车损4 000>2 000，所以财产损失赔付2 000元

医疗费用赔付5 000元

共计7 000元

三责险：（4 000+5 000-2 000-5 000）元×70%×（1-15%）=1 190元

车损险：（5 000-2 000）元×70%×（1-10%）=1 890元

解：太平洋保险

交强险：甲车车损5 000>2 000，所以财产损失赔付2 000元

医疗费用赔付10 000元

共计12 000元

三责险：（5 000+10 000-2 000-10 000）元×30%×（1-5%）=855元

车损险：（4 000-2 000）元×30%×（1-5%）=570元

8.核赔

（1）审核单证

审核被保险人按规定提供的单证、经办人员填写赔案的有关单证是否齐全、准确、规范和全面。

（2）核定保险责任

包括被保险人与索赔人是否相符;驾驶员是否为保险合同约定的驾驶员;出险车辆的厂牌型号、牌照号码、发动机号、车架号与保险单证是否相符;出险原因是否属保险责任;出险时间是否在保险期限内;事故责任划分是否准确合理;赔偿责任是否与承保险别相符等。

（3）核定车辆损失及赔款

包括车辆定损项目、损失程度是否准确、合理;更换零部件是否按规定进行了询报价,定损项目与报价项目是否一致;换件部分拟赔款金额是否与报价金额相符;残值确定是否合理等。

（4）核定人员伤亡及赔款

根据查勘记录、调查证明和被保险人提供的"事故责任认定书""事故调解书"和伤残证明,依照国家有关道路交通事故处理的法律、法规规定和其他有关规定进行审核;核定伤亡人员数、伤残程度是否与调查情况和证明相符;核定人员伤亡费用是否合理;被抚养人口、年龄是否真实,生活费计算是否合理、准确等。

（5）核定其他财产损失赔款

根据照片和被保险人提供的有关货物、财产的原始发票等有关单证,核定财产损失、损余物资处理等有关项目和赔款。

（6）核定施救费用

根据案情和针对施救费用的有关规定,核定施救费用有效单证和金额。

（7）审核赔付计算

审核残值是否扣除、免赔率使用是否正确、赔款计算是否准确等。

如果上级公司对下一级进行核赔,应侧重审核:普通赔案的责任认定和赔款计算的准确性;有争议赔案的旁证材料是否齐全有效;诉讼赔案的证明材料是否有效;保险公司的理由是否成立、充分;拒赔案件是否有充分证据和理由等。

车物核赔要点

人伤事故核赔要点①　人伤事故核赔要点②

9.理赔结案

结案时"机动车辆保险赔款计算书"上赔款的金额必须是最终审批金额。在完善各种核赔和审批手续后,方可签发"机动车辆保险赔款通知书"并通知被保险人。

保险赔款支付、结案

? 回答下列问题

1.根据自己的理解,描述汽车保险理赔各个步骤的具体流程:

（1）_____

（2）_____

（3）_____

（4）_____

（5）＿＿＿＿＿＿＿＿＿＿＿＿＿＿＿＿＿＿＿＿＿＿＿＿＿＿＿

（6）＿＿＿＿＿＿＿＿＿＿＿＿＿＿＿＿＿＿＿＿＿＿＿＿＿＿＿

2.汽车保险理算项目包括哪些内容？对于汽车保险理赔而言,这些内容对理赔金额的准确性有何作用？

完成下列任务

汽车出险后进行保险理赔工作,按照标准流程进行模拟演练,并根据模拟情况填写定损理赔金额。

学习活动形式——角色扮演

学生在模拟场景中扮演保险理赔人员的角色:按照标准流程进行全过程的模拟练习。

场景一:某先生带齐理赔资料到保险公司大厅办理理赔事宜,应如何接待并办理理赔手续？

场景二:某女士驾驶奥迪轿车在行驶过程中发生侧翻事故,本车定损金额为2.2万元,请根据其保单情况予以理算并办理理赔手续？

学生学习目标检查表

你是否能在教师的帮助下成功地完成单元学习目标所设计学习活动？	
	肯定回答
专业能力	
明确汽车保险理赔的基本概述	
知道汽车保险理赔流程	
能够运用保险理赔技巧	
能够正确进行保险理赔工作	
认识保险理赔的重要性	
关键能力	
你是否能根据已有的学习步骤、标准完成资料的收集、分析、组织？	
你是否能通过标准,有效和正确地进行交流？	
你是否能按计划有组织地活动？是否沿着学习目标努力？	
你是否能尽量利用学习资源完成学习目标？	
完成情况 　　所有上述表格必须是肯定回答。如果不是,应咨询教师是否需要增加学习活动,以达到要求的技能。 教师签字＿＿＿＿＿＿＿＿＿＿＿＿＿＿＿＿＿＿＿＿ 学生签字＿＿＿＿＿＿＿＿＿＿＿＿＿＿＿＿＿＿＿＿ 完成时间和日期＿＿＿＿＿＿＿＿＿＿＿＿＿＿＿＿	

任务 2　实施汽车保险理赔结案后的案卷整理工作

任务目标

知识目标:掌握汽车保险理赔结案后的案卷整理流程和注意事项。

能力目标:能够正确进行案卷整理工作。

素质目标:认识案卷整理的重要性,遵守职业道德,培养团队协作精神,提高学习新知识的能力。

相关知识

案件结案后,相关理赔单证需要整理收归档案。

理算一建立未决档案

一、理赔案卷管理

1. 理赔案卷须一案一卷整理、装订、登记、保管

赔款案卷要做到单证齐全、编排有序、目录清楚、装订整齐,照片及原始单据一律粘贴整齐并附说明。

2. 理赔案卷按分级审批、分级留存并按档案管理规定进行保管的原则

(1)车险业务档案卷内的排列顺序一般遵循的原则

承保单证应按承保工作顺序依次排列,理赔案卷应按理赔卷内目录内容进行排列。

(2)承保单证、赔案案卷的装订方法

①承保单证、赔付件中均采用"三孔一线"的装订方法,孔间距为 6.5 cm,承保单证一律在卷上侧统一装订,赔付卷一律在卷左侧统一装订,对于承保和理赔中需要附贴的单证,如保费收据、赔案收据和各种医疗费收据、修理费发票等一律粘贴在"机动车辆保险(单证)粘贴表"上,粘贴整齐、美观,方便使用。

②对于承保单证一律按编号排序整齐,每 50 份装订为一卷,赔付卷要填写卷内目录和备考线,装订完毕后打印流水号,以防卷内形式不一的单证、照片等重要原始材料遗失,对于卷内不规则的形式不一的单证(如照片、锯齿发票等)除一律粘贴在统一规格的粘贴表上之外,还应加盖清晰的骑缝章,并在粘贴表的"并张单证"中注明粘贴张数。

(3)卷内承保、理赔卷的外形尺寸

卷内承保、理赔卷的外形尺寸分别以承保副本和机动车辆保险(单证)粘贴表的大小为标准,卷皮可使用统一的"车险业务档案卷皮"加封,并装盒保存(注:每盒装承保 50 份,理赔 10 份)。

(4)承保单证及赔付案卷卷皮上应列明内容

承保的卷皮上应列明的内容为:机构名称、险种、年度、保单起止号和保管期限;赔付卷皮

应注明的内容为:机构名称、险种、赔案年度、赔案起止号和保管期限。

(5)档案管理要求

业务原始材料应由具体经办人提供,按顺序排列整齐,然后交档案管理人员,档案管理人员按上述要求统一建档,保管案卷人员应以保证卷内各种文件、单证的系统性、完整性和真实性为原则,当年结案的案卷归入所属业务年度,跨年度的赔付案归入当年的理赔案卷。

(6)业务档案的利用工作

业务档案的利用工作既要积极主动,又必须坚持严格的查阅制度。查阅时要填具调阅登记簿,由档案管理人员亲自调出档案并协助查阅人查阅。

(7)承保及理赔档案的销毁和注销

根据各公司的规定,对于车险业务一般保管期限为三年,对于超过保存期限的经内勤人员和外勤人员共同确定确实失去保存价值的,要填具业务档案销毁登记清单,上报部门经理方可销毁。

理赔案卷管理包括清分单证、案卷的整理与装订、案卷的登记与保管、案卷借阅等,如图5.7所示。

1)清分单证

①被保险人的单证有赔款收据。

②清分给财务部门的单证有赔款收据、赔款计算书(或赔案审批表)。

③存入赔案案卷的单证有赔款收据、赔款计算书(或赔案审批表)、其他全案单证。

2)案卷的整理、装订

①理赔案卷须一案一卷进行整理、装订、登记、保管。

②案卷要做到单证齐全,编排有序,目录清楚,装订整齐,照片及原始单据一律附贴在粘贴单上并附说明。

3)案卷的登记、保管

①要建立理赔案卷登记簿或资料卡,及时、准确、清楚地登记归档卷宗,以便于查找调阅案卷。

②归档案卷要按赔案号整齐排放,由专人保管,注意防火、防潮、防虫蛀,确保理赔案卷的安全可靠。

4)整理顺序

案卷的整理、装订依据以下的顺序进行规范装订:

①赔偿收据。

②赔付案赔偿审批表或垫付费用审核表。

③机动车辆保险出险信息表。

④机动车辆保险索赔申请书。

⑤重大赔案呈报表。

⑥查勘报告或公估报告。

⑦事故调查询问笔录。

⑧重大赔案调查报告。

	主要包括:
清分单证	1. 被保险人的单证有:赔款收据 2. 清分给财务部门的单证有:赔款收据、赔款计算书(或赔案审批表) 3. 存入赔案案卷的单证有:赔款收据、赔款计算书(或赔案审批表)、其他全案单证

	注意:
案卷的整理、装订	1. 理赔案卷须一案一卷进行整理、装订、登记、保管 2. 案卷要做到单证齐全,编排有序,目录清楚,装订整齐,照片及原始单据一律附贴在粘贴单上并附说明

	注意:
案卷的登记、保管	1. 要建立理赔案卷登记簿或资料卡,及时、准确、清楚地登记归档卷宗,以便于查找调阅案卷 2. 归档案卷要按赔案号整齐排放,由专人保管,注意防火、防潮、防虫蛀,确保理赔案卷的安全可靠

	注意:
案卷借阅	1. 借阅时应办理借阅手续 2. 查阅或借用理赔案卷,严禁涂改、做标记、拆封 3. 借阅人使用完毕后应及时归还

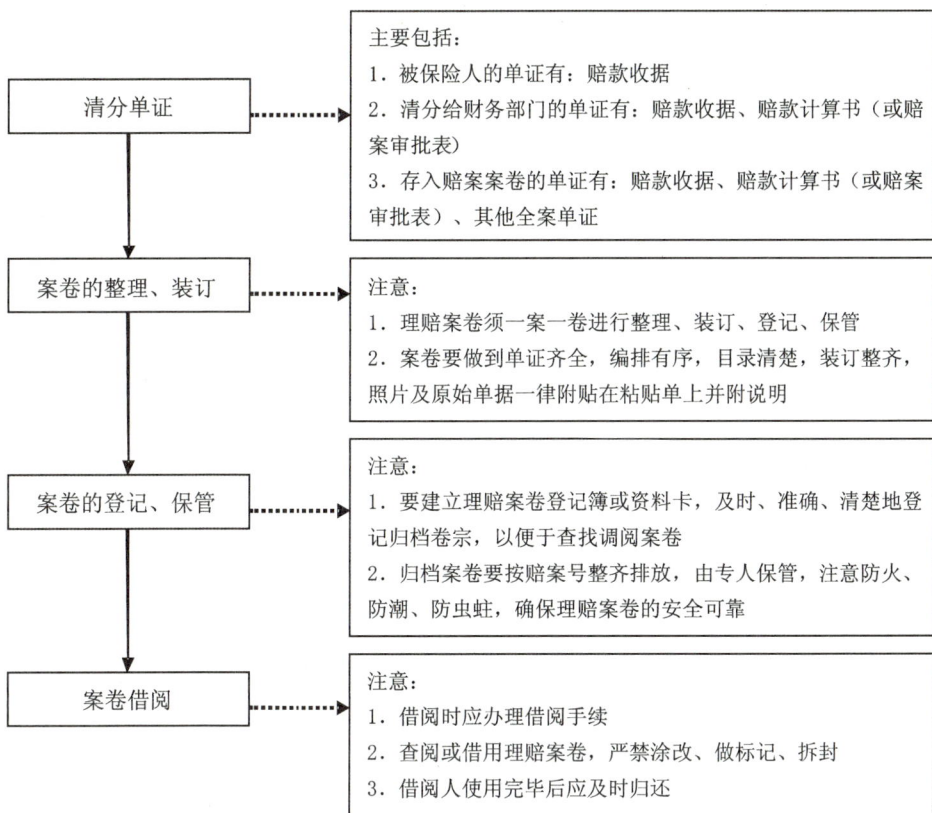

图 5.7 理赔案卷管理图

⑨人伤案件调查报告。

⑩定损单或经核定的预算/造价单。

⑪超权限核价/核损审批表。

⑫事故照片。

⑬道路交通事故赔偿凭证或修理/修复发票。

⑭人伤案件费用拟算表。

⑮药费单据、住院票据、医疗费或抢救费清单。

⑯护理人员收入证明。

⑰伤亡人员收入证明。

⑱交通费、住宿费票据。

⑲事故证明(包括事故责任认定书、车辆失窃证明、火灾证明和气象证明等)。

⑳交警、法院或其他机构的调解书、判决书。

㉑死亡证明。

㉒户口注销证明或火化证明。

㉓死者或伤残者的家庭情况证明或被抚养人户口本复印件等。

㉔公安交通管理部门支付垫付通知书。

㉕机动车行驶证、驾驶员驾驶证和驾驶员资格证书。

㉖权益转让书。

㉗丢失车辆登报声明。

㉘丢失车辆封档证明。

㉙丢失车辆购车发票。

㉚丢失车辆附加税缴费原件。

㉛丢失车辆行驶证及驾驶证原件、原车钥匙(装入信封)。

㉜其他所需单据。

5)案卷借阅

①借阅时应办理借阅手续。

②查阅或借用理赔案卷,严禁涂改、做标记、拆封。

③借阅人使用完毕后应及时归还。

回答下列问题

1. 根据自己的理解,描述汽车保险理赔结案后案卷整理各个步骤的具体流程:

(1) _____

(2) _____

(3) _____

(4) _____

(5) _____

(6) _____

2. 汽车保险理算项目案卷整理包含哪些内容? 对于案卷整理而言,这些内容对整个理赔工作有何作用?

_____

_____

_____

_____

完成下列任务

汽车保险理赔结案后的案卷整理工作,按照标准流程进行模拟演练,并根据模拟情况填写卷宗管理记录。

学习活动形式——角色扮演

学生在模拟场景中扮演保险内勤的角色:按照标准流程进行全过程的模拟练习。

场景一:某保险理赔案件已经结案,理赔款已支付,你作为保险公司理赔内勤人员,应如何对该案件的卷宗进行整理归档?

你是否能在教师的帮助下成功地完成本任务所设计学习活动？	
	肯定回答
专业能力	
明确汽车保险理赔案件卷宗整理的基本概述	
知道汽车保险理赔结案后的案卷整理流程	
能够正确进行案卷整理工作	
认识案卷整理的重要性	
关键能力	
你是否能根据已有的学习步骤、标准完成资料的收集、分析、组织？	
你是否能通过标准，有效和正确地进行交流？	
你是否能按计划有组织地活动？是否沿着学习目标努力？	
你是否能尽量利用学习资源完成学习目标？	
完成情况 　　所有上述表格必须是肯定回答。如果不是，应咨询教师是否需要增加学习活动，以达到要求的技能。 　　　　　　　　　教师签字＿＿＿＿＿＿＿＿＿＿＿＿＿ 　　　　　　　　　学生签字＿＿＿＿＿＿＿＿＿＿＿＿＿ 　　　　　　　　　完成时间和日期＿＿＿＿＿＿＿＿＿＿	

附录
《中国保险行业协会机动车综合商业保险示范条款》

总　则

第一条　本保险条款分为主险、附加险。

主险包括机动车损失保险、机动车第三者责任保险、机动车车上人员责任保险、机动车全车盗抢保险共四个独立的险种，投保人可以选择投保全部险种，也可以选择投保其中部分险种。保险人依照本保险合同的约定，按照承保险种分别承担保险责任。

附加险不能独立投保。附加险条款与主险条款相抵触之处，以附加险条款为准，附加险条款未尽之处，以主险条款为准。

第二条　本保险合同中的被保险机动车是指在中华人民共和国境内（不含港、澳、台地区）行驶，以动力装置驱动或者牵引，上道路行驶的供人员乘用或者用于运送物品以及进行专项作业的轮式车辆（含挂车）、履带式车辆和其他运载工具，但不包括摩托车、拖拉机、特种车。

第三条　本保险合同中的第三者是指因被保险机动车发生意外事故遭受人身伤亡或者财产损失的人，但不包括被保险机动车本车车上人员、被保险人。

第四条　本保险合同中的车上人员是指发生意外事故的瞬间，在被保险机动车车体内或车体上的人员，包括正在上下车的人员。

第五条　本保险合同中的各方权利和义务，由保险人、投保人遵循公平原则协商确定。保险人、投保人自愿订立本保险合同。

除本保险合同另有约定外，投保人应在保险合同成立时一次交清保险费。保险费未交清前，本保险合同不生效。

第一章　机动车损失保险

保险责任

第六条　保险期间内，被保险人或其允许的驾驶人在使用被保险机动车过程中，因下列原因造成被保险机动车的直接损失，且不属于免除保险人责任的范围，保险人依照本保险合同的约定负责赔偿：

　　（一）碰撞、倾覆、坠落；

　　（二）火灾、爆炸；

　　（三）外界物体坠落、倒塌；

　　（四）雷击、暴风、暴雨、洪水、龙卷风、冰雹、台风、热带风暴；

　　（五）地陷、崖崩、滑坡、泥石流、雪崩、冰陷、暴雪、冰凌、沙尘暴；

　　（六）受到被保险机动车所载货物、车上人员意外撞击；

　　（七）载运被保险机动车的渡船遭受自然灾害（只限于驾驶人随船的情形）。

　　第七条　发生保险事故时，被保险人或其允许的驾驶人为防止或者减少被保险机动车的损失所支付的必要的、合理的施救费用，由保险人承担；施救费用数额在被保险机动车损失赔偿金额以外另行计算，最高不超过保险金额的数额。

责任免除

　　第八条　在上述保险责任范围内，下列情况下，不论任何原因造成被保险机动车的任何损失和费用，保险人均不负责赔偿：

　　（一）事故发生后，被保险人或其允许的驾驶人故意破坏、伪造现场、毁灭证据；

　　（二）驾驶人有下列情形之一者：

　　1.事故发生后，在未依法采取措施的情况下驾驶被保险机动车或者遗弃被保险机动车离开事故现场；

　　2.饮酒、吸食或注射毒品、服用国家管制的精神药品或者麻醉药品；

　　3.无驾驶证，驾驶证被依法扣留、暂扣、吊销、注销期间；

　　4.驾驶与驾驶证载明的准驾车型不相符合的机动车；

　　5.实习期内驾驶公共汽车、营运客车或者执行任务的警车、载有危险物品的机动车或牵引挂车的机动车；

　　6.驾驶出租机动车或营业性机动车无交通运输管理部门核发的许可证书或其他必备证书；

　　7.学习驾驶时无合法教练员随车指导；

　　8.非被保险人允许的驾驶人；

　　（三）被保险机动车有下列情形之一者：

　　1.发生保险事故时被保险机动车行驶证、号牌被注销的，或未按规定检验或检验不合格；

　　2.被扣押、收缴、没收、政府征用期间；

　　3.在竞赛、测试期间，在营业性场所维修、保养、改装期间；

　　4.被保险人或其允许的驾驶人故意或重大过失，导致被保险机动车被利用从事犯罪行为。

　　第九条　下列原因导致的被保险机动车的损失和费用，保险人不负责赔偿：

　　（一）地震及其次生灾害；

　　（二）战争、军事冲突、恐怖活动、暴乱、污染（含放射性污染）、核反应、核辐射；

　　（三）人工直接供油、高温烘烤、自燃、不明原因火灾；

　　（四）违反安全装载规定；

　　（五）被保险机动车被转让、改装、加装或改变使用性质等，被保险人、受让人未及时通知

保险人,且因转让、改装、加装或改变使用性质等导致被保险机动车危险程度显著增加;

(六)被保险人或其允许的驾驶人的故意行为。

第十条　下列损失和费用,保险人不负责赔偿:

(一)因市场价格变动造成的贬值、修理后因价值降低引起的减值损失;

(二)自然磨损、朽蚀、腐蚀、故障、本身质量缺陷;

(三)遭受保险责任范围内的损失后,未经必要修理并检验合格继续使用,致使损失扩大的部分;

(四)投保人、被保险人或其允许的驾驶人知道保险事故发生后,故意或者因重大过失未及时通知,致使保险事故的性质、原因、损失程度等难以确定的,保险人对无法确定的部分,不承担赔偿责任,但保险人通过其他途径已经及时知道或者应当及时知道保险事故发生的除外;

(五)因被保险人违反本条款第十六条约定,导致无法确定的损失;

(六)被保险机动车全车被盗窃、被抢劫、被抢夺、下落不明,以及在此期间受到的损坏,或被盗窃、被抢劫、被抢夺未遂受到的损坏,或车上零部件、附属设备丢失;

(七)车轮单独损坏,玻璃单独破碎,无明显碰撞痕迹的车身划痕,以及新增设备的损失;

(八)发动机进水后导致的发动机损坏。

免赔率与免赔额

第十一条　保险人在依据本保险合同约定计算赔款的基础上,按照下列方式免赔:

(一)被保险机动车一方负次要事故责任的,实行5%的事故责任免赔率;负同等事故责任的,实行10%的事故责任免赔率;负主要事故责任的,实行15%的事故责任免赔率;负全部事故责任或单方肇事事故的,实行20%的事故责任免赔率;

(二)被保险机动车的损失应当由第三方负责赔偿,无法找到第三方的,实行30%的绝对免赔率;

(三)违反安全装载规定、但不是事故发生的直接原因的,增加10%的绝对免赔率;

(四)对于投保人与保险人在投保时协商确定绝对免赔额的,本保险在实行免赔率的基础上增加每次事故绝对免赔额。

保险金额

第十二条　保险金额按投保时被保险机动车的实际价值确定。

投保时被保险机动车的实际价值由投保人与保险人根据投保时的新车购置价减去折旧金额后的价格协商确定或其他市场公允价值协商确定。

折旧金额可根据本保险合同列明的参考折旧系数表确定。

赔偿处理

第十三条　发生保险事故时,被保险人或其允许的驾驶人应当及时采取合理的、必要的施救和保护措施,防止或者减少损失,并在保险事故发生后48小时内通知保险人。被保险人或其允许的驾驶人根据有关法律法规规定选择自行协商方式处理交通事故的,应当立即通知保险人。

第十四条　被保险人或其允许的驾驶人根据有关法律法规规定选择自行协商方式处理交通事故的,应当协助保险人勘验事故各方车辆、核实事故责任,并依照《道路交通事故处理程序规定》签订记录交通事故情况的协议书。

第十五条　被保险人索赔时,应当向保险人提供与确认保险事故的性质、原因、损失程度等有关的证明和资料。

被保险人应当提供保险单、损失清单、有关费用单据、被保险机动车行驶证和发生事故时驾驶人的驾驶证。

属于道路交通事故的,被保险人应当提供公安机关交通管理部门或法院等机构出具的事故证明、有关的法律文书(判决书、调解书、裁定书、裁决书等)及其他证明。被保险人或其允许的驾驶人根据有关法律法规规定选择自行协商方式处理交通事故的,被保险人应当提供依照《道路交通事故处理程序规定》签订记录交通事故情况的协议书。

第十六条　因保险事故损坏的被保险机动车,应当尽量修复。修理前被保险人应当会同保险人检验,协商确定修理项目、方式和费用。对未协商确定的,保险人可以重新核定。

第十七条　被保险机动车遭受损失后的残余部分由保险人、被保险人协商处理。如折归被保险人的,由双方协商确定其价值并在赔款中扣除。

第十八条　因第三方对被保险机动车的损害而造成保险事故,被保险人向第三方索赔的,保险人应积极协助;被保险人也可以直接向本保险人索赔,保险人在保险金额内先行赔付被保险人,并在赔偿金额内代位行使被保险人对第三方请求赔偿的权利。

被保险人已经从第三方取得损害赔偿的,保险人进行赔偿时,相应扣减被保险人从第三方已取得的赔偿金额。

保险人未赔偿之前,被保险人放弃对第三方请求赔偿的权利的,保险人不承担赔偿责任。

被保险人故意或者因重大过失致使保险人不能行使代位请求赔偿的权利的,保险人可以扣减或者要求返还相应的赔款。

保险人向被保险人先行赔付的,保险人向第三方行使代位请求赔偿的权利时,被保险人应当向保险人提供必要的文件和所知道的有关情况。

第十九条　机动车损失赔款按以下方法计算:

(一)全部损失

赔款=(保险金额-被保险人已从第三方获得的赔偿金额)×(1-事故责任免赔率)×(1-绝对免赔率之和)-绝对免赔额

(二)部分损失

被保险机动车发生部分损失,保险人按实际修复费用在保险金额内计算赔偿:

赔款=(实际修复费用-被保险人已从第三方获得的赔偿金额)×(1-事故责任免赔率)×(1-绝对免赔率之和)-绝对免赔额

(三)施救费

施救的财产中,含有本保险合同未保险的财产,应按本保险合同保险财产的实际价值占总施救财产的实际价值比例分摊施救费用。

第二十条　保险人受理报案、现场查勘、核定损失、参与诉讼、进行抗辩、要求被保险人提供证明和资料、向被保险人提供专业建议等行为,均不构成保险人对赔偿责任的承诺。

第二十一条　被保险机动车发生本保险事故,导致全部损失,或一次赔款金额与免赔金额之和(不含施救费)达到保险金额,保险人按本保险合同约定支付赔款后,本保险责任终止,保险人不退还机动车损失保险及其附加险的保险费。

第二章　机动车第三者责任保险

保险责任

第二十二条　保险期间内,被保险人或其允许的驾驶人在使用被保险机动车过程中发生意外事故,致使第三者遭受人身伤亡或财产直接损毁,依法应当对第三者承担的损害赔偿责任,且不属于免除保险人责任的范围,保险人依照本保险合同的约定,对于超过机动车交通事故责任强制保险各分项赔偿限额的部分负责赔偿。

第二十三条　保险人依据被保险机动车一方在事故中所负的事故责任比例,承担相应的赔偿责任。

被保险人或被保险机动车一方根据有关法律法规规定选择自行协商或由公安机关交通管理部门处理事故未确定事故责任比例的,按照下列规定确定事故责任比例:

被保险机动车一方负主要事故责任的,事故责任比例为70%;

被保险机动车一方负同等事故责任的,事故责任比例为50%;

被保险机动车一方负次要事故责任的,事故责任比例为30%。

涉及司法或仲裁程序的,以法院或仲裁机构最终生效的法律文书为准。

责任免除

第二十四条　在上述保险责任范围内,下列情况下,不论任何原因造成的人身伤亡、财产损失和费用,保险人均不负责赔偿:

(一)事故发生后,被保险人或其允许的驾驶人故意破坏、伪造现场、毁灭证据;

(二)驾驶人有下列情形之一者:

1. 事故发生后,在未依法采取措施的情况下驾驶被保险机动车或者遗弃被保险机动车离开事故现场;

2. 饮酒、吸食或注射毒品、服用国家管制的精神药品或者麻醉药品;

3. 无驾驶证,驾驶证被依法扣留、暂扣、吊销、注销期间;

4. 驾驶与驾驶证载明的准驾车型不相符合的机动车;

5. 实习期内驾驶公共汽车、营运客车或者执行任务的警车、载有危险物品的机动车或牵引挂车的机动车;

6. 驾驶出租机动车或营业性机动车无交通运输管理部门核发的许可证书或其他必备证书;

7. 学习驾驶时无合法教练员随车指导;

8. 非被保险人允许的驾驶人;

(三)被保险机动车有下列情形之一者:

1. 发生保险事故时被保险机动车行驶证、号牌被注销的,或未按规定检验或检验不合格;

2.被扣押、收缴、没收、政府征用期间;

3.在竞赛、测试期间,在营业性场所维修、保养、改装期间;

4.全车被盗窃、被抢劫、被抢夺、下落不明期间。

第二十五条 下列原因导致的人身伤亡、财产损失和费用,保险人不负责赔偿:

(一)地震及其次生灾害、战争、军事冲突、恐怖活动、暴乱、污染(含放射性污染)、核反应、核辐射;

(二)第三者、被保险人或其允许的驾驶人的故意行为、犯罪行为,第三者与被保险人或其他致害人恶意串通的行为;

(三)被保险机动车被转让、改装、加装或改变使用性质等,被保险人、受让人未及时通知保险人,且因转让、改装、加装或改变使用性质等导致被保险机动车危险程度显著增加。

第二十六条 下列人身伤亡、财产损失和费用,保险人不负责赔偿:

(一)被保险机动车发生意外事故,致使任何单位或个人停业、停驶、停电、停水、停气、停产、通讯或网络中断、电压变化、数据丢失造成的损失以及其他各种间接损失;

(二)第三者财产因市场价格变动造成的贬值,修理后因价值降低引起的减值损失;

(三)被保险人及其家庭成员、被保险人允许的驾驶人及其家庭成员所有、承租、使用、管理、运输或代管的财产的损失,以及本车上财产的损失;

(四)被保险人、被保险人允许的驾驶人、本车车上人员的人身伤亡;

(五)停车费、保管费、扣车费、罚款、罚金或惩罚性赔款;

(六)超出《道路交通事故受伤人员临床诊疗指南》和国家基本医疗保险同类医疗费用标准的费用部分;

(七)律师费,未经保险人事先书面同意的诉讼费、仲裁费;

(八)投保人、被保险人或其允许的驾驶人知道保险事故发生后,故意或者因重大过失未及时通知,致使保险事故的性质、原因、损失程度等难以确定的,保险人对无法确定的部分,不承担赔偿责任,但保险人通过其他途径已经及时知道或者应当及时知道保险事故发生的除外;

(九)因被保险人违反本条款第三十四条约定,导致无法确定的损失;

(十)精神损害抚慰金;

(十一)应当由机动车交通事故责任强制保险赔偿的损失和费用;

保险事故发生时,被保险机动车未投保机动车交通事故责任强制保险或机动车交通事故责任强制保险合同已经失效的,对于机动车交通事故责任强制保险责任限额以内的损失和费用,保险人不负责赔偿。

免赔率

第二十七条 保险人在依据本保险合同约定计算赔款的基础上,在保险单载明的责任限额内,按照下列方式免赔:

(一)被保险机动车一方负次要事故责任的,实行5%的事故责任免赔率;负同等事故责任的,实行10%的事故责任免赔率;负主要事故责任的,实行15%的事故责任免赔率;负全部事故责任的,实行20%的事故责任免赔率;

(二)违反安全装载规定的,实行10%的绝对免赔率。

责任限额

第二十八条　每次事故的责任限额,由投保人和保险人在签订本保险合同时协商确定。

第二十九条　主车和挂车连接使用时视为一体,发生保险事故时,由主车保险人和挂车保险人按照保险单上载明的机动车第三者责任保险责任限额的比例,在各自的责任限额内承担赔偿责任,但赔偿金额总和以主车的责任限额为限。

赔偿处理

第三十条　发生保险事故时,被保险人或其允许的驾驶人应当及时采取合理的、必要的施救和保护措施,防止或者减少损失,并在保险事故发生后 48 小时内通知保险人。被保险人或其允许的驾驶人根据有关法律法规规定选择自行协商方式处理交通事故的,应当立即通知保险人。

第三十一条　被保险人或其允许的驾驶人根据有关法律法规规定选择自行协商方式处理交通事故的,应当协助保险人勘验事故各方车辆、核实事故责任,并依照《道路交通事故处理程序规定》签订记录交通事故情况的协议书。

第三十二条　被保险人索赔时,应当向保险人提供与确认保险事故的性质、原因、损失程度等有关的证明和资料。

被保险人应当提供保险单、损失清单、有关费用单据、被保险机动车行驶证和发生事故时驾驶人的驾驶证。

属于道路交通事故的,被保险人应当提供公安机关交通管理部门或法院等机构出具的事故证明、有关的法律文书(判决书、调解书、裁定书、裁决书等)及其他证明。被保险人或其允许的驾驶人根据有关法律法规规定选择自行协商方式处理交通事故的,被保险人应当提供依照《道路交通事故处理程序规定》签订记录交通事故情况的协议书。

第三十三条　保险人对被保险人给第三者造成的损害,可以直接向该第三者赔偿。

被保险人给第三者造成损害,被保险人对第三者应负的赔偿责任确定的,根据被保险人的请求,保险人应当直接向该第三者赔偿。被保险人怠于请求的,第三者有权就其应获赔偿部分直接向保险人请求赔偿。

被保险人给第三者造成损害,被保险人未向该第三者赔偿的,保险人不得向被保险人赔偿。

第三十四条　因保险事故损坏的第三者财产,应当尽量修复。修理前被保险人应当会同保险人检验,协商确定修理项目、方式和费用。对未协商确定的,保险人可以重新核定。

第三十五条　赔款计算

1. 当(依合同约定核定的第三者损失金额-机动车交通事故责任强制保险的分项赔偿限额)×事故责任比例　等于或高于每次事故赔偿限额时:

赔款=每次事故赔偿限额×(1-事故责任免赔率)×(1-绝对免赔率之和)

2. 当(依合同约定核定的第三者损失金额-机动车交通事故责任强制保险的分项赔偿限额)×事故责任比例低于每次事故赔偿限额时:

赔款=(依合同约定核定的第三者损失金额-机动车交通事故责任强制保险的分项赔偿限

额)×事故责任比例×(1-事故责任免赔率)×(1-绝对免赔率之和)

第三十六条 保险人按照《道路交通事故受伤人员临床诊疗指南》和国家基本医疗保险的同类医疗费用标准核定医疗费用的赔偿金额。

未经保险人书面同意,被保险人自行承诺或支付的赔偿金额,保险人有权重新核定。不属于保险人赔偿范围或超出保险人应赔偿金额的,保险人不承担赔偿责任。

第三十七条 保险人受理报案、现场查勘、核定损失、参与诉讼、进行抗辩、要求被保险人提供证明和资料、向被保险人提供专业建议等行为,均不构成保险人对赔偿责任的承诺。

第三章　机动车车上人员责任保险

保险责任

第三十八条 保险期间内,被保险人或其允许的驾驶人在使用被保险机动车过程中发生意外事故,致使车上人员遭受人身伤亡,且不属于免除保险人责任的范围,依法应当对车上人员承担的损害赔偿责任,保险人依照本保险合同的约定负责赔偿。

第三十九条 保险人依据被保险机动车一方在事故中所负的事故责任比例,承担相应的赔偿责任。

被保险人或被保险机动车一方根据有关法律法规规定选择自行协商或由公安机关交通管理部门处理事故未确定事故责任比例的,按照下列规定确定事故责任比例:

被保险机动车一方负主要事故责任的,事故责任比例为70%;

被保险机动车一方负同等事故责任的,事故责任比例为50%;

被保险机动车一方负次要事故责任的,事故责任比例为30%。

涉及司法或仲裁程序的,以法院或仲裁机构最终生效的法律文书为准。

责任免除

第四十条 在上述保险责任范围内,下列情况下,不论任何原因造成的人身伤亡,保险人均不负责赔偿:

(一)事故发生后,被保险人或其允许的驾驶人故意破坏、伪造现场、毁灭证据;

(二)驾驶人有下列情形之一者:

1.事故发生后,在未依法采取措施的情况下驾驶被保险机动车或者遗弃被保险机动车离开事故现场;

2.饮酒、吸食或注射毒品、服用国家管制的精神药品或者麻醉药品;

3.无驾驶证,驾驶证被依法扣留、暂扣、吊销、注销期间;

4.驾驶与驾驶证载明的准驾车型不相符合的机动车;

5.实习期内驾驶公共汽车、营运客车或者执行任务的警车、载有危险物品的机动车或牵引挂车的机动车;

6.驾驶出租机动车或营业性机动车无交通运输管理部门核发的许可证书或其他必备证书;

7.学习驾驶时无合法教练员随车指导；

8.非被保险人允许的驾驶人；

（三）被保险机动车有下列情形之一者：

1.发生保险事故时被保险机动车行驶证、号牌被注销的，或未按规定检验或检验不合格；

2.被扣押、收缴、没收、政府征用期间；

3.在竞赛、测试期间，在营业性场所维修、保养、改装期间；

4.全车被盗窃、被抢劫、被抢夺、下落不明期间。

第四十一条　下列原因导致的人身伤亡，保险人不负责赔偿：

（一）地震及其次生灾害、战争、军事冲突、恐怖活动、暴乱、污染（含放射性污染）、核反应、核辐射；

（二）被保险机动车被转让、改装、加装或改变使用性质等，被保险人、受让人未及时通知保险人，且因转让、改装、加装或改变使用性质等导致被保险机动车危险程度显著增加；

（三）被保险人或驾驶人的故意行为。

第四十二条　下列人身伤亡、损失和费用，保险人不负责赔偿：

（一）被保险人及驾驶人以外的其他车上人员的故意行为造成的自身伤亡；

（二）车上人员因疾病、分娩、自残、斗殴、自杀、犯罪行为造成的自身伤亡；

（三）违法、违章搭乘人员的人身伤亡；

（四）罚款、罚金或惩罚性赔款；

（五）超出《道路交通事故受伤人员临床诊疗指南》和国家基本医疗保险同类医疗费用标准的费用部分；

（六）律师费，未经保险人事先书面同意的诉讼费、仲裁费；

（七）投保人、被保险人或其允许的驾驶人知道保险事故发生后，故意或者因重大过失未及时通知，致使保险事故的性质、原因、损失程度等难以确定的，保险人对无法确定的部分，不承担赔偿责任，但保险人通过其他途径已经及时知道或者应当及时知道保险事故发生的除外；

（八）精神损害抚慰金；

（九）应当由机动车交通事故责任强制保险赔付的损失和费用。

免赔率

第四十三条　保险人在依据本保险合同约定计算赔款的基础上，在保险单载明的责任限额内，按照下列方式免赔：

被保险机动车一方负次要事故责任的，实行 5% 的事故责任免赔率；负同等事故责任的，实行 10% 的事故责任免赔率；负主要事故责任的，实行 15% 的事故责任免赔率；负全部事故责任或单方肇事事故的，实行 20% 的事故责任免赔率。

责任限额

第四十四条　驾驶人每次事故责任限额和乘客每次事故每人责任限额由投保人和保险人在投保时协商确定。投保乘客座位数按照被保险机动车的核定载客数（驾驶人座位除外）确定。

赔偿处理

第四十五条 发生保险事故时，被保险人或其允许的驾驶人应当及时采取合理的、必要的施救和保护措施，防止或者减少损失，并在保险事故发生后 48 小时内通知保险人。被保险人或其允许的驾驶人根据有关法律法规规定选择自行协商方式处理交通事故的，应当立即通知保险人。

第四十六条 被保险人或其允许的驾驶人根据有关法律法规规定选择自行协商方式处理交通事故的，应当协助保险人勘验事故各方车辆、核实事故责任，并依照《道路交通事故处理程序规定》签订记录交通事故情况的协议书。

第四十七条 被保险人索赔时，应当向保险人提供与确认保险事故的性质、原因、损失程度等有关的证明和资料。

被保险人应当提供保险单、损失清单、有关费用单据、被保险机动车行驶证和发生事故时驾驶人的驾驶证。

属于道路交通事故的，被保险人应当提供公安机关交通管理部门或法院等机构出具的事故证明、有关的法律文书（判决书、调解书、裁定书、裁决书等）和通过机动车交通事故责任强制保险获得赔偿金额的证明材料。被保险人或其允许的驾驶人根据有关法律法规规定选择自行协商方式处理交通事故的，被保险人应当提供依照《道路交通事故处理程序规定》签订记录交通事故情况的协议书和通过机动车交通事故责任强制保险获得赔偿金额的证明材料。

第四十八条 赔款计算

（一）对每座的受害人，当（依合同约定核定的每座车上人员人身伤亡损失金额-应由机动车交通事故责任强制保险赔偿的金额）×事故责任比例高于或等于每次事故每座赔偿限额时：

赔款=每次事故每座赔偿限额×（1-事故责任免赔率）

（二）对每座的受害人，当（依合同约定核定的每座车上人员人身伤亡损失金额-应由机动车交通事故责任强制保险赔偿的金额）×事故责任比例低于每次事故每座赔偿限额时：

赔款=（依合同约定核定的每座车上人员人身伤亡损失金额-应由机动车交通事故责任强制保险赔偿的金额）×事故责任比例×（1-事故责任免赔率）

第四十九条 保险人按照《道路交通事故受伤人员临床诊疗指南》和国家基本医疗保险的同类医疗费用标准核定医疗费用的赔偿金额。

未经保险人书面同意，被保险人自行承诺或支付的赔偿金额，保险人有权重新核定。因被保险人原因导致损失金额无法确定的，保险人有权拒绝赔偿。

第五十条 保险人受理报案、现场查勘、核定损失、参与诉讼、进行抗辩、要求被保险人提供证明和资料、向被保险人提供专业建议等行为，均不构成保险人对赔偿责任的承诺。

第四章　机动车全车盗抢保险

保险责任

第五十一条 保险期间内，被保险机动车的下列损失和费用，且不属于免除保险人责任的

范围,保险人依照本保险合同的约定负责赔偿:

(一)被保险机动车被盗窃、抢劫、抢夺,经出险当地县级以上公安刑侦部门立案证明,满60天未查明下落的全车损失;

(二)被保险机动车全车被盗窃、抢劫、抢夺后,受到损坏或车上零部件、附属设备丢失需要修复的合理费用;

(三)被保险机动车在被抢劫、抢夺过程中,受到损坏需要修复的合理费用。

责任免除

第五十二条 在上述保险责任范围内,下列情况下,不论任何原因造成被保险机动车的任何损失和费用,保险人均不负责赔偿:

(一)被保险人索赔时未能提供出险当地县级以上公安刑侦部门出具的盗抢立案证明;

(二)驾驶人、被保险人、投保人故意破坏现场、伪造现场、毁灭证据;

(三)被保险机动车被扣押、罚没、查封、政府征用期间;

(四)被保险机动车在竞赛、测试期间,在营业性场所维修、保养、改装期间,被运输期间。

第五十三条 下列损失和费用,保险人不负责赔偿:

(一)地震及其次生灾害导致的损失和费用;

(二)战争、军事冲突、恐怖活动、暴乱导致的损失和费用;

(三)因诈骗引起的任何损失;因投保人、被保险人与他人的民事、经济纠纷导致的任何损失;

(四)被保险人或其允许的驾驶人的故意行为、犯罪行为导致的损失和费用;

(五)非全车遭盗窃,仅车上零部件或附属设备被盗窃或损坏;

(六)新增设备的损失;

(七)遭受保险责任范围内的损失后,未经必要修理并检验合格继续使用,致使损失扩大的部分;

(八)被保险机动车被转让、改装、加装或改变使用性质等,被保险人、受让人未及时通知保险人,且因转让、改装、加装或改变使用性质等导致被保险机动车危险程度显著增加而发生保险事故;

(九)投保人、被保险人或其允许的驾驶人知道保险事故发生后,故意或者因重大过失未及时通知,致使保险事故的性质、原因、损失程度等难以确定的,保险人对无法确定的部分,不承担赔偿责任,但保险人通过其他途径已经及时知道或者应当及时知道保险事故发生的除外;

(十)因被保险人违反本条款第五十八条约定,导致无法确定的损失。

免赔率

第五十四条 保险人在依据本保险合同约定计算赔款的基础上,按照下列方式免赔:

(一)发生全车损失的,绝对免赔率为20%;

(二)发生全车损失,被保险人未能提供《机动车登记证书》、机动车来历凭证的,每缺少一项,增加1%的绝对免赔率。

保险金额

第五十五条 保险金额在投保时被保险机动车的实际价值内协商确定。

投保时被保险机动车的实际价值由投保人与保险人根据投保时的新车购置价减去折旧金额后的价格协商确定或其他市场公允价值协商确定。

折旧金额可根据本保险合同列明的参考折旧系数表确定。

赔偿处理

第五十六条 被保险机动车全车被盗抢的,被保险人知道保险事故发生后,应在 24 小时内向出险当地公安刑侦部门报案,并通知保险人。

第五十七条 被保险人索赔时,须提供保险单、损失清单、有关费用单据、《机动车登记证书》、机动车来历凭证以及出险当地县级以上公安刑侦部门出具的盗抢立案证明。

第五十八条 因保险事故损坏的被保险机动车,应当尽量修复。修理前被保险人应当会同保险人检验,协商确定修理项目、方式和费用。对未协商确定的,保险人可以重新核定。

第五十九条 保险人按下列方式赔偿:

(一)被保险机动车全车被盗抢的,按以下方法计算赔款:

赔款=保险金额×(1−绝对免赔率之和)

(二)被保险机动车发生本条款第五十一条第(二)款、第(三)款列明的损失,保险人按实际修复费用在保险金额内计算赔偿。

第六十条 保险人确认索赔单证齐全、有效后,被保险人签具权益转让书,保险人赔付结案。

第六十一条 被保险机动车发生本保险事故,导致全部损失,或一次赔款金额与免赔金额之和达到保险金额,保险人按本保险合同约定支付赔款后,本保险责任终止,保险人不退还机动车全车盗抢保险及其附加险的保险费。

第五章 通用条款

保险期间

第六十二条 除另有约定外,保险期间为一年,以保险单载明的起讫时间为准。

其他事项

第六十三条 保险人按照本保险合同的约定,认为被保险人索赔提供的有关证明和资料不完整的,应当及时一次性通知被保险人补充提供。

第六十四条 保险人收到被保险人的赔偿请求后,应当及时作出核定;情形复杂的,应当在三十日内作出核定。保险人应当将核定结果通知被保险人;对属于保险责任的,在与被保险人达成赔偿协议后十日内,履行赔偿义务。保险合同对赔偿期限另有约定的,保险人应当按照约定履行赔偿义务。

保险人未及时履行前款约定义务的,除支付赔款外,应当赔偿被保险人因此受到的损失。

第六十五条　保险人依照本条款第六十四条的约定作出核定后,对不属于保险责任的,应当自作出核定之日起三日内向被保险人发出拒绝赔偿通知书,并说明理由。

第六十六条　保险人自收到赔偿请求和有关证明、资料之日起六十日内,对其赔偿数额不能确定的,应当根据已有证明和资料可以确定的数额先予支付;保险人最终确定赔偿数额后,应当支付相应的差额。

第六十七条　在保险期间内,被保险机动车转让他人的,受让人承继被保险人的权利和义务。被保险人或者受让人应当及时通知保险人,并及时办理保险合同变更手续。

因被保险机动车转让导致被保险机动车危险程度发生显著变化的,保险人自收到前款约定的通知之日起三十日内,可以相应调整保险费或者解除本保险合同。

第六十八条　保险责任开始前,投保人要求解除本保险合同的,应当向保险人支付应交保险费金额3%的退保手续费,保险人应当退还保险费。

保险责任开始后,投保人要求解除本保险合同的,自通知保险人之日起,本保险合同解除。保险人按日收取自保险责任开始之日起至合同解除之日止期间的保险费,并退还剩余部分保险费。

第六十九条　因履行本保险合同发生的争议,由当事人协商解决,协商不成的,由当事人从下列两种合同争议解决方式中选择一种,并在本保险合同中载明:(一)提交保险单载明的仲裁委员会仲裁;　(二)依法向人民法院起诉。

本保险合同适用中华人民共和国(不含港、澳、台地区)法律。

附加险

附加险条款的法律效力优于主险条款。附加险条款未尽事宜,以主险条款为准。除附加险条款另有约定外,主险中的责任免除、免赔规则、双方义务同样适用于附加险。

1. 玻璃单独破碎险
2. 自燃损失险
3. 新增加设备损失险
4. 车身划痕损失险
5. 发动机涉水损失险
6. 修理期间费用补偿险
7. 车上货物责任险
8. 精神损害抚慰金责任险
9. 不计免赔率险
10. 机动车损失保险无法找到第三方特约险
11. 指定修理厂险

玻璃单独破碎险

投保了机动车损失保险的机动车,可投保本附加险。

第一条 保险责任

保险期间内,被保险机动车风挡玻璃或车窗玻璃的单独破碎,保险人按实际损失金额赔偿。

第二条 投保方式

投保人与保险人可协商选择按进口或国产玻璃投保。保险人根据协商选择的投保方式承担相应的赔偿责任。

第三条 责任免除

安装、维修机动车过程中造成的玻璃单独破碎。

第四条 本附加险不适用主险中的各项免赔率、免赔额约定。

自燃损失险

投保了机动车损失保险的机动车,可投保本附加险。

第一条 保险责任

(一)保险期间内,指在没有外界火源的情况下,由于本车电器、线路、供油系统、供气系统等被保险机动车自身原因或所载货物自身原因起火燃烧造成本车的损失;

(二)发生保险事故时,被保险人为防止或者减少被保险机动车的损失所支付的必要的、合理的施救费用,由保险人承担;施救费用数额在被保险机动车损失赔偿金额以外另行计算,最高不超过本附加险保险金额的数额。

第二条 责任免除

(一)自燃仅造成电器、线路、油路、供油系统、供气系统的损失;

(二)由于擅自改装、加装电器及设备导致被保险机动车起火造成的损失;

(三)被保险人在使用被保险机动车过程中,因人工直接供油、高温烘烤等违反车辆安全操作规则造成的损失;

(四)本附加险每次赔偿实行20%的绝对免赔率,不适用主险中的各项免赔率、免赔额约定。

第三条 保险金额

保险金额由投保人和保险人在投保时被保险机动车的实际价值内协商确定。

第四条 赔偿处理

全部损失,在保险金额内计算赔偿;部分损失,在保险金额内按实际修理费用计算赔偿。

新增加设备损失险

投保了机动车损失保险的机动车,可投保本附加险。

第一条 保险责任

保险期间内,投保了本附加险的被保险机动车因发生机动车损失保险责任范围内的事故,造成车上新增加设备的直接损毁,保险人在保险单载明的本附加险的保险金额内,按照实际损失计算赔偿。

第二条 责任免除

本附加险每次赔偿的免赔约定以机动车损失保险条款约定为准。

第三条　保险金额

保险金额根据新增加设备投保时的实际价值确定。新增加设备的实际价值是指新增加设备的购置价减去折旧金额后的金额。

车身划痕损失险

投保了机动车损失保险的机动车,可投保本附加险。

第一条　保险责任

保险期间内,投保了本附加险的机动车在被保险人或其允许的驾驶人使用过程中,发生无明显碰撞痕迹的车身划痕损失,保险人按照保险合同约定负责赔偿。

第二条　责任免除

(一)被保险人及其家庭成员、驾驶人及其家庭成员的故意行为造成的损失;

(二)因投保人、被保险人与他人的民事、经济纠纷导致的任何损失;

(三)车身表面自然老化、损坏,腐蚀造成的任何损失;

(四)本附加险每次赔偿实行15%的绝对免赔率,不适用主险中的各项免赔率、免赔额约定。

第三条　保险金额

保险金额为2 000元、5 000元、10 000元或20 000元,由投保人和保险人在投保时协商确定。

第四条　赔偿处理

(一)在保险金额内按实际修理费用计算赔偿。

(二)在保险期间内,累计赔款金额达到保险金额,本附加险保险责任终止。

发动机涉水损失险

本附加险仅适用于家庭自用汽车、党政机关、事业团体用车、企业非营业用车,且只有在投保了机动车损失保险后,方可投保本附加险。

第一条　保险责任

保险期间内,投保了本附加险的被保险机动车在使用过程中,因发动机进水后导致的发动机的直接损毁,保险人负责赔偿;

发生保险事故时,被保险人为防止或者减少被保险机动车的损失所支付的必要的、合理的施救费用,由保险人承担;施救费用数额在被保险机动车损失赔偿金额以外另行计算,最高不超过保险金额的数额。

第二条　责任免除

本附加险每次赔偿均实行15%的绝对免赔率,不适用主险中的各项免赔率、免赔额约定。

第三条　赔偿处理

发生保险事故时,保险人在保险金额内计算赔偿。

修理期间费用补偿险

只有在投保了机动车损失保险的基础上方可投保本附加险,机动车损失保险责任终止时,本保险责任同时终止。

第一条　保险责任

保险期间内,投保了本条款的机动车在使用过程中,发生机动车损失保险责任范围内的事故,造成车身损毁,致使被保险机动车停驶,保险人按保险合同约定,在保险金额内向被保险人补偿修理期间费用,作为代步车费用或弥补停驶损失。

第二条　责任免除

下列情况下,保险人不承担修理期间费用补偿:

(一)因机动车损失保险责任范围以外的事故而致被保险机动车的损毁或修理;

(二)非在保险人认可的修理厂修理时,因车辆修理质量不合要求造成返修;

(三)被保险人或驾驶人拖延车辆送修期间;

(四)本附加险每次事故的绝对免赔额为1天的赔偿金额,不适用主险中的各项免赔率、免赔额约定。

第三条　保险金额

本附加险保险金额=补偿天数×日补偿金额。补偿天数及日补偿金额由投保人与保险人协商确定并在保险合同中载明,保险期间内约定的补偿天数最高不超过90天。

第四条　赔偿处理

全车损失,按保险单载明的保险金额计算赔偿;部分损失,在保险金额内按约定的日赔偿金额乘以从送修之日起至修复之日止的实际天数计算赔偿,实际天数超过双方约定修理天数的,以双方约定的修理天数为准。

保险期间内,累计赔款金额达到保险单载明的保险金额,本附加险保险责任终止。

车上货物责任险

投保了机动车第三者责任保险的机动车,可投保本附加险。

第一条　保险责任

保险期间内,发生意外事故致使被保险机动车所载货物遭受直接损毁,依法应由被保险人承担的损害赔偿责任,保险人负责赔偿。

第二条　责任免除

(一)偷盗、哄抢、自然损耗、本身缺陷、短少、死亡、腐烂、变质、串味、生锈,动物走失、飞失、货物自身起火燃烧或爆炸造成的货物损失;

(二)违法、违章载运造成的损失;

(三)因包装、紧固不善、装载、遮盖不当导致的任何损失;

(四)车上人员携带的私人物品的损失;

(五)保险事故导致的货物减值、运输延迟、营业损失及其他各种间接损失;

(六)法律、行政法规禁止运输的货物的损失;

（七）本附加险每次赔偿实行 20% 的绝对免赔率，不适用主险中的各项免赔率、免赔额约定。

第三条　责任限额

责任限额由投保人和保险人在投保时协商确定。

第四条　赔偿处理

被保险人索赔时，应提供运单、起运地货物价格证明等相关单据。保险人在责任限额内按起运地价格计算赔偿。

精神损害抚慰金责任险

只有在投保了机动车第三者责任保险或机动车车上人员责任保险的基础上方可投保本附加险。

在投保人仅投保机动车第三者责任保险的基础上附加本附加险时，保险人只负责赔偿第三者的精神损害抚慰金；在投保人仅投保机动车车上人员责任保险的基础上附加本附加险时，保险人只负责赔偿车上人员的精神损害抚慰金。

第一条　保险责任

保险期间内，被保险人或其允许的驾驶人在使用被保险机动车的过程中，发生投保的主险约定的保险责任内的事故，造成第三者或车上人员的人身伤亡，受害人据此提出精神损害赔偿请求，保险人依据法院判决及保险合同约定，对应由被保险人或被保险机动车驾驶人支付的精神损害抚慰金，在扣除机动车交通事故责任强制保险应当支付的赔款后，在本保险赔偿限额内负责赔偿。

第二条　责任免除

（一）根据被保险人与他人的合同协议，应由他人承担的精神损害抚慰金；

（二）未发生交通事故，仅因第三者或本车人员的惊恐而引起的损害；

（三）怀孕妇女的流产发生在交通事故发生之日起 30 天以外的；

（四）本附加险每次赔偿实行 20% 的绝对免赔率，不适用主险中的各项免赔率、免赔额约定。

第三条　赔偿限额

本保险每次事故赔偿限额由保险人和投保人在投保时协商确定。

第四条　赔偿处理

本附加险赔偿金额依据人民法院的判决在保险单所载明的赔偿限额内计算赔偿。

不计免赔率险

投保了任一主险及其他设置了免赔率的附加险后，均可投保本附加险。

第一条　保险责任

保险事故发生后，按照对应投保的险种约定的免赔率计算的、应当由被保险人自行承担的免赔金额部分，保险人负责赔偿。

第二条　责任免除

下列情况下，应当由被保险人自行承担的免赔金额，保险人不负责赔偿：

（一）机动车损失保险中应当由第三方负责赔偿而无法找到第三方的；

（二）因违反安全装载规定而增加的；

（三）发生机动车全车盗抢保险约定的全车损失保险事故时，被保险人未能提供《机动车登记证书》、机动车来历凭证的，每缺少一项而增加的；

（四）机动车损失保险中约定的每次事故绝对免赔额；

（五）可附加本条款但未选择附加本条款的险种约定的；

（六）不可附加本条款的险种约定的。

机动车损失保险无法找到第三方特约险

投保了机动车损失保险后，可投保本附加险。

投保了本附加险后，对于机动车损失保险第十一条第（二）款列明的，被保险机动车损失应当由第三方负责赔偿，但因无法找到第三方而增加的由被保险人自行承担的免赔金额，保险人负责赔偿。

指定修理厂险

投保了机动车损失保险的机动车，可投保本附加险。

投保了本附加险后，机动车损失保险事故发生后，被保险人可指定修理厂进行修理。

释义

【碰撞】指被保险机动车或其符合装载规定的货物与外界固态物体之间发生的、产生撞击痕迹的意外撞击。

【倾覆】指被保险机动车由于自然灾害或意外事故，造成本被保险机动车翻倒，车体触地，失去正常状态和行驶能力，不经施救不能恢复行驶。

【坠落】指被保险机动车在行驶中发生意外事故，整车腾空后下落，造成本车损失的情况。非整车腾空，仅由于颠簸造成被保险机动车损失的，不属于坠落。

【外界物体倒塌】指被保险机动车自身以外的物体倒下或陷下。

【自燃】指在没有外界火源的情况下，由于本车电器、线路、供油系统、供气系统等被保险机动车自身原因或所载货物自身原因起火燃烧。

【火灾】指被保险机动车本身以外的火源引起的、在时间或空间上失去控制的燃烧（即有热、有光、有火焰的剧烈的氧化反应）所造成的灾害。

【次生灾害】指地震造成工程结构、设施和自然环境破坏而引发的火灾、爆炸、瘟疫、有毒有害物质污染、海啸、水灾、泥石流、滑坡等灾害。

【暴风】指风速在 28.5 米/秒（相当于 11 级大风）以上的大风。风速以气象部门公布的数据为准。

【暴雨】指每小时降雨量达 16 毫米以上，或连续 12 小时降雨量达 30 毫米以上，或连续 24 小时降雨量达 50 毫米以上。

【洪水】指山洪暴发、江河泛滥、潮水上岸及倒灌。但规律性的涨潮、自动灭火设施漏水以及在常年水位以下或地下渗水、水管爆裂不属于洪水责任。

【玻璃单独破碎】指未发生被保险机动车其他部位的损坏,仅发生被保险机动车前后风挡玻璃和左右车窗玻璃的损坏。

【车轮单独损坏】指未发生被保险机动车其他部位的损坏,仅发生轮胎、轮辋、轮毂罩的分别单独损坏,或上述三者之中任意二者的共同损坏,或三者的共同损坏。

【车身划痕损失】指仅发生被保险机动车车身表面油漆的损坏,且无明显碰撞痕迹。

【新增设备】指被保险机动车出厂时原有设备以外的,另外加装的设备和设施。

【新车购置价】指本保险合同签订地购置与被保险机动车同类型新车的价格,无同类型新车市场销售价格的,由投保人与保险人协商确定。

【单方肇事事故】指不涉及与第三者有关的损害赔偿的事故,但不包括自然灾害引起的事故。

【家庭成员】指配偶、子女、父母。

【市场公允价值】指熟悉市场情况的买卖双方在公平交易的条件下和自愿的情况下所确定的价格,或无关联的双方在公平交易的条件下一项资产可以被买卖或者一项负债可以被清偿的成交价格。

【参考折旧系数表】

车辆种类	月折旧系数			
	家庭自用	非营业	营业	
			出租	其他
9 座以下客车	0.60%	0.60%	1.10%	0.90%
10 座以上客车	0.90%	0.90%	1.10%	0.90%
微型载货汽车	/	0.90%	1.10%	1.10%
带拖挂的载货汽车	/	0.90%	1.10%	1.10%
低速货车和三轮汽车	/	1.10%	1.40%	1.40%
其他车辆	/	0.90%	1.10%	0.90%

折旧按月计算,不足一个月的部分,不计折旧。最高折旧金额不超过投保时被保险机动车新车购置价的80%。

折旧金额 = 新车购置价 × 被保险机动车已使用月数 × 月折旧系数

【饮酒】指驾驶人饮用含有酒精的饮料,驾驶机动车时血液中的酒精含量大于等于 20 mg/100 mL 的。

【全部损失】指被保险机动车发生事故后灭失,或者受到严重损坏完全失去原有形体、效用,或者不能再归被保险人所拥有的,为实际全损;或被保险机动车发生事故后,认为实际全损已经不可避免,或者为避免发生实际全损所需支付的费用超过实际价值的,为推定全损。

参考文献

［1］孙剑著. 汽车保险与理赔实务［M］. 北京：清华大学出版社，2019.

［2］刘国浩，张晓明，史炳军. 汽车保险经营管理与实务［M］. 北京：中国金融出版社，2019.

［3］王一斐. 汽车保险与理赔［M］. 北京：机械工业出版社，2017.

［4］王富饶，尤佳，周宇，等. 汽车保险与理赔［M］. 2 版. 北京：清华大学出版社，2019.

［5］李景芝，赵长利. 汽车保险与理赔［M］. 北京：机械工业出版社，2012.

［6］费洁. 汽车保险［M］. 北京：中国人民大学出版社，2012.

［7］孙丽. 汽车保险与理赔［M］. 上海：同济大学出版社，2012.

［8］胡文娟，龚文资. 汽车保险与理赔［M］. 北京：国防工业出版社，2012.

［9］赵福堂，率肇. 汽车保险［M］. 北京：中央广播电视大学出版社，2012.

［10］陈文均，刘资媛. 汽车保险与理赔［M］. 北京：人民交通出版社，2011.

［11］刘凯湘. 名校名师法学讲义——合同法［M］. 北京：中国法制出版社，2010.

［12］伍静. 汽车保险与理赔［M］. 北京：化学工业出版社，2009.

［13］骆孟波. 汽车保险与理赔［M］. 上海：同济大学出版社，2009.

［14］梁军，焦新龙. 汽车保险与理赔［M］. 北京：2 版. 人民交通出版社，2009.

［15］董恩国. 汽车保险与理赔［M］. 北京：清华大学出版社，2009.

［16］荆叶平，王俊喜. 汽车保险与公估［M］. 北京：人民交通出版社，2009.

［17］中国法制出版社. 中华人民共和国合同法（实用版）［M］. 北京：中国法制出版社，2009.

［18］陈立辉. 汽车保险与理赔［M］. 北京：北京理工大学出版社，2008.

［19］王永盛. 车险理赔查勘与定损［M］. 北京：机械工业出版社，2008.

［20］张永恪. 汽车保险与交通实用手册［M］. 北京：法律出版社，2007.

［21］杨磊. 汽车保险与理赔操作指南［M］. 北京：法律出版社，2007.

［22］张新宝，陈飞. 机动车交通事故责任强制保险条例理解与适用［M］. 北京：法律出版社，2006.

［23］张洪涛，郑功成. 保险学［M］. 北京：中国人民大学出版社，2000.

［24］刘建军.中华人民共和国道路交通安全法解说与运用［M］.北京:人民交通出版社,2004.

［25］王灵犀,王伟.机动车辆保险与理赔实务［M］.北京:人民交通出版社,2004.

［26］李后龙.生活诉讼丛书(保险类)［M］.南京:江苏人民出版社,2004.

［27］徐文虎,陈东梅.保险学［M］.上海:上海人民出版社,2004.

［28］房永斌,孙运英.保险法规监管［M］.北京:中国人民大学出版社,2004.

［29］李敏.汽车保险法律法规［M］.北京:人民交通出版社,2005.